法律实施的激励机制

基本原理与立法构造

董淳锷　著

U0274490

清华大学出版社

北京

图书在版编目（CIP）数据

法律实施的激励机制：基本原理与立法构造/董淳锷著. —北京：清华大学出版社，2023.4
ISBN 978-7-302-63091-3

Ⅰ．①法… Ⅱ．①董… Ⅲ．①经济法 – 研究 – 中国 Ⅳ．①D922.290.4

中国国家版本馆 CIP 数据核字（2023）第 047340 号

责任编辑：刘　晶
封面设计：徐　超
责任校对：王荣静
责任印制：沈　露

出版发行：清华大学出版社
　　　　网　　　址：http://www.tup.com.cn，http://www.wqbook.com
　　　　地　　　址：北京清华大学学研大厦 A 座　　　邮　　　编：100084
　　　　社 总 机：010-83470000　　　　　　　　　邮　　　购：010-62786544
　　　　投稿与读者服务：010-62776969，c-service@tup.tsinghua.edu.cn
　　　　质量反馈：010-62772015，zhiliang@tup.tsinghua.edu.cn
印 装 者：三河市春园印刷有限公司
经　　销：全国新华书店
开　　本：165mm×238mm　　　印　　张：16.5　　　字　　数：281 千字
版　　次：2023 年 5 月第 1 版　　　印　　次：2023 年 5 月第 1 次印刷
定　　价：128.00 元

产品编号：100115-01

本书获国家社科基金（编号 16CFX057）资助

作 者 简 介

　　董淳锷，男，1981 年生；法学博士，现任中山大学法学院副教授、中山大学自贸区综合研究院副院长、中山大学法律经济学研究中心研究员、中山大学涉外法治研究院研究员；兼任中国法学会商法学研究会理事、广东省法学会理事、广东省法学会民商法研究会秘书长、广东省人民检察院专家咨询委员会委员、广州市全面依法治市咨询专家等职务；入选"中国法学会研究会青年人才""广东省立法工作专业人才"；主要从事公司企业法、合同法、市场监管法、法律实效与法律实施机制等领域的理论与实务研究。

　　个人履历如下：

　　2000 年至 2009 年就读于中山大学法学院，先后获得法学学士、法学硕士、法学博士学位。

　　2007 年获中华发展基金会资助，赴台湾高雄大学法学院访学。

　　2008 年获国家留学基金委"联合培养博士生"项目资助，赴美国伊利诺伊大学法学院(University of Illinois at Urbana-Champaign)留学。

　　2010 年至 2012 年在清华大学法学院从事博士后研究工作。

　　2012 年 4 月起至今，在中山大学法学院工作。

　　在相关专业领域，已开展的研究工作及成果如下：

　　独立主持国家社科基金青年项目、教育部人文社会科学青年基金等国家级、省部级课题和地方政府专项委托课题 7 项。

　　在法律出版社、中国政法大学出版社出版专著(独著)2 部。

　　在《清华法学》《中外法学》《法学家》等法律核心期刊及其他刊物发表论文近 30 篇，其中 12 篇论文分别被《中国社会科学文摘》《新华文摘》《中国人民大学复印报刊资料》《社会科学文摘》等刊物转载、观点摘编或编目辑览收录。

　　获选中国法学会第 3 届中国法学青年论坛主题报告人；另外获得全国学术研讨会优秀论文评选奖励 4 项，省级学术研讨会优秀论文评选奖励 2 项。

　　参与《广东省市场监管条例》《广东省商事登记条例》等多部地方立法的条文起草、立法论证或立法评估等研究工作。独立撰写的多篇决策咨询报告、立法研究报告获得中央国家机关及地方立法机关、行政机关批示、采纳。

　　2020 年获中山大学青年教师教学竞赛文科组第一名。

序　言

法律的生命在于实施。如果法律制定后被束之高阁，无法很好地从"纸面上的法"变成"实践中的法"，那么再多的规则也无济于事。然而，徒法不足以自行，以"惩罚"为主导的传统法律实施机制又多有力所不逮之处。在这一背景下，如何才能最大化地推进法律的实施？这是眼前这本著作致力于回答的问题，也是值得每个以法律为业，或对法律感兴趣的我们不断探索的经典命题。

好友董淳锷博士基于十余年的观察和思考，最终铸成本书。熟悉淳锷博士学术轨迹的读者肯定知道，早在博士期间，他就关注商会和行业协会对于促进我国市场经济法治建设的作用，其中已有"自治激励"相关的探讨。如今，这类社会组织已然成为书中重要的激励机制供给主体之一，而"激励"二字更是贯穿全书始末。后来，淳锷博士考察并试图解决民商事领域大量存在的"法律规避"现象，所涉主题包括企业间借贷、法人股个人持有等。这些研究成果不仅转化为书中翔实的例证，更解释了淳锷博士在"惩罚机制"之外，深耕法律实施制度的"激励"机制所在。最近两年，他又与时俱进地将法律实施激励机制的研究扩展到市场监管领域，完成了"监管规避"主题下的一系列丰硕成果。汇涓流而成大海，历十年而磨一剑。看到这本大作铸成，我为淳锷高兴，也为读者高兴。

作为本书付梓稿的读者，虽然我了解这一研究的渊源和动态，也稔熟作者的才华与功力；读毕此书，我仍然觉得新鲜，倍感惊喜。总的来说，如果让我用四个词概括本书最吸引我的亮点，那便是：新颖、融贯、利落和及时。

第一，新颖。其一，对"激励"的特别关注。对于促进法律实施这一制度目标，本书将关注点从"惩罚"转移至"激励"。纵观法律实施研究的体系脉络，对"激励机制"的探索刚刚起步、方兴未艾，本书的关切本身就是一种新兴的研究方向。其二，对"激励"的重新定义。虽然本书主要采用了法律经济分析的方法，但作者并没有拘泥于经济学对"激励"的定义（即一切"诱导性刺激"），而是"因地制宜"地将其限定为"正向激励"（包括本质相似的"责任减免"）。这是在法学领域探讨法律实施激励机制的更优选择，在某种意义上，也是卡拉布雷西口中"法学和经济学双向互动"的一次尝试。其三，对"激励"的寻因究果。本书通过分析"惩罚"机制下实施不同类型法律规则的困境及其成因，有力地论证了法律人关注"激励"机制的必要性。同时，也基于上述成因，有针对性地阐述了激励机制的"发力点"和"影响力"。这种"知其然，更知其所以然"的研究进路，是站在前人肩膀上的推陈出新。

第二，融贯。一方面，体现于研究范式。在学术思潮百花齐放的今天，我们常常能看到社科法学与教义法学的"较劲"。而淳锷博士善于用数据勾勒宏观趋势、以个案描摹微观洞察，再用它们辅助法律经济分析，并最终服务于法律规则设计和优化的说理论证。他的作品生动地展示了不同研究范式的深度融合，以及因此而迸发出的智识活力。另一方面，表现在所涉领域。为了完成本书的论证，作者以极其宽广的视野，在公司法、证券法、金融法、反垄断法、反不正当竞争法、建筑法、产品质量法、药品管理法、食品安全法和消费者权益保护法等大量民商经济法领域自如穿梭、旁征博引，为我们全景式地呈现了法律实施激励机制在中国市场经济法律体制中的现状和潜力。贯通如斯，蔚为大观。

第三，利落。首先，全书的谋篇布局值得称道。淳锷博士以"理论—实践—问题—方案"的主线穿起了本书的主体部分。逻辑井然，前后呼应；环环相扣，一气呵成。阅读过程中，读者能够在作者分析困境成因时，欣喜地发现前文所述各种理论流派的用武之地；也能够在本书提出解决方案的部分，为每一种现实困境找到对应的疏解之道。同时，不管是指出问题还是提供方案，都在作者提前设定的中国市场经济法律体制的大框架之内。其次，作者的行文风格也令人喜欢。与堆砌素材不同，本书的写作不置闲笔、不留虚言，句句为中心主旨服务。不仅如此，事实繁复之时，作者辅以数据清晰叙述；逻辑紧要之处，他又配以图表帮助理解。淳锷博士爱惜读者的时间、精力和注意力，这背后是打磨的用心和功底的深厚。

第四，及时。这部作品在这个时间节点面世，恰好逢迎新时代的新需求，也因此赶上了好时候。如书中所言，随着市场经济立法的持续繁荣，改革开放初期"有法可依"的目标已经成为现实。中国特色社会主义法律体系的形成，也意味着在全面推进依法治国的背景下，我们要完成的下一个时代任务即实现"有法必依"，尤其是要在市场经济体制全面深化改革的过程中，构建高效的法律实施体系。具体来看，这项任务包括全面贯彻实施宪法、确保政府和行政机关、司法和替代性争议解决机制的法律实施，促进企业合规,推进全民守法。如何妥善而高效地构建法律实施的宏大版图和制度细节?淳锷博士的扎实研究提供了一个系统性的思考和方案,可谓正当其时。

毋庸置疑,在法律实施激励机制的基本原理与立法构造的命题下,作者已经呈交了一份出色的答卷。然而,本书的价值,或者说作者留给我们的财富远不止于此。在我看来,这本著作还扮演着后续相关研究的"奠基石"和"风向标"的角色。具体来说,本书的启发性和指引性主要体现在研究议题、研究方法和研究视角三个方面。

首先,从研究议题来看,本书为我们提供了一个研究法律实施激励制度的"多维议题矩阵"。其中的维度至少包括:纷繁的部门法领域(如消费者权益保护法)、三类有待实施的法律规则类型(即权利规则、义务规则和责任规则)、三类激励制度供给的主体及其规范形态(如公权机关制定的法律法规和私人主体制定的企业章程等),以及五大类共计十三项具体的激励措施(如权利行使保障等)。之后的研究者完全可以结合自己的兴趣和专长,将上述多重维度排列组合,围绕特定部门法的实施激励机制,形成一批既有理论价值又有实践意义的研究成果。

其次,从研究方法来看,本书向我们展示了,当规范(应然)分析和实证(实然)分析紧密结合,法学研究将会产生惊人的渗透力和说服力。不仅如此,本书还列举了十几种激励法律实施的具体措施(如经济奖励、多倍赔偿和信用公示等),而且相应举例了政策试点和规则创新(如《陕西省食品药品违法行为举报奖励办法》),这为法学以及社会科学领域的学者提供了进一步研究的方向和契机。比如,激励法律实施的具体措施的实际效果如何?此时,可以引入政策评估常用的量化研究(如双重差分法)甚至随机对照实验加以检验。再比如,具体激励措施产生影响的内在机制是什么?于是,基于田野调查的质性研究便可大展身手。而上述研究手段和成果都将用于设计和优化法律实施的激励规则。

最后,从研究视角来看,本书启发我们,一旦打开视野,引入其他学科的思考,法学学术研究将给人无尽的想象空间。以法律实施的激励机制研究为例,淳锷博士长于主流法律经济分析,他以"理性计算者"为假设、以"成本收益分析"为工具,给出了一套方案。随着法律交叉学科的发展,这一主题的探索将有更多可能性。比如,同为法律经济学,以主体的"非理性"为基本假设的法律与行为经济学可以借助人类的认知偏差(如框架效应、从众心理和损失厌恶等),设计出有利于法律实施或遵守的规则。再比如,在法律经济学之外,法律与心理学的理论可以帮助我们探索促进法律实施的非功利因素（如民众认可和接受权力机关的程度等）。海水蔚蓝，大有可为。

好的作品能从不同的侧面打动人心，与阅读者过往的见闻产生碰撞、发生反应。上述感受自然也无法道出本书精妙之全貌，还是留待读者亲自去探索和发现书中宝藏。

是为序，并祝贺淳锷博士的新著出版！

沈朝晖

2023 年 2 月于清华园法律图书馆楼

目　　录

导论 ……………………………………………………………… 1

一、问题缘起 ……………………………………………………… 1

（一）值得思考的几个问题 …………………………………… 1

（二）持续繁荣的经济立法 …………………………………… 2

（三）尚待提高的实施效率 …………………………………… 8

二、论题意义 ……………………………………………………… 12

（一）法律实践意义 …………………………………………… 12

（二）理论研究意义 …………………………………………… 15

三、研究方法 ……………………………………………………… 18

（一）核心概念 ………………………………………………… 18

（二）论题范围 ………………………………………………… 21

（三）分析思路 ………………………………………………… 24

（四）具体方法 ………………………………………………… 26

第一章　理论基础：法律实施激励机制原理的多维阐释 ……… 29

一、法律实施理论 ………………………………………………… 29

（一）法律实施的基本含义 …………………………………… 29

（二）法律实施的基本模式 …………………………………… 30

二、法律激励理论 ………………………………………………… 34

（一）法律激励的理论来源 …………………………………… 34

（二）法律激励功能的实现 …………………………………… 36

三、激励规制理论 ………………………………………………… 37

（一）规制的含义与基本策略 ………………………………… 37

（二）激励性规制的核心观点 ………………………………… 41

四、机制设计理论 ………………………………………………… 44

（一）机制设计理论的发展历程 ……………………………… 44

（二）机制设计理论的核心观点 ……………………………… 47

五、委托代理理论 ……………………………………………………… 51

　　（一）委托代理理论的发展历程 ……………………………… 51

　　（二）委托代理理论的核心观点 ……………………………… 53

六、交易成本理论 ……………………………………………………… 56

　　（一）交易成本的基本含义 …………………………………… 56

　　（二）交易成本与法律实施 …………………………………… 59

第二章　实践现状：法律实施机制的结构、类型与改革趋势 ………… 62

一、市场经济法律制度体系建设的历程与特点 …………………… 62

　　（一）市场经济法律制度体系的建设历程 ………………… 62

　　（二）市场经济法律制度体系的基本特点 ………………… 68

二、市场经济法律实施机制的立法构造 …………………………… 75

　　（一）构造法律实施机制的法律实施规则 ………………… 75

　　（二）法律实施规则的立法模式 …………………………… 77

　　（三）通过实施规则构造实施机制的路径 ………………… 84

三、法律实施机制的主要类型 ……………………………………… 87

　　（一）公共实施与私人实施 ………………………………… 88

　　（二）集中实施与分散实施 ………………………………… 90

　　（三）强制实施与任意实施 ………………………………… 92

　　（四）惩罚实施与激励实施 ………………………………… 94

四、法律实施机制的改革趋势 ……………………………………… 96

　　（一）事前监管、事中监管与事后监管的法律构造 ………… 96

　　（二）事前监管向事中事后监管转变的改革背景 ………… 100

　　（三）事前监管向事中事后监管转变的基本原理 ………… 104

第三章　存在问题：激励不足情况下法律实施的困境 …………… 110

一、法律权利规则的实施问题 ……………………………………… 110

　　（一）共益权规则的实施与集体行动困境 ………………… 110

　　（二）私益权规则的实施与失衡的成本收益结构 ………… 113

　　（三）权利规则私人实施与法定激励的争议 ……………… 117

二、法律义务规则的实施问题 ……………………………………… 121

　　（一）难以标准化的法律义务规则 ………………………… 121

　　（二）需要鼓励适用的更高标准 …………………………… 125

（三）实施成本高昂的监管规则 ················· 130

三、法律责任规则的实施问题 ················· 134

　　（一）威慑作用有限的法律责任规则 ················· 134

　　（二）责任边界不清晰导致责任规则被虚化 142

　　（三）被规避行为绕开的法律责任规则 ················· 145

第四章　解决方案：系统构建法律实施的激励机制 ················· 152

一、构建法律实施激励机制的必要性 ················· 152

　　（一）强化惩罚并不总是有效 ················· 152

　　（二）从私人激励到公共激励 ················· 157

二、法律实施激励机制的设计原理 ················· 161

　　（一）调整法律私人实施的成本收益结构 ················· 162

　　（二）降低法律公共实施的成本约束 164

　　（三）明晰法律实施涉及的产权关系 ················· 168

　　（四）消除法律实施过程中的道德风险和逆向选择 ················· 170

三、法律实施激励机制的构成要素 ················· 173

　　（一）激励机制的供给者 ················· 173

　　（二）激励机制的需求者 ················· 175

　　（三）激励机制的规范基础 ················· 176

四、激励法律实施的具体措施 ················· 179

　　（一）经济奖励、利益补偿与多倍赔偿 ················· 180

　　（二）荣誉褒奖、资质评定与信用公示 ················· 190

　　（三）权利设定、优先权奖励与权利行使保障 ················· 201

　　（四）明晰产权关系与构建产权交易 ················· 212

　　（五）法律责任的减轻、免除与责任的替代承担 ················· 216

结论 ················· 225

参考文献 ················· 228

后记 ················· 237

法律法规全称、简称对照表

（一）法律

1.《中华人民共和国宪法》——《宪法》

2.《中华人民共和国民法典》——《民法典》

3.《中华人民共和国公司法》——《公司法》

4.《中华人民共和国证券法》——《证券法》

5.《中华人民共和国保险法》——《保险法》

6.《中华人民共和国信托法》——《信托法》

7.《中华人民共和国人民银行法》——《人民银行法》

8.《中华人民共和国商业银行法》——《商业银行法》

9.《中华人民共和国企业国有资产法》——《企业国有资产法》

10.《中华人民共和国合伙企业法》——《合伙企业法》

11.《中华人民共和国个人独资企业法》——《个人独资企业法》

12.《中华人民共和国全民所有制工业企业法》——《全民所有制工业企业法》

13.《中华人民共和国企业破产法》——《企业破产法》

14.《中华人民共和国外商投资法》——《外商投资法》

15.《中华人民共和国企业所得税法》——《企业所得税法》

16.《中华人民共和国反垄断法》——《反垄断法》

17.《中华人民共和国反不正当竞争法》——《反不正当竞争法》

18.《中华人民共和国证券投资基金法》——《证券投资基金法》

19.《中华人民共和国土地管理法》——《土地管理法》

20.《中华人民共和国城市房地产管理法》——《城市房地产管理法》

21.《中华人民共和国建筑法》——《建筑法》

22.《中华人民共和国招标投标法》——《招标投标法》

23.《中华人民共和国政府采购法》——《政府采购法》

24.《中华人民共和国会计法》——《会计法》

25.《中华人民共和国统计法》——《统计法》

26.《中华人民共和国价格法》——《价格法》

27.《中华人民共和国广告法》——《广告法》

28.《中华人民共和国专利法》——《专利法》

29.《中华人民共和国标准化法》——《标准化法》

30.《中华人民共和国产品质量法》——《产品质量法》

31.《中华人民共和国食品安全法》——《食品安全法》

32.《中华人民共和国药品管理法》《——药品管理法》

33.《中华人民共和国疫苗管理法》——《疫苗管理法》

34.《中华人民共和国烟草专卖法》——《烟草专卖法》

35.《中华人民共和国消费者权益保护法》——《消费者权益保护法》

36.《中华人民共和国矿山安全法》——《矿山安全法》

37.《中华人民共和国安全生产法》——《安全生产法》

38.《中华人民共和国劳动合同法》——《劳动合同法》

39.《中华人民共和国道路交通安全法》——《道路交通安全法》

40.《中华人民共和国环境保护法》——《环境保护法》

41.《中华人民共和国循环经济促进法》——《循环经济促进法》

42.《中华人民共和国海南自由贸易港法》——《海南自由贸易港法》

43.《中华人民共和国立法法》——《立法法》

44.《中华人民共和国行政许可法》——《行政许可法》

45.《中华人民共和国行政复议法》——《行政复议法》

46.《中华人民共和国行政诉讼法》——《行政诉讼法》

47.《中华人民共和国行政强制法》——《行政强制法》

48.《中华人民共和国行政处罚法》——《行政处罚法》

49.《中华人民共和国人民法院组织法》——《人民法院组织法》

50.《中华人民共和国民事诉讼法》——《民事诉讼法》

51.《中华人民共和国刑事诉讼法》——《刑事诉讼法》

52.《中华人民共和国仲裁法》——《仲裁法》

（二）行政法规、行政规章及国务院部委颁布的其他文件

1.《中华人民共和国政府信息公开条例》——《政府信息公开条例》

2.《中华人民共和国市场主体登记管理条例》——《市场主体登记管理条例》

3.《中华人民共和国公司登记管理条例》——《公司登记管理条例》

4.《中华人民共和国土地管理法实施条例》——《土地管理法实施条例》

5.《中华人民共和国药品管理法实施条例》——《药品管理法实施条例》

6.《中华人民共和国统计法实施条例》——《统计法实施条例》

7.《中华人民共和国增值税暂行条例》——《增值税暂行条例》

8.《中华人民共和国消费税暂行条例》——《消费税暂行条例》

9.《企业信息公示暂行条例》

10.《城市房地产开发经营管理条例》

11.《直销管理条例》

12.《禁止传销条例》

13.《广告管理条例》

14.《农药管理条例》

15.《音像制品管理条例》

16.《特种设备安全监察条例》

17.《缺陷汽车产品召回管理条例》

18.《建筑法实施细则》

19.《贷款通则》

20.《国务院关于加强食品等产品安全监督管理的特别规定》

21.《国务院反垄断委员会横向垄断协议案件宽大制度适用指南》

22.《禁止垄断协议暂行规定》

23.《制止滥用行政权力排除、限制竞争行为暂行规定》

24.《企业国有资产产权登记管理办法》

25.《国有资产评估管理办法》

26.《企业公示信息抽查暂行办法》

27.《企业经营异常名录管理暂行办法》

28.《明码标价和禁止价格欺诈规定》

29.《房地产开发企业资质管理规定》

30.《药品生产质量管理规范》

31.《食品药品违法行为举报奖励办法》

32.《国家标准管理办法》

33.《银行业金融机构董事（理事）和高级管理人员任职资格管理办法》

34.《网络借贷信息中介机构业务活动管理暂行办法》

35.《证券发行上市保荐业务管理办法》

36.《证券期货市场诚信监督管理办法》

37.《证券公司和证券投资基金管理公司合规管理办法》

38.《合格境外机构投资者境内证券投资管理办法》

39.《上市公司重大资产重组管理办法》

40.《上市公司信息披露管理办法》

41.《证券公司治理准则》

42.《上市公司治理准则》

43.《上市公司股东大会规则》

44.《关于加强社会公众股股东权益保护的若干规定》

45.《关于在上市公司建立独立董事制度的指导意见》

46.《董事、监事和高级管理人员责任保险条款》

47.《证券公司租用第三方网络平台开展证券业务活动管理规定（试行）》（征求意见稿）

48.《建筑业企业资质标准》

49.《工商登记前置审批事项目录》

50.《企业变更登记、注销前置审批事项指导目录》

51.《国家质量监督检验检疫总局关于实施〈中华人民共和国产品质量法〉若干问题的意见》

52.《关于推进保险合同纠纷快速处理机制试点工作的指导意见》

53.《中国人民银行营业管理部等四部门关于加强北京地区住房信贷业务风险管理的通知》

54.《中国银监会关于进一步加强商业银行小微企业授信尽职免责工作的通知》

55.《中国银行业监督管理委员会办公厅关于印发银行业金融机构案件问责工作管理暂行办法的通知》

（三）最高人民法院司法解释及其他文件

1.《最高人民法院关于司法解释工作的规定》

2.《最高人民法院关于适用〈中华人民共和国公司法〉若干问题的规定（四）》

3.《最高人民法院关于适用〈中华人民共和国企业破产法〉若干问题的规定（一）》

4.《最高人民法院关于适用〈中华人民共和国企业破产法〉若干问题

的规定（三）》

5.《最高人民法院关于证券纠纷代表人诉讼若干问题的规定》

6.《最高人民法院关于审理证券市场因虚假陈述引发的民事赔偿案件的若干规定》

7.《最高人民法院关于审理因垄断行为引发的民事纠纷案件应用法律若干问题的规定》

8.《最高人民法院关于审理食品药品纠纷案件适用法律若干问题的规定》

9.《最高人民法院关于公布失信被执行人名单信息的若干规定》

10.《最高人民法院关于审理消费民事公益诉讼案件适用法律若干问题的解释》

11.《最高人民法院关于人民法院加强法律实施工作的意见》

12.《最高人民法院关于受理证券市场因虚假陈述引发的民事侵权纠纷案件有关问题的通知》

13.《最高人民法院全国法院民商事审判工作会议纪要》

14.《最高人民法院关于当前商事审判工作中的若干具体问题》

15.《最高人民法院对十二届全国人大五次会议第 5990 号建议的答复意见》

（四）地方法规、地方规章、地方法院司法指导意见及其他文件

1.《北京市食品药品违法行为举报奖励办法》

2.《中关村国家自主创新示范区条例》

3.《中国（上海）自由贸易试验区条例》

4.《上海市社会信用条例》

5.《上海市食品安全举报奖励办法》

6.《上海市药品、医疗器械、化妆品违法行为举报奖励办法》

7.《上海市鼓励和规范互联网租赁自行车发展的指导意见（试行）》

8.《关于切实落实上海市房地产调控精神促进房地产金融市场有序运行的决议》

9.《上海市关于促进本市房地产市场平稳健康发展的意见》

10.《广东省道路交通安全条例》

11.《广东省环境保护条例》

12.《广东省实施〈中华人民共和国政府采购法〉办法》

13.《广东省举报重大食品药品违法行为奖励办法》

14.《广东省保健食品非法会议营销专项治理行动举报违法行为线索奖励实施方案》

15.《广东省政府规章立法后评估规定》

16.《天津市社会信用条例》

17.《重庆市政府规章立法后评估办法》

18.《山东省实施〈中华人民共和国产品质量法〉办法》

19.《江苏省网贷平台产品模式备案管理办法》

20.《江苏省食品安全举报奖励办法》

21.《浙江省食品药品投诉举报管理办法实施细则》

22.《陕西省食品药品违法行为举报奖励办法（试行）》

23.《河南省食品药品违法行为举报奖励办法》

24.《广州市互联网租赁自行车管理办法》

25.《南京市社会信用条例》

26.《成都市共享单车运营管理服务规范（试行）》

27.《深圳经济特区商事登记若干规定》

28.《深圳经济特区个人破产条例》

29.《深圳经济特区互联网租赁自行车管理若干规定》

30.《深圳证券交易所上市公司社会责任指引》

31.《深圳市整顿和规范市场经济秩序举报奖励办法（试行）》

32.《珠海经济特区商事登记条例》

33.《重庆市高级人民法院关于审理消费者权益保护纠纷案件若干问题的解答》

34.《江苏省高级人民法院关于审理消费者权益保护纠纷案件若干问题的讨论纪要》

（五）国际法、其他国家法律及示范法

1.《联合国国际货物销售合同公约》

2.《国际商事合同通则》

3.《美国标准公司法》

4.《美国法律研究院公司治理原则》

5.《日本公司法典》

6.《日本商工会议所法》

（六）中共中央、国务院、国务院部委颁布的政策文件

1. 中国共产党第十四届中央委员会第三次会议审议通过的《中共中央关于建立社会主义市场经济体制若干问题的决定》

2. 中国共产党第十六届中央委员会第三次会议审议通过的《中共中央关于完善社会主义市场经济体制若干问题的决定》

3. 中国共产党第十八次全国代表大会报告《坚定不移沿着中国特色社会主义道路前进，为全面建成小康社会而奋斗》

4. 中国共产党第十八届中央委员会第三次全体会议审议通过的《中共中央关于全面深化改革若干重大问题的决定》

5. 中国共产党第十八届中央委员会第四次全体会议审议通过的《中共中央关于全面推进依法治国若干重大问题的决定》

6. 中国共产党第十九届中央委员会第三次全体会议审议通过的《深化党和国家机构改革方案》

7.《国民经济和社会发展第十四个五年规划和 2035 年远景目标纲要》

8.《海南自由贸易港建设总体方案》

9.《"十三五"市场监管规划》

10.《关于依法从严打击证券违法活动的意见》

11.《关于进一步促进资本市场健康发展的若干意见》

12.《关于促进市场公平竞争维护市场正常秩序的若干意见》

13.《关于推进国内贸易流通现代化建设法治化营商环境的意见》

14.《关于加强和规范事中事后监管的指导意见》

15.《市场准入负面清单草案(试点版)》

16.《外商投资准入特别管理措施(负面清单)(2019 年版)》

17.《行业协会商会与行政机关脱钩总体方案》

18.《国务院办公厅关于进一步推进排污权有偿使用和交易试点工作的指导意见》

19.《行业协会商会综合监管办法(试行)》

20.《全国性行业协会商会行业公共信息平台建设指导意见(试行)》

（七）已废止的法律、法规、规章、司法解释、地方法规及其他文件

1.《中华人民共和国民法通则》——《民法通则》

2.《中华人民共和国民法总则》——《民法总则》

3.《中华人民共和国物权法》——《物权法》

4.《中华人民共和国合同法》——《合同法》

5.《中华人民共和国担保法》——《担保法》

6.《中华人民共和国中外合资经营企业法》——《中外合资经营企业法》

7.《中华人民共和国中外合作经营企业法》——《中外合作经营企业法》

8.《中华人民共和国外商投资企业法》——《外商投资企业法》

9.《中华人民共和国经济合同法》——《经济合同法》

10.《中华人民共和国涉外经济合同法》——《涉外经济合同法》

11.《中华人民共和国技术合同法》——《技术合同法》

12.《中华人民共和国企业破产法(试行)》——《企业破产法(试行)》

13.《工业产品质量责任条例》

14.《营业税暂行条例》

15.《最高人民法院关于适用〈中华人民共和国合同法〉若干问题的解释(一)》

16.《中关村科技园区条例》

17.《深圳经济特区商事条例》

图 表 目 录

图 1　关于"激励"概念的界定 ……………………………………… 19

图 2　国家市场监督管理总局成立后,《反垄断法》从分散实施
　　　改变为集中实施 ……………………………………………… 91

图 3　"非标准化积极义务规则"的适用 ………………………… 124

图 4　2020 年全国各地查处的违法发包等四类行为的建筑施
　　　工项目数 …………………………………………………… 137

图 5　2020 年全国各地建筑施工违法项目处罚金额情况 ……… 137

图 6　订立违法分包协议之后,当事人之间可能的策略选择 …… 138

图 7　囚徒困境当中当事人可能采取的行动策略与支付关系 … 141

图 8　法律规避行为效力的判定 ………………………………… 149

表 1　法律与社会规范的关系 …………………………………… 34

表 2　2013 年 1 月至 2020 年 12 月国务院关于事前行政
　　　审批的改革 ………………………………………………… 102

表 3　法律实施存在的问题及其根源 …………………………… 153

表 4　《食品药品违法行为举报奖励办法》规定的举报
　　　奖励制度 …………………………………………………… 167

表 5　激励机制的规范基础 ……………………………………… 177

表 6　法律文件关于举报奖励的规定示例 ……………………… 181

表 7　食品药品监管领域违法行为举报奖励制度示例 ………… 184

表 8　建筑工程施工总承包资质标准 …………………………… 194

导　　论

一、问题缘起

（一）值得思考的几个问题

以往法学研究一旦论及某一法律法规实施效率低下，或论及某一法律法规缺乏实效，研究者提出的对策多聚焦于"加强监管力度"或"强化惩罚措施"。当然，持此观点的恐怕不只是法学理论研究者或法律实务工作者，公众可能更加赞同将增强惩罚作为提高法律实施效率、有效预防或制裁违法行为的灵丹妙药。例如对于媒体报道的食品药品安全事故，社会公众通常会认为单纯依靠市场监管机制和行政罚款无法解决此类问题，唯有严刑峻法才能有效威慑。类似的，对于网络平台讨论的拐卖妇女儿童行为，相当多的社会公众建议立法机关应将此类行为的量刑直接提升至死刑而无须考虑不同个案中犯罪情节和社会危害程度的差异。不过从实践看，上述建议和对策似乎只停留在"舆论看法"层面。事实上，一直以来立法机关并未按民意所指将拐卖妇女儿童的行为或者导致食品药品安全事故的经营行为的量刑全部定格在死刑。客观而言，立法机关的决策是正确的，这是激励机制理论视角下法律制度设计的应然结果。不过，社会公众对此未必理解。他们可能质疑：既然违法行为屡禁不止，是否有必要提升惩罚力度？为何在立法机关看来，强化惩罚机制不一定是阻却、减少或消除违法行为的有效对策？

再来看一下公民举报违法犯罪线索的问题。《证券法》《产品质量法》《药品管理法》《食品安全法》等法律法规明确规定，任何个人与单位举报违法行为且经查证属实的，可获得奖励。《刑事诉讼法》对刑事犯罪举报问题有更进一步的规定。根据该法第108条，"任何单位和个人发现有犯罪事实或者犯罪嫌疑人，有权利且也有义务向公安机关、人民检察院或者人民法院报案或者举报"。按此，既然举报犯罪事实和犯罪嫌疑人是公民的法定义务，那么逻辑上应可推论，如果公民发现犯罪事实或犯罪嫌疑人而不履行法定举报义务,则应承担相应的法律责任。不过,实践中我们很少看到某一公民因知情不报而被追究法律责任,而是公安机关发布悬赏公告,希望通过直接的经济奖励促使社会公众协助公安机关寻找并提供违法犯罪线索,而且事实上,也确实有不少举报者因此获得奖励。由此,可以追问的是,在立法已设定法定义务的情况下,为什么公安机关要通过悬赏奖励方式鼓励社会公众知情必报(更抽象而言,是鼓励社会公众履行其本应履行的义务),而不是单纯依据《刑事诉讼法》的义务规则和责任规则威慑社会公众履行其法定举报义务?

消费者权利救济问题同样值得关注。根据《消费者权益保护法》第55条规定:"经营者提供商品或者服务有欺诈行为的,应当按照消费者的要求增加赔偿其受到的损失,增加赔偿的金额为消费者购买商品的价款或者接受服务的费用的三倍;增加赔偿的金额不足五百元的,为五百元。"《食品安全法》第148条亦规定:"生产不符合食品安全标准的食品或者经营明知是不符合食品安全标准的食品,消费者除要求赔偿损失外,还可以向生产者或者经营者要求支付价款十倍或者损失三倍的赔偿金;增加赔偿的金额不足一千元的,为一千元。"上述条文都属于经营者惩罚性赔偿制度范畴。从比较法视角看,在消费者权益保护等领域设定惩罚性赔偿是各国立法通例,其立法目的一是鼓励消费者积极维权,二是加大对经营者的惩罚威慑。不过在国内的法律实践中,多年来一直有很多"职业打假人"频繁通过"知假买假"提起惩罚性赔偿诉讼。对此,最高法院的立场是根据商品类别区分法律适用标准:食品药品领域,支持"知假买假者"诉请惩罚性赔偿;在其他消费领域,不支持"知假买假者"的惩罚性赔偿诉求。我们有必要思考,为什么最高法院对不同领域的惩罚性赔偿制度采取不同裁判标准?这种区分处理的司法政策是否合理?

作为引例,上述实践现象涉及的法律条文、法律制度分属不同的部门法领域,其立法目的和规制对象都有明显差别,但从法律实施(法律适用)角度看,它们之间隐约蕴藏着共同话题,即法律实施的惩罚机制和激励机制的基本关系,以及这些实施机制的实践原理、现存问题和完善对策。它们将构成本书最基本的问题意识。

(二)持续繁荣的经济立法

让我们把视角转回中国市场经济法制建设。从历史角度看,中国的市场经济法律制度体系,是伴随着国家从计划经济到商品经济再到市场经济这一发展历程,逐步建立和完善的。1978年,中国共产党第十一届中央委员会第三次全体会议开启中国改革开放航程。虽然彼时,"市场经济体制建设"和"中国特色社会主义法律体系建设"尚未正式写入官方文件,但党的十一届三中全会已明确提出"有法可依、有法必依、执法必严、违法必究"的法制建设方针。因应于对外开放、吸引外资、产品出口以及对内改革、鼓励经营、发展商品经济、逐步构建市场等方面的实际需要,自 1978 年年底开始,中国的经济立法即开始进入近代以来最繁荣的时期。所谓"经济立法",狭义上指作为部门法的经济法,亦即调整政府在对市场经济进行调控和规制过程中发生的各种社会关系的法律规范总称,主要包括市场规制法、宏观调控法;在广义上,"经济立法"除部门法意义上的"经济法"之外,还包括民商法、行政法(经济行政法等)、国际法(国际商法和国际经济法等)、诉讼法(以及仲裁法)甚至刑法(经济刑法)等部门法中与市场经济调控、规制有关的法律规则。

1993 年,中国共产党第十四届中央委员会第三次会议通过的《中共中央关于建立社会主义市场经济体制若干问题的决定》,确立了全面建设市场经济体制的政策。随后在 1997 年,中国共产党第十五次全国代表大会又提出"2010年形成有中国特色社会主义法律体系"的立法工作目标。2011 年 3 月,在第十一届全国人民代表大会第四次会议上,吴邦国委员长代表全国人民代表大会常务委员会作工作报告时明确指出,"中国特色社会主义法律体系已如期形成"。这里所称的"中国特色社会主义法律体系",当然也包括市场经济法律制度体系。实际上在更早的 2003 年,中国共产党第十六届中央委员会第三次会议通过的《中共中央关于完善社会主义市场经济体制若干问题的决定》则似乎表明,最迟在 2003 年,中国市场经济体制已初步建成,此后进入体制完善时期。考虑到"体制"这一概念涵盖了"制度""规则""机制"之意,而"法律"又是"制度""规则"的重要类型之一,故此,若按《中共中央关于完善社会主义市场经济体制若干问题的决定》提出的论断,以及结合实践来看(详见本书第二章),与调控或规制市场经济活动直接相关的立法工作,其实大部分(当然不是全部)在 2003 年之前即已完成。

在市场主体法领域,从早期出台的《中外合资经营企业法》《中外合作经营企业法》《外资企业法》《全民所有制工业企业法》,到后来陆续制定的《公司法》《合伙企业法》《个人独资企业法》《个体工商户条例》,再到近年来出台的《外商投资法》,①国家通过立法为各类市场主体确立了法律地

———————————

① 根据《外商投资法》第 42 条规定,《外商投资法》自 2020 年 1 月 1 日起施行,《中外合资经营企业法》《外资企业法》《中外合作经营企业法》同时废止。

位,并明晰其法律性质。在市场监管法领域,《反不正当竞争法》《反垄断法》及相关司法解释、实施指引的出台,有效维护了市场竞争秩序;《证券法》《商业银行法》《信托法》《保险法》《建筑法》《食品安全法》《药品管理法》等法律在行业监管中发挥了积极作用;而《产品质量法》《消费者权益保护法》则为消费者维权提供了法律依据。在宏观调控法领域,针对财政预算、货币供应、外汇管理、税收征收、计划调控、产业引导等活动,立法机关和行政机关也陆续出台了一系列法律法规和重要政策。

中国改革开放的历程以及从计划经济到商品经济再到市场经济的转轨历程,实际上也是中国经济立法繁荣发展的历程。"中国整个经济改革的进程反映了法律制度和法制推进的进程:有时候是法制跟随经济改革而前进,而有时候则是法制推进经济发展。"①在此过程中,大量经济法律制度的制定、实施以及出台后的适时修改,推进了改革开放政策的有效实施,推进了市场经济体制的建成,也推进了法治化营商环境的不断优化。根据全国人大常委会统计数据显示,截至 2022 年 9 月 2 日,全国人民代表大会及其常务委员会制定的法律共有 293 件,其中归属经济法领域的有 82 件,占比 27.99%;归属于民商法领域的有 24 件,占比 8.19%。②

事实上,从中国共产党第十八次全国代表大会工作报告所确立的"科学立法、严格执法、公正司法、全民守法"③这一法治建设新"十六字方针"也可看出,自改革开放以来,中国经过四十余年的法制建设,已基本构建了发展市场经济所需的法律制度体系,或者说,党的十一届三中全会确立的"有法可依、有法必依、执法必严、违法必究"的法制建设方针中,"有法可依"任务已经完成,不再是中国法治(法制)建设"第一要务"。④

其一,经济立法推动了改革开放政策的有效实施。中国的改革开放,对内是改革,其主要是以经济体制为核心的制度改革;对外是开放,其主要是吸引外商到大陆投资,以及双向的国际贸易(产品进出口等)和相关经

---

① Donald Clarke, Peter Murrell and Susan Whiting. *The Role of Law in China's Economic Development*. In *Thomas Rawski and Loren Brandt*(ed.). *China's Great Economic Transformation*. Cambridge University Press(2008), pp. 375-428.

② 数据来源:中国人大网,http://www.npc.gov.cn/npc/c30834/202209/1ffa180b336247069bf8b42eb1f337a3.shtml。最后访问日期:2022 年 11 月 18 日。

③ 参见中国共产党第十八次全国代表大会报告:《坚定不移沿着中国特色社会主义道路前进 为全面建成小康社会而奋斗》。

④ 党的十八大报告在提到"有法必依、执法必严、违法必究"时,也未再提及"有法可依",其相关表述是"法治是治国理政的基本方式。要推进科学立法、严格执法、公正司法、全民守法,坚持法律面前人人平等,保证有法必依、执法必严、违法必究。完善中国特色社会主义法律体系,加强重点领域立法,拓展人民有序参与立法途径……"

济活动。有研究者指出,"虽然中国法律体系建立的主要目的是推动国内的经济发展,但是不可避免的,随着改革开放政策的推进,这些法律制度也为吸引国际投资创造了环境。"①

就对内改革而言,改革是在遵循宪法和四项基本原则②基础上对原有制度的改变。一方面,这种变革的对象有一些是既存的法律制度,这意味着立法机关需要对原有法律进行实质修改。与此同时,考虑到此前计划经济时代已出台的符合改革开放和商品经济发展需求的法律法规不多,因此立法机关还需大量出台新立法。另一方面,尽管这种制度变革是中央主导推进、需要从上到下贯彻执行的"国策",但对于特定的某项制度是否需要改革、如何改革,不可避免会存在技术层面的争论(比如当时中国是否需要以及如何建立证券市场,无论在理论界还是实务界,都有不同意见)。为此,对于那些通过调研、论证而确定必须推进的改革,显然也需要以立法(尤其经济立法)形式对改革成果进行固定。

就对外开放而言,开放的首要任务是吸引外商来华投资,而影响外商投资意愿和信心的最重要的变量是其投资及收益的财产安全是否有制度保障、投资经营期间的契约能否得到诚信履行以及一旦出现违约,守约方能否得到有效的法律救济,等等。这种财产法层面和契约法层面的保障,显然不是政府机关(更不是地方政府领导)口头承诺或者某项经济政策、会议决议即可充分提供的,而是需要立法予以确认。决策者显然在确立改革开放政策之初即意识到这一问题的重要性。早在 1979 年,立法机关即出台《中外合资经营企业法》,该法第 2 条规定:"中国政府依法保护外国合营者按照经中国政府批准的协议、合同、章程在合营企业的投资、应分得的利润和其他合法权益。合营企业的一切活动应遵守中华人民共和国法律、法规的规定。国家对合营企业不实行国有化和征收;在特殊情况下,根据社会公共利益的需要,对合营企业可以依照法律程序实行征收,并给予相应的补偿。"这是国家通过经济立法树立外商投资信心、推进对外开放的

---

①　Donald Clarke, Peter Murrell and Susan Whiting. *The Role of Law in China's Economic Development*. In *Thomas Rawski and Loren Brandt*（ed.）. *China's Great Economic Transformation*. Cambridge University Press（2008）, pp. 375-428.

②　1979 年 3 月 30 日,邓小平代表中共中央在北京召开的理论工作务虚会上作了题为《坚持四项基本原则》的讲话。邓小平在讲话中提出必须坚持的"四项基本原则",即坚持社会主义道路,坚持人民民主专政,坚持中国共产党的领导,坚持马克思列宁主义、毛泽东思想。1987 年 10 月,中国共产党第十三次全国代表大会把"四项基本原则"作为重要内容写进了党在社会主义初级阶段的基本路线中。1992 年 10 月 18 日,中国共产党第十四次全国代表大会通过的新党章,把建设有中国特色社会主义的理论确立为党的指导思想。

重要开端。在随后开展的一系列的经济立法中,这一主旨一直没有改变,2020 年开始实施的《外商投资法》第 5 条同样强调,"国家依法保护外国投资者在中国境内的投资、收益和其他合法权益"。

其二,经济立法推动了市场经济体制的建成与完善。"体制"本意是指"国家、国家机关、企业、事业单位等的组织制度"。①"市场经济体制"是组织和承载市场经济活动的载体和架构,因此在法律语境下,建设市场经济体制的任务:一是在"体"的层面建立和改革与市场经济发展相适应的市场主体结构,"市场主体"既包括作为经营者的各类企业和个体工商户,也包括作为社会组织的市场中介组织;二是在"制"的层面上建立和改革能够满足市场经济发展需求的具体制度,其核心是市场经济法律制度体系的建成与完善。"体"与"制"两者之间并非泾渭分明,而是有紧密的内在联系。"体"是实施"制"的主体,"制"是"体"的行为规则、运作规范。

就"组织体"的建设与改革而言,政府机构及其行政职能改革(如市场监管的"大部制"改革等)的重要目标是回应市场经济发展需求。在法律层面上,其任务固然主要与行政法有关,但对于企业、行业协会、商会和社会中介服务组织(为市场经济活动提供服务的会计师事务所、律师事务所等)而言,无论是早期国有企业、集体企业的股份制改造、公司制改革还是后期的国有企业混合所有制改革,无论是民营企业、个体工商户法律地位的确认还是行业协会、商会、社会中介服务组织市场主体资格的规定,都离不开民商法、经济法的支持。

就"市场经济体制"的"制"而言,它既包括与"组织体"改革有关的主体制度、组织制度,也包括市场主体的行为规则和运作制度,以及解决经济纠纷的诉讼制度和裁判规则。其中,解决经济纠纷的诉讼制度本质上属于诉讼法范畴,但是作为裁判依据的那些实体法规则,则大部分来自于民商法、经济法。而就市场主体的行为规则和运作制度而言,无论是作为市场监管者的行政部门所实施的监管行为(许可行为、日常监督管理行为、处罚行为等),还是作为经营者的企业的生产经营行为,他们所应遵循的规则和制度,也绝大多数来自于民商法、经济法。

其三,经济立法推进了法治化营商环境的建设。"法治化营商环境"

---

① 中国社会科学院语言研究所词典编辑室编:《现代汉语词典》,1289 页,北京,商务印书馆,2018。

是近年来逐渐被广泛使用的一个概念,早期国家政策并未明确提及。尽管如此,如果结合实践看,无论是早期改革开放的启动、商品经济的发展,还是后期市场经济体制的建立,至少在经济层面,这些政策所隐含的最终目标之一实际上也都直接或间接地指向"法治化营商环境"建设。

根据世界银行公布的《2020 年营商环境报告》,①2019 年中国大陆②的营商环境在全世界主要国家和地区的排名大幅跃升至 31 位,相比 2018 年的第 46 位、2017 年的第 78 位、2016 年的第 84 位、2015 年的第 90 位、2014年的第 93 位,排名持续大幅提高。③ 此结果充分说明,多年来中国法治化营商环境建设的成效已开始显现。而在此过程中,以民商法、经济法为核心的经济立法功不可没。如果说,从改革开放初期(1978 年)到市场经济体制基本建设完成(2002 年),经济立法的主要贡献是通过立法搭建起营商环境的制度框架——这一框架包括市场准入制度、市场公平竞争制度、企业产权平等保护制度、契约诚信履行保障制度、政府规制制度等,那么从完善市场经济体制(2003 年)开始到全面深化改革(2013 年)的启动,经济立法的主要贡献则是通过修改商事登记制度、简化公司企业设立条件和推进僵尸企业出清等多方面完善市场进入与市场退出机制,通过系统修改市场监管法律制度(如事前监管向事中事后监管的转变等)来优化市场监管

---

① 世界银行《2020 年营商环境报告》发布网址是 https://www. doingbusiness. org/en/reports/global-reports/doing-business-2020。最后访问日期:2020 年 7 月 8 日。

② 世界银行把中国大陆、中国台湾、中国香港、中国澳门作为四个评价对象进行指标评估和排名。

③ 根据《2020 年营商环境报告》,在世界银行 10 项评估指标中,中国有 8 项指标排名上升,比 2019 年多 1 项。其中,办理建筑许可排名提升 88 位至第 33 位,保护中小投资者排名提升 36 位至第 28 位,办理破产排名提升 10 位至第 51 位,跨境贸易排名提升 9 位至第 56 位,纳税排名提升9 位至第 105 位,获得电力提升 2 位至第 12 位,执行合同排名提升 1 位至第 5 位,开办企业排名提升 1 位至第 27 位。中国改革的亮点包括:(1)将公司印章发放完全纳入企业注册登记一站式服务。(2)简化对低风险工程建设项目的施工许可证要求,缩短供排水接入时间。(3)精简办理接电流程,提高电费透明度。(4)通过要求控股股东对不公平关联交易承担连带责任,明晰所有权和控制结构,加强了对少数投资者的保护。(5)对小企业实行企业所得税优惠政策,降低某些行业的增值税税率,加强电子化纳税申报和缴纳系统。(6)通过实行进出口货物提前申报、升级港口基础设施、优化海关行政管理和公布收费标准等措施,简化进出口程序。(7)通过规定可给予的合同延期次数上限和将延期限于不可预见和例外情况,提升执行合同的便利度。(8)通过规定破产程序启动后的债权优先规则和提升债权人在破产程序中的参与程度,提高办理破产的便利度。

公共资源配置、降低企业制度性交易成本（或称"守法成本"①），进而促进法治化营商环境的建设与完善。

（三）尚待提高的实施效率

良好的法律规则需依赖有效的实施机制才能充分实现其立法目的。"如果包含在法律规定部分中的'应然'内容仍停留在纸上，而并不对人的行为产生影响，那么法律只是一种神话，而非现实。"②也有研究者指出，"作为一种管理工具，法律需要依靠一些外部力量来使其运转。徒法不足以自行，没有得到执行或没有人援用的法律很难塑造人们的行为"。③ 尽管上述观点已近乎常识，但是对于立法问题，"不管是规范（分析）的方法还是实证（分析）的方法，经常都把'法律得到实施'视为理所当然的事情，实际上他们都缺乏对不同类型的法律的实施成本进行系统的分析"。④ 实践表明，"有多重原因导致法律规则在实施过程中被改变。有的是因为复杂的立法程序使得出台的法律具有不可预测性；有的是因为政治经济环境的持续变化所引起的制度变迁，使得现有法律被重新修改或重新解释"。⑤ 经过数十年繁荣的经济立法，中国已建立起相对完备的市场经济法律制度体系。但从实践看，一些法律规则的实施效率仍有待提高，法律实效仍有待强化。

有的法律规则虽然规定了严厉的处罚措施，但由于监管部门发现违法行为的信息成本高昂，处罚措施实际威慑力有限，立法所欲规制的行为仍然大量存在。⑥ 比如在建筑工程领域，多年来立法机关持续通过《建筑法》等法律法规，对工程承揽建设的主体资质、承揽合同的形式与效力等问题

---

① 2016 年 12 月 14 日至 16 日召开的中央经济工作会议提出，"要降低各类交易成本特别是制度性交易成本"。一般认为，"制度性交易成本"实际上也就是市场主体（企业）为遵守监管法律制度而需要支付的守法成本。

② ［美］E. 博登海默：《法理学：法哲学与法律方法》，邓正来译，255 页，北京，中国政法大学出版社，2004。

③ ［英］罗杰·科特维尔：《法律社会学导论》，彭小龙译，50 页，北京，中国政法大学出版社，2015。

④ Gary S. Becker and George J. Stigler. Law Enforcement, Malfeasance, and Compensation of Enforces. *Journal of Legal Studies*. Vol. 3, No. 1 (Jan. 1974), pp. 1-18.

⑤ Peter Grajzl and Peter Murrell. Allocating Lawmaking Powers: Self-regulation vs. Government Regulation. *Journal of Comparative Economics*. Vol. 35 (2007), pp. 520-545.

⑥ 参见董淳锷：《法律规避下的契约私人治理研究：以建筑工程违法分包现象为切入点》，载《法制与社会发展》，2011（2）。

进行了严格规定,同时还对违法承揽行为设置了严厉的法律责任机制,具体惩罚措施包括:罚款、没收违法所得、责令停业整顿、降低资质等级、吊销资质证书,等等。另外,对于因承揽工程不符合规定的质量标准而给建设单位等主体所造成的损失,建筑施工企业及其挂靠承揽人或其他使用建筑施工企业名义的单位或者个人,需一同承担连带赔偿责任。① 然而,建筑工程私下分包、层层分包、实质转包、挂靠承揽等现象在各地仍普遍存在。虽然目前还没有权威部门对这些违法现象的数据(如每年查处的违法案件数量、违法行为引发的工程事故数量等)专门进行统计和发布,但是通过媒体多次报道的建筑工程事故、各地监管部门持续实施的专项监管行动,以及历年来各地各级人大代表的议案和政协委员提案等实证材料,都可以充分证明存在相关事实。类似情况在食品药品质量监管领域也普遍存在。

　　有的领域虽然规定了大量的法律责任制度,但因为权利私人救济成本高昂,导致权利主体难以向违法者主张损害赔偿。比如在金融市场,立法机关和监管部门出台了大量的法律、法规、规章、司法解释,同时,银行业协会、保险业协会、证券业协会、证券交易所等行业自律机构也制定了很多行业自律规则、监管措施或纪律处分制度,但金融企业损害金融消费者权利、上市公司损害个人投资者权利的违法行为仍广泛存在。虽然监管部门近年来加大了违法查处力度,但其结果往往只是在公法层面上强化了对违法企业的行政处罚,至于私法层面上,个人投资者和金融消费者的权利救济仍难以实现,其原因在于:(1)监管部门处罚违法企业时,通常并不同步负责解决民事赔偿问题,这并非监管部门怠于履职,而是市场监管法律法规本身就很少有此类规定;(2)诉讼机制的限制②以及诉讼成本可能远高于实际损失等原因,权利主体缺乏足够激励为自己维权;(3)在一些个案中,当监管部门正式立法查处时,违法企业可能债务累累甚至已进入破产清算程序,权利主体即便起诉并获得胜诉,其判决也可能无法实际执行。上述现状在证券市场、股权众筹、P2P网络借贷等领域的体现最为明显。多年

---

① 参见《建筑法》第65条、第66条、第67条。另外,还可参见住房和城乡建设部专门出台的《建筑工程施工发包与承包违法行为认定查处管理办法》等法律文件之规定。

② 例如2002年,最高人民法院曾出台《关于受理证券市场因虚假陈述引发的民事侵权纠纷案件有关问题的通知》,其第2条规定:"人民法院受理的虚假陈述民事赔偿案件,其虚假陈述行为,须经中国证券监督管理委员会及其派出机构调查并作出生效处罚决定。当事人依据查处结果作为提起民事诉讼事实依据的,人民法院方予依法受理。"

来，这些领域的个人投资者常常因为违法者的内幕交易、虚假陈述等行为而损失惨重，但真正通过法律程序寻求权利救济的，屈指可数。

有的法律规则为相关主体设置了义务规则，但由于该类义务的内涵较为抽象，或者由于该类义务缺乏相对科学的"可罚性"，实践中对相关主体履行义务的情况难以准确评价或认定，导致惩罚机制缺乏运作前提。典型的比如，《公司法》以强制性规则的形式规定公司需要承担企业社会责任，但企业社会责任究竟包括哪些内容？企业需要做什么工作、做到什么程度才算承担了社会责任？由什么部门负责监督企业是否承担了社会责任？对于诸如此类的问题，法律并没有进一步明确。这就意味着，在法律层面上很难度量和认定某一企业是否因为没有承担社会责任而需要被处罚。再比如，《消费者权益保护法》规定，消费者协会应当履行若干公益职责，包括"向消费者提供消费信息和咨询服务，提高消费者维护自身合法权益的能力，引导文明、健康、节约资源和保护环境的消费方式"以及"就损害消费者合法权益的行为，支持受损害的消费者提起诉讼或者依照本法提起诉讼"，等等。但问题是，《消费者权益保护法》第七章有关法律责任的若干规定中，并没有条文提及如何评价消费者协会是否履行了法定的公益职责，如果消费者协会没有履行或者履行不充分，应当承担什么责任。在此情况下，惩罚机制对《消费者权益保护法》该项规定的实施，就难以发挥实际作用。

有的法律规则为市场主体设置了权利以及权利救济程序，但是因为权利主体之间的交易成本太高而导致该类规则实施效率不高。在法律语境下，根据利益归属主体的不同，可把权利分为"共益权"和"自益权"（或称"私益权"）。一般认为，如果某一权利所能带来的利益仅专属于某一个体的权利主体，则该类权利属于私益权；如果某一权利主体行使权利所获利益归属集体所有，则该类权利属于共益权。实践表明，对于共益权规则，个体的权利主体往往缺乏主动实施的动力，其原因在于"个人承担维权成本"与"集体权利救济获益"之间的"不相容"。此类现象的典型例子是股东派生诉讼制度和合同法代位权制度的实施。

在有的市场领域，立法虽然设定了细致的监管规则和处罚措施，但由于监管成本较高以及相关配套制度不完善等原因，实践中存在大量规避监管、规避法律的情况，使得监管规则和处罚措施被"架空"。例如在私募投资基金领域，早期的监管制度对参与投资的主体资格的限制和监管较为宽松,只是原则性规定不得采用公开募集形式筹集资金。实践中,一些基金发起人或主要出资人可能通过各种渠道将其认缴的出资拆分为数额很小的份额,转售给其他投资者,但在基金出资人名册中,小额出资人并未显名。这种"转售＋隐名出资"的行为一方面拓宽了出资来源、提高了基金规模,使得那些无法独立认购出资份额的投资者可以通过隐名集合投资方式间接投资私募基金;另一方面,通过隐名出资方式,也规避了监管部门对私募基金投资总人数(不得超过50人)的限制。又比如,在证券监管领域,以前一直存在上市公司大股东"过桥减持"股份的法律规避现象。所谓"过桥减持",即大股东通过大宗交易方式等非集中竞价交易方式对外转让股票以实现资金套现,受让方取得股票后再通过集中竞价交易方式在二级市场卖出,由此规避集中竞价交易的减持数量限制。

　　在有的市场领域,由于立法尚未建立完善的产权制度,当事人的权利、义务和责任不对等,行为的负外部性尚未内部化,导致监管部门难以追究其法律责任。比如前几年,共享单车在给社会公众带来出行便利的同时,也带来了乱停乱放的困扰。导致这一结果的原因是相关主体之间的责任边界不清晰。法律实施过程中,惩罚机制有效运作的前提至少有三个:一是有明确的关于行为违法的判断标准,二是不同主体之间的责任边界清晰,三是查明违法事实的成本相对低廉。① 但很长一段时间里,法律制度并未完全廓清共享单车租赁运营过程中的产权问题,且监管部门调查违法事实的成本过于高昂,因此惩罚机制难以有效实施。具体而言,经营共享单车的企业是共享单车的所有权人和出租人,消费者是共享单车的承租人和实际使用人。一方面,企业虽然有引导单车合理停放、排除单车对社会秩序妨碍的义务,但企业本身不是单车违规停放的实际行为人,企业也难以便捷、有效地要求消费者按其规划停放单车。另一方面,消费者仅需为骑行单车支付成本,几乎无须为违规停车支付任何成本或承担任何责任。在此情况下,作为实际使用人的消费者,很难有足够的激励将其租用完毕的单车停放到监管部门或企业指引的地点。

　　上述例子是社会实践中常见的问题。在此描述其现状和成因,目的是初步揭示惩罚机制在推动法律实施过程中可能存在的客观缺陷,引起研究

---

① 监管部门查处任何违法行为(违法事实)都需要耗费成本。一般情况下,违法主体越多,涉及地域越广,跨越的时间长度越长,违法行为的技术性、专业性越强,则此类成本越高。如果以监管成本绝对数额的大小来评价监管效率或法律实施效率,在方法论意义上并不科学。因此,此处强调的是成本的"相对低廉"而非"绝对低廉"。

者对法律实施机制改革的关注和探讨。整体而言,在法律实施公共资源有限的前提下,为了合理分配法律实施公共资源,降低法律实施成本,提高法律实施效率,有必要相应转变理论研究视角,运用新的分析方法,从激励机制等角度切入,展开新的研究。

二、论题意义

(一)法律实践意义

改革开放以来,伴随着经济立法热潮,有关立法改革、法律修改、法制创新的论题吸引了法学理论研究的诸多关注。在不少观点看来,市场经济活动和社会生活中所涉及的各种问题(包括本书研究的法律规则实施效率不高的问题),都可以(甚至都应该)通过立法改革解决。这里所称的立法改革包括制定新法律,修改现行法律以及废止原有法律。"立法论"之所以影响广泛,可能源于两方面的因素:一是改革开放之后相当长的时期内,中国市场经济法律制度体系尚未健全,实践中很多问题确是因为无法可依或虽有立法但立法有漏洞所致,必须通过立法解决;二是因为"有法可依"曾经是中国法制(法治)建设的首要任务,亦是法学理论研究和法律实践的主要论题,在此背景下,逐步形成了法律问题研究的"路径依赖"。应该指出,当下市场经济实践中固然存在立法层面的问题,但也有很多纯粹的法律实施(法律适用)层面的问题。法律实施的问题固然也有一些最终需要通过立法解决,但更多的还是应该从执法、司法以及市场主体和社会公众的守法等层面解决。

事实上,至少从国家宏观政策导向来看,在全面深化改革、全面推进依法治国以及推进国家治理体系和治理能力现代化的时代背景下,法律实施问题已被提高到更加显著的地位。自 2012 年中国共产党第十八次全国代表大会召开以来,中央一系列政策文件明确提出,"法治是治国理政的基本要求",[①]必须"坚持法治国家、法治政府、法治社会一体建设";[②]"社会主

---

① 参见中国共产党第十八次全国代表大会报告:《坚定不移沿着中国特色社会主义道路前进 为全面建成小康社会而奋斗》。
② 参见中国共产党第十八届中央委员会第三次全体会议通过的《中共中央关于全面深化改革若干重大问题的决定》。

义市场经济本质上是法治经济",必须"完善社会主义市场经济法律制度",①"加快完善社会主义市场经济体制"。② 与此同时还特别强调,"法律的生命力在于实施,法律的权威也在于实施",全面依法治国的目标之一是"形成完备的法律规范体系、高效的法治实施体系、严密的法治监督体系、有力的法治保障体系",③在此过程中,应当"建立科学的法治建设指标体系和考核标准",④"坚持法治国家、法治政府、法治社会一体建设,实现科学立法、严格执法、公正司法、全民守法,促进国家治理体系和治理能力现代化"。⑤

从"书本上的法"转化为"行动中的法"的过程中,法律实施机制发挥了重要的工具价值。⑥ 本书旨在研究法律激励实施的理论基础和机制构造。我们期望,在中国经济、社会面临转型而需要全面深化改革的背景下,本书的研究成果能够为推动市场经济法律制度改革、降低法律公共实施成本、优化法律实施资源配置、推进市场监管机制改革等实践工作提供决策依据。

第一,激励机制有助于弥补惩罚机制的不足,完善法律实施机制。"要把法治建立成一个稳定平衡的状态,需要建立一个激励机制,鼓励足够多的国家工作人员来维护法律,此外,还要控告和惩罚那些违反法律的人。只有在这个时候,公民才会有充分的理由相信他们所处的国家存在法治;只有在这个时候,他们才会认为服从以及确保他人的服从是有意义的"。⑦问题是,"法学研究总的来说对奖赏注意不多。法律制度似乎使用惩罚比

①　参见中国共产党第十八届中央委员会第四次全体会议通过的《中共中央关于全面推进依法治国若干重大问题的决定》。

②　其具体涉及产权制度、商事制度、预算制度、税收制度、市场准入负面清单制度、货币政策、央地财政关系、国有资产管理、国有企业改革、民营企业发展、混合所有制经济、要素市场化配置、市场监管体制、金融体制与金融监管体制、促进消费的体制机制、投融资体制以及宏观调控等领域的改革与创新。参见中国共产党第十九次全国代表大会报告:《决胜全面建成小康社会 夺取新时代中国特色社会主义伟大胜利》。

③　参见中国共产党第十八届中央委员会第四次全体会议通过的《中共中央关于全面推进依法治国若干重大问题的决定》。

④　参见中国共产党第十八届中央委员会第三次全体会议通过的《中共中央关于全面深化改革若干重大问题的决定》。

⑤　参见中国共产党第十八届中央委员会第四次全体会议通过的《中共中央关于全面推进依法治国若干重大问题的决定》。

⑥　Roscoe Pound. Law in Book and Law in Pound. *American Law Review*. Vol. 44 (1910), pp. 12-36.

⑦　参见[美]玛格丽特·利瓦伊、布拉德·艾伯利:《法治建立时刻有原则的领导者》,王彪译,收录于詹姆斯·J.赫克曼、罗伯特·L.尼尔森、李·卡巴廷根编:《全球视野下的法治》,高鸿钧、鲁楠等译,205 页,北京,清华大学出版社,2014。

奖赏多"。① 应当指出,惩罚措施和究责机制固然有助于强化法律强制力、保障法律实施,但不是唯一手段。而且惩罚机制也有其内在缺陷。首先,惩罚措施和究责机制的启动,必须以违法行为的评价和认定为前提,但实践中,某些行为究竟属于违法行为还是合法行为,难以判断,当事人履行义务的程度可能无法准确度量、评价。在此情况下,惩罚机制可能无法发挥作用。其次,即便是那些法律效力容易判定的行为,惩罚机制对它们的阻却作用也不总是有效,因为执法资源的客观不足,可能导致违法行为未被发现,违法事实未被查清,进而导致违法者未被究责。再次,法律制度的设计客观上无法做到百分之百严密,不同法律制度之间可能存在矛盾或冲突,法律漏洞的存在是客观常态,故此实践中市场主体针对法律漏洞而设计的法律规避行为普遍存在。由于规避行为在很多场合中也会被解释为合法行为或有效行为,因此惩罚机制对规避行为的威慑作用、阻却作用非常有限。最后,惩罚机制通常只是对义务性规则的实施有促进作用,但它无法改变某些权利规则实施效率低下的状况,因为在当事人主动放弃权利的情况下,惩罚机制不能强制要求当事人行使权利。

第二,法律实施的激励机制有助于降低法律实施成本,提高法律实施效率。法律实施必耗费成本,此已为共识。尤其是惩罚机制的运作,需以消耗大量公共资源为保障。由于公共资源有限,因此随着经济立法越来越多,若其实施仅靠惩罚机制推动,则实践中可能出现两种结果:一是,如果保证法律规则实施效果,维护法律实效,则需要不断增加公共资源投入;二是如果设定公共资源投入数量不变,则法律规则的实施可能因为配套资源不足而效果不佳,法律实效无法体现。解决上述问题的主要思路是系统构建法律实施的激励机制。其基本原理是,使法律适用主体的个人利益与法律实施的目标兼容,使法律适用主体意识到法律实施符合个人利益,进而促使相关主体主动遵守法律、实施法律。在此基础上,激励机制有助于推动法律的公共实施向私人实施转变,并由此降低法律实施的公共成本。激励机制不仅可以降低法律实施的公共成本,在一些场合,它还有助于降低法律私人实施成本。例如在实施共益权规则时,如果权利人众多而交易成本太高,则可能每位权利人都不愿主动花费私人成本去实现共益权。激励机制(如规定主动实施权利规则者可得到成本补偿甚至胜诉分成)可通过改变相关当事人成本收益结构,促使其主动实施法律规则,提高共益权规

---

① [美]M.弗里德曼:《法律制度:从社会科学视角观察》,李琼英、林欣译,97页,北京,中国政法大学出版社,1994。

则的实施效率。

第三,激励机制有助于贯彻国家关于市场监管改革的最新政策导向,完善市场治理机制。近年来,国家在市场监管等领域出台了一系列重大政策,修改了很多法律法规,推出了若干改革措施,其主旋律是:以法治国家、法治政府、法治社会一体建设为目标,促进社会多层次多领域共同治理,推进国家治理体系和治理能力现代化。上述政策和改革措施有很多内容涉及法律实施机制问题。完善法律实施的激励机制,有助于贯彻国家关于法治经济建设的最新政策,推进简政放权,促进事前监管向事中事后监管转变,鼓励企业完善内部合规体系、提高内部治理能力,降低企业制度性交易成本(或称守法成本),支持商会、行业协会等社会组织参与社会共治,彰显市场经济法律制度协调、促进经济发展的本质特征。

(二)理论研究意义

本书以法律经济分析为方法,以经济法、民商法的具体制度为样本,对法律实施激励机制的理论基础、基本功能、设计原理、运作方式等问题进行系统分析,期望在理论研究层面实现以下目标。

第一,拓展法律实施问题的研究视角。在法理层面上,将法律实施问题,或者更具体而言,将"法律不能实施(Non-enforcement of Law)作为一个科学问题进行讨论的历史,至少可以追溯到亚里士多德时代。"①多年来,有关法律实施的一般法理问题和具体实践问题,一直是法学理论研究关注的重要对象。从广义视角观察,并不是只有那些以"法律实施"为题目的著述才会探讨法律实施问题。很多题目未直接提及"法律实施"的其他文献——它们或是研究某一领域的法律监管,或是研究某一法律条文的司法适用——实际上也是在讨论法律实施。不过从整体上看,以往有关法律实施机制的文献主要还是以惩罚型实施机制为研究对象,甚少论及经济法激励实施的理论与实践问题。

理论界之所以对激励机制关注不足,或有两个原因:一方面,在长期以来的实践中,国家主要以责任追究、惩罚威慑作为推动法律实施的"驱动力"。那些旨在促进法律实施的激励措施尽管也存在,但数量不多,运用范围狭窄,影响力弱小。在此情况下,理论研究者自然不会将目光投向惩罚机制之外的领域。另一方面,就法律实施问题的研究而言,传统法学领域一直以来缺少以激励为元素的系统的理论学说,也缺少"激励分析"的范

---

① Roscoe Pound. Enforcement of Law. *Green Bag*. Vol. 20, No. 8 (Aug. 1908), pp. 401-410.

式和方法论。故此,尽管法学领域确实存在少数论及"激励"的文献,但它们研究的主要是"法律如何激励主体作出某一行为",而非专门指向"如何激励主体主动实施法律",且所依据的理论基础和分析工具,根源上几乎都源自法学之外的其他学科,比如经济学委托代理理论、博弈论、机制设计理论等。简言之,内部理论资源的不足,一定程度上限制了研究者探讨法律实施激励机制的热情。

本书的目标之一是拓宽法学理论界对法律实施问题的研究视野,期望揭示、分析和解决一个未受重视的现实问题:对于法律实施,强化监管措施、法律责任和惩罚机制不是万能的。实践显示,在涉及集体共益权规则、难以度量的义务规则、违法信息获取成本高昂的监管规则等情形下,惩罚机制对提高相关法律法规的实施效率作用有限。其原因有二:一方面,在法律实施的公共资源(监管资源等)有限的局限条件下,不能期望通过无限量地强化监管、加大处罚等方法来提高法律实施效率;另一方面,也是更加隐蔽的,一些法律规则实施效率不高的根本原因是当事人所面临的交易成本或法律私人实施成本太高,而法定的监管措施、法律责任和惩罚机制无法有效降低这些成本,或者无法为当事人提供足够补偿以抵消其面临的成本。故此,在探讨法律实施问题过程中,研究者有必要把视野拓展到激励机制的范畴,深入观察法律实施的现状,分辨法律实施效率低下的不同成因,客观看待惩罚机制的功能局限性,研究激励机制的设计原理,进而提出构建法律实施激励机制方案。

第二,梳理并阐释法律激励实施的理论谱系。如前所述,在传统法学领域,有关激励问题的理论资源和方法论资源不足。与此不同的是,在契约经济学理论、委托代理理论、产权经济学理论、博弈论、机制设计理论等领域(广义上,也可以把这些理论视为新制度经济学或法经济学的分支),研究者对激励机制及其相关问题已有深入、系统的探讨,且各自形成一定的理论体系和研究思路,甚至也已构建了较为规范的"激励分析"的理论范式和方法论。在这些领域的研究者看来,"任何制度无论其大小,成功的关键是恰当的激励"。① 机制设计理论与合约理论(或称契约经济学理论)的关键所在都是"激励"。② 甚至有观点认为,"在过去的 25 年中,激励理

---

① [美]唐纳德·E.坎贝尔:《激励理论:动机与信息经济学》,王新荣译,4 页,北京,中国人民大学出版社,2013。

② 参见[德]提尔曼·伯格斯:《机制设计理论》,李娜译,2 页,上海,格致出版社、上海三联书店、上海人民出版社,2018。

论已经成为用来描述如何在一个信息分散的世界里进行资源配置的强有力的工具"。①

当然，尽管上述理论广义上都属于新制度经济学范畴，但它们的理论范式、核心观点和研究方法仍有差异，其各自所能解决的实际问题的场景也互有不同。比如，规制理论可用于分析市场监管法律规则的实施问题，委托代理理论可用于分析那些难以度量的法律义务规则的实施问题，交易成本理论可用于分析共益权法律规则的实施问题，产权理论则可用于分析法律行为外部性内部化问题。此外，博弈论和机制设计理论更像是一种"元理论"，它们不仅可以为法律实施激励问题的研究直接提供理论指引，甚至也可以为上述其他理论的运用提供方法论上的支持。对此，有研究者指出，"由于博弈论的抽象性、统一性和普适性，它被认为是一种'社会物理学'和社会科学的语言……博弈论不仅提供了一个统一的行为理论，而且有可能以博弈论为核心把社会科学整合为一个逻辑严谨的统一分析框架"。② 本书系统整合了传统法学领域和法经济学领域相关的理论学派的学说观点，分析了各个理论的内在逻辑关系，比较了各个理论的不同观点，明确了不同理论所能对应解释的法律实践现象，梳理出一个内在逻辑自洽的理论谱系。

第三，构建研究法律实施激励机制的理论框架。从理论上系统论述法律实施的激励机制，需要分析和解答一组"集群式"的问题：（1）什么是法律实施的激励机制？其可分解出若干具体问题，比如传统法学理论对"激励"的定义，与其他学科理论（如经济学等）对"激励"的定义有何不同？在法律实施语境下，"激励"与"惩罚"之间有何关系？是互补关系，替代关系，还是冲突关系？激励机制的基本构造如何？（2）法律实施为什么需要激励？与其相关的具体问题是，为什么惩罚机制不能解决法律实施的所有问题？惩罚机制有何客观缺陷？什么情形下法律实施可以（甚至必须）依赖惩罚机制？什么情形下法律实施需要（甚至必须）依赖激励机制？（3）如何激励法律实施？其涉及的具体问题是，在激励实施情况下，法律实施的公共资源如何合理配置？由什么主体提供激励？激励对象是谁？激励方法和手段是什么？激励限度是什么？

本书在分析、论述和解答上述问题的同时，结合传统法学领域和经济

---

① ［法］埃里克·布鲁索、让·米歇尔·格拉尚编：《契约经济学：理论和应用》，王秋石、李国民译，121 页，北京，中国人民大学出版社，2011。

② 丁利：《制度激励、博弈均衡与社会正义》，载《中国社会科学》，2016（4）。

学领域的若干理论观点,构建起研究法律实施激励机制的理论框架。期望这一框架可以为其他研究者探讨此一论题奠定基础。

三、研究方法

本书以"本土性"为研究语境,以"激励—惩罚"为分析框架,以法律经济分析为主要方法,以效率改进为研究目标,探讨如何构建激励机制以促使相关主体主动遵守、实施法律规则,进而提高法律实施效率。对此论题涉及的核心概念、研究范围、分析思路与研究方法,分述如下。

(一)核心概念

1. 法律实施

所谓法律实施(enforcement of law),是指相关主体遵守、适用或施行法律规范的行为或过程。更具体而言,"它是将法律规范的抽象行为模式转化为人们的具体行为的过程;是使法律从书本上的法律变成行动中的法律,从应然状态进到实然状态的过程;是由法律规范的抽象的可能性转变为具体的现实性的过程"。[①]法律实施是"实现立法者的目的、实现法律的作用的前提,是实现法的价值的必由之路"。[②]

各个部门法的实施都有其特定机制和具体内容。比如在商法、经济法领域,法律实施至少应涵盖以下几方面:一是行政执法部门执法,依职责进行市场监管以维护市场秩序;二是司法机关适用法律,判决案件、解决诉讼纠纷;三是商事仲裁机构适用法律,通过仲裁裁决解决市场主体之间的法律纠纷;四是商会、行业协会依据法律或根据行政机关授权,开展行业自治自律或市场治理;五是经营者遵守法律,依法开展生产经营活动;六是市场中介组织依据法律提供市场服务;七是消费者、投资者等主体依据法律,通过诉讼、仲裁、调解等途径维护其自身权利。

2. 激励

"激励"是本书论题的核心概念。现代汉语中,"激励"本义为"激发鼓励"。[③] 学术层面上的"激励"有更特殊的含义,且不同学科对其定义也有

---

① 夏锦文:《法律实施及其相关概念辨析》,载《法学论坛》,2003(6)。
② 张骐:《法律实施的概念、评价标准及影响因素分析》,载《法律科学》,1999(1)。
③ 参见中国社会科学院语言研究所词典编辑室编:《现代汉语词典》,606 页,北京,商务印书馆,2018。

较大差别。

　　在契约经济学理论、博弈论与机制设计理论、委托代理理论等领域,研究者多从广义角度,将"激励"界定为"诱导性的刺激",其对应的英文概念是 incentive(见图1)。在此基础上衍生出来的,有"激励约束"(incentive & constraint)"激励相容"(incentive compatibility)等概念和理论。① "诱导性刺激"(incentive)所称的"激励",含义大致包括"正向激励"与"反向约束"两个层面。② 其中,正向激励是指通过向相关主体提供物质利益或非物质奖励来促使其主动作出某种行为或自觉不作出某种行为;反向约束亦即惩罚究责,它是通过责任规则和究责机制形成惩罚性威慑,以此迫使相关主体不得不作出某种行为或不敢作出某种行为。

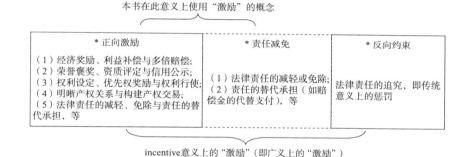

图1　关于"激励"概念的界定

　　与此不同的,在传统法律(法学)领域,由于惩罚机制一直以来就是相对独立且最常见的一种法律实施机制,也是理论研究中具有相对独立性的研究对象,因此大多数研究者更倾向于从狭义角度界定"激励"的含义,将其限定为"正向激励"而不包括惩罚意义上的"反向约束"。对此有学者指出,"应当把'激励'与'刺激'这两个汉语语词区别开来。激励当然带有刺

---

　　① 所谓的"激励相容"是指:在经济活动当中,每个人都是具有自利本性的"经济人",这种自利性无形之中将成为个人行为的引导规则。因此企业在设计制度的时候,如果能够使个人追求私利的行为与企业实现集体利益的目标相一致,那么这一制度将有助于企业价值的最大化,而这种制度所体现的原理就被称为"激励相容"。

　　② 可综合参见:(1)朱慈蕴:《公司法原论》,323～324页,北京,清华大学出版社,2011;(2)张维迎、邓峰:《信息、激励与连带责任——对中国古代连坐、保甲制度的法和经济学解释》,载《中国社会科学》,2003(3);(3)付子堂:《法律的行为激励功能论析》,载《法律科学》,1999(6);(4)丰霏:《法律激励的理想形态》,载《法制与社会发展》,2011(1);(5)丰霏、王天玉:《法律制度激励功能的理论解说》,载《法制与社会发展》,2010(1);(6)谢晓尧:《惩罚性赔偿:一个激励的观点》,载《学术研究》,2004(6);等等。

激性，但刺激不一定都是激励。例如，惩罚是刺激，这种刺激可能产生两种后果：一是被刺激者从此改弦更张、发奋向上，达到了激励的效果；二是把被刺激者刺激得灰头土脸、情绪低落、自暴自弃乃至消极对抗，当然无所谓激励的效果可言"。[1] 也有研究者认为，"正激励是指对行政主体的某种行为给予肯定和奖赏，使这个行为巩固、保持、加强。反激励是对某种行为给予否定和惩罚，使之减弱、消退，也叫作负强化，应用得当可以对行政主体的行为进行定向控制和改进，最终引导到预期的最佳状态"。[2]

　　本书旨在分析惩罚机制在促进法律实施方面的局限性，以及阐述奖励等措施对于法律实施的积极作用，因此将从狭义角度，亦即从"正向激励"[3]角度界定"激励"的内涵。在此基础上，有必要把立法规定的某些特殊的责任减免措施也纳入"（正向）激励"的范畴。以公司法领域的商业判断规则为例，立法规定董事和高管人员在符合商业判断的前提下可以豁免对商业风险和经营损失承担责任，目的主要是促使董事和高管人员敢于对商业机会作出决策。此一情形下，"责任豁免"的实践功能即是以免除当事人责任为奖励来促使当事人积极实施商业决策。

　　可见，"责任减免"与狭义的"正向激励"本质相似，后者是让当事人获得本未获得的额外收益，前者是让当事人免于支付本应支付的成本。综合而言，本书所界定的"激励"是指通过利益给付、道德褒奖、权益享有或责任减免等方式，促使市场主体的行为导向与法律制度的立法宗旨相一致，进而推动市场主体主动遵守和适用法律制度的一种机制，其含义更接近于"驱动"（motivation）和"奖励"（reward），而不是契约经济学等学科理论所称的"诱导性刺激"（incentive）。此意义上激励机制的具体措施至少包括：（1）以经济利益的直接给付为特点的经济奖励、利益补偿或多倍赔偿；（2）以非物质利益为特点的道德声誉的褒奖和荣誉奖励，以及资质评定和信用公示；（3）通过授权或委托实现权利设定，向奖励对象提供某种优先

---

　　① 倪正茂：《激励法学要言》，载《东方法学》，2009（3）。
　　② 崔卓兰、杜一平：《行政评价制度与法律激励功能》，载《中外法学》，2012（1）。
　　③ 监管部门出台的一些法律文件中，也有提及"正向激励"概念，例如《中国银监会现场检查暂行办法》第61条规定："银监会及派出机构应建立现场检查正向激励机制，对于检查能力突出、查实重大违法违规问题、发现重大案件或重大风险隐患、挽回重大经济损失的检查人员，可给予表彰奖励。"又如《中国银保监会关于进一步加强金融服务民营企业有关工作的通知》第（七）项亦规定："商业银行要于每年年初制定民营企业服务年度目标，在内部绩效考核机制中提高民营企业融资业务权重，加大正向激励力度。对服务民营企业的分支机构和相关人员，重点对其服务企业数量、信贷质量进行综合考核，提高不良贷款考核容忍度。对民营企业贷款增速和质量高于行业平均水平，以及在客户体验好、可复制、易推广服务项目创新上表现突出的分支机构和个人，要予以奖励。"

权,或是为激励对象履行权利提供特殊保障;(4)通过明晰产权关系、构建产权市场,促使主体行为外部性内部化;(5)减免义务主体的法律责任或由其他主体替代承担法律责任,等等。

3. 机制

按现代汉语的一般定义,"机制"是指"一个工作系统的组织或部分之间相互作用的构成和方式"。① 在此基础上,可从多个层面解读"法律实施机制"的含义。

一是从构成要素看,法律实施机制包括实施主体、法律制度、操作规程、实施场景(或称实施场地)以及必要的技术设备和经费支持。其中,实施主体解决的是"谁来实施法律""谁受法律制约"的问题;法律制度解决的是"实施对象是什么""依据什么实施""各主体权利义务责任如何"的问题;操作规程解决的是"依照什么程序、运用什么技术方法实施"的问题;实施场景解决的是"在哪里实施"的问题(比如通过司法审判程序适用法律,一般要求在法庭中进行);技术设备和经费支持解决的是"法律实施需要什么物质载体和硬件支持"的问题。

二是从价值目标看,法律实施机制应以"符合立法宗旨、实现立法目的"为根本导向。换言之,法律实施机制具有工具主义色彩,是将"书本上的法"转化为"行动中的法"的"装置",它或是为了促使主体依法行使权利(权力),或是为了促使主体法定履行义务(职责),或是为了促使主体承担法律责任。

三是从性质特点看,法律实施机制必须具有系统性与严密性。一个法律条文的适用往往不是"孤立的",而是需要另外一个或多个法律条文的支持——比如,由另外的法律条文明确适用主体,或者细化适用标准,或者规定适用程序,或者确定适用期限,或者提供实施激励,或者作出限制性适用要求。正是在此意义上我们可以认为,法律实施是一项系统工程。法律实施机制是由多个要素、多个法律规则共同构成的具有紧密内在关系的系统。

(二)论题范围

本书探讨如何构建激励机制,以促使市场主体主动遵守、实施法律规则,提高法律实施效率。其中,"激励"是指正向激励(包括利益给付、权利

---

①　中国社会科学院语言研究所辞典编辑室编:《现代汉语词典》,600 页,北京,商务印书馆,2018。

享有、道德褒奖等措施)和责任减免(包括法律责任的减轻、免除或替代承担)。"机制"既包括公共激励机制(由立法机关、行政机关通过法律法规或政策文件等形式建立),也包括准公共激励机制(由商会、行业协会等社会组织通过内部规章制度、行业规范等形式建立)和私人激励机制(由公司、企业或社会组织或其他私人主体通过章程、合同等形式建立)。

需进一步限定和说明的是:

第一,本书不是单纯研究法律制度对相关主体行为的激励功能,而是研究如何建立和完善激励机制,促使相关主体主动遵守法律、实施法律,进而提高法律实施效率。法学领域过往已有不少文献以博弈论、机制设计理论、委托代理理论、信息经济学理论等为基础,深入探讨法律制度的激励功能,其主旨是研究如何通过法律规则引导人的决策和行为,使其符合立法者的意图。与此不同的是,本书的最终目标是研究"针对法律实施的激励",而非"借助法律激励人的行为"。换言之,本书是在既有的法律实施惩罚机制之外,探讨如何通过经济利益的给付、权利的优先享有、道德荣誉的褒奖、责任减免或替代承担等措施,构建一套相对完备的激励机制,促使市场主体主动遵守和实施法律规则。

第二,本书主要是原理层面和规则层面的研究。"法律实施机制建设与完善"是内涵十分宽泛的论题,其广泛涵盖具体制度设计、国家机构设置、财政资金投入、专业人才聘用、科学技术改进、社会组织建设、法律文化宣传等诸多内容。若对此一一探讨,内容将非常庞杂。为了凝练主题,本书主要从原理和规则层面研究法律实施的激励机制,即探讨如何通过法律规则或公共政策的具体设计来激励市场主体主动遵守或实施法律规则。此过程可能论及某些现行法律规则的完善,也可能论及某些新制度、新规则的建立。除此之外,对于国家应如何设置法律实施机构、如何配置法律实施的公共财政投入、如何提高执法人员的法律职业素质、如何改进法律实施的科学技术等问题,本书并未深入讨论。

第三,本书研究的法律规则主要涉及市场经济法律制度体系的两个重要组成部分,即经济法、商法。多年来,国内法学界对理论层面上经济法的范畴以及实证层面上经济法制度体系的理解,持续地发生变化。早期研究者一般主张,经济法制度体系包括经济主体法、市场监管法、宏观调控法、社会保障法四部分。近年来则倾向于认为,经济法制度体系仅包括市场规制法和宏观调控法。笔者赞同将经济法制度体系界定为市场规制法和宏观调控法,本书亦主要以此两者为研究对象(其中又以市场规制法为主)。除此之外,本书部分内容还将论及商法领域的法律规则(如公司法等)。

对此需作说明的是:(1)按传统理论的边界划分,市场主体法(公司法、合伙企业法以及相关的商事登记法律制度)整体上属商法范畴,此已为学界共识。但应该指出,"市场主体法是否属于经济法范畴"与"市场主体行为是否涉及经济法规则"是两个问题。比如从主体身份来看,作为自然人的消费者,是典型的民事主体,甚至消费者与经营者之间的交易关系,本质上也被界定为合同关系(更准确地讲是消费合同关系),但消费者在市场中的行为及其权利保护,则不仅仅是私法层面上的问题,也是经济法需要关注的对象。(2)传统理论认为,公司法是组织法与行为法的结合——前者涉及公司的组织结构和治理体系,后者涉及公司及其参与人(如股东、董事、监事、高管人员等)的行为。在组织法意义上,公司法确实具备显著的私法(商法)属性。但在行为法意义上,考虑到现代公司企业的规模可能非常庞大(员工动辄上万人的企业并不少见),公司及其参与人的行为对市场产生的外部性可能非常明显,公司内部经营以及公司外部交易所涉及的信息核实成本、合同谈判成本、纠纷解决成本、个体维权成本可能非常巨大,因而那些旨在规范公司及其参与人的行为的法律规则,似乎已不是纯粹的私法(商法)问题,而是可能跨越到经济法(市场监管法)领域甚至经济刑法领域的问题。典型例子是,对上市公司及其参与人的行为的规制规则,一定程度上即已具有经济法色彩。基于上述理由,本书在研究市场规制法等经济法规则之外,亦有部分内容论及公司法等商法规则的激励实施。

第四,本书研究的法律实施主体主要是市场主体,不专门论及行政机关(监管部门、执法部门)或司法机关(检察院、法院)。按传统理论的基本共识,在经济法、商法领域,法律实施包括公共实施和私人实施两种类型。其中,公共实施是指行政监管部门依据法律进行市场监管、查处违法行为、维护市场秩序,或者法院依据法律审判案件、解决法律纠纷;或者检察机关依据法律对某些违法行为提起公诉(包括刑事起诉和某些民事公益诉讼),以及对监管部门和法院实施法律监督。私人实施则是指市场主体(商主体)依据法律开展生产经营活动,市场中介组织依据法律提供中介性的市场服务,或者消费者依据法律制度维护自身权益等。除此之外,随着国家对商会、行业协会、交易所等社会组织的市场治理能力的重视,这些组织越来越多地被赋予市场规制职责。考虑到它们并非公权机关,也不是纯粹私人主体,因而,传统理论中的"公共实施"概念或"私人实施"概念,似乎无法完全涵盖商会、行业协会等社会组织依据法律和组织章程或者根据行政机关授权开展的行业自治自律与市场治理活动。对此,我们或可称其为"集体实施"。对于公权机关及其工作人员而言,实施法律是法定职责,国家有特定机制对其工作进行强制性的评估、考核、督促和纠错。针对公权机关及其工作人员的法律实施机制固然也有激励措施(如职务晋升等),但这些激励措施与法律私人实施领域和集体实施领域的激励措施有明显区别——无论在数量方面、内容方面还是性质方面。考虑到公权机关法律实施机制的特殊性,本书的研究对象主要限定在经营者、商会、行业协会、市场中介组织、消费者等市场主体,不专门论及公权机关。

(三)分析思路

一是以"法律移植—本土实践"为研究语境。国际政治、经济和文化的发展带动了法律规则的趋同,其主要通过两个途径实现:一是订立国际公约、国际条约(如联合国国际贸易法委员会主持制定的《联合国国际货物销售合同公约》)或者由国际组织编纂示范性的国际惯例(如国际统一私法协会制定的《国际商事合同通则》),在各个国家、地区广泛适用,同时一定程度上也可能被转化为国内法,从而在某一国家和地区内适用(如中国自贸区对接 RECP 规则等①);二是一国立法机关以其他国家的某些立法为蓝本,通过法律移植模式,借鉴并制定符合本国实践需求的法律制度。法律趋同不仅发生在商法(尤其是公司企业法、合同法)领域,也可能发生在经济法(主要是指市场监管法)领域。只不过相比而言,前者的趋同程度更为深广。

无须讳言,中国商法、经济法领域(如公司法、证券法、信托法、反垄断法、反不正当竞争法等)也有不少法律制度是经由国外向国内移植、改造而来。这意味着,研究中国法律实施机制问题必须具备比较法视角,否则对于那些经由法律移植而制定的法律规则,我们无法深入阐释其依存的制度环境、适用的功能以及需要配套的实施机制。当然,从另一个角度看,由于我国的经济体制是以社会主义公有制为基础——这明显有别于诸多资本主义国家——因此,尽管存在法律移植和法律趋同这一客观现象,但就我国市场经济法律制度体系而言,无论是规则的设计还是制度的实施,其本土特点仍然较为显著。比如在市场主体法领域,私营性质的公司主要适用《公司法》,而国有企业除遵循《公司法》之外,还受到《企业国有资产法》等特殊监管法律的约束。在证券法领域,监管部门曾借鉴美国、日本的立法

---

① 如2022年1月广东自贸区南沙片区出台了《南沙自贸片区对标 RCEP CPTPP 进一步深化改革扩大开放试点措施》。

经验,将证券交易的"熔断机制"引入国内,但这一机制在实施过程中出现了明显的水土不服,随后在很短时间内即被暂停实施,至今仍未恢复。类似例子还有不少。这充分说明,研究我国市场经济法律制度问题必须充分关注本土制度环境的特殊性,考虑影响法律实施效率的本土变量,以法律实践为语境,研究、揭示并解决本土问题。

二是以法律实施资源稀缺为逻辑起点。传统经济学理论假定资源稀缺,故此需要研究如何改进资源配置的效率,把资源分配到最珍惜它的人的手中。事实上,法律实施本身也需要耗费大量资源(如组织机构建设、相关设施设备的购置、工作人员的薪酬补贴等)、支付高昂成本,更重要的是,支撑法律实施的资源客观上不能无限量供应。我们可以考虑一个情景:如果法律实施资源可以"理想化"地无限量供应——比如有足够数量的法庭和法官——那么无论民事诉讼的立案制度如何改革,经济发达城市的法院都不会出现案件堆积如山、审判周期漫长、法官时常加班的情况。正如有研究者指出的,"一个负责法律实施的公共机构原则上可以在其主管范围内实施所有的法律,但现实的情况是,由于受到预算约束,他们不可能这么做"。① 故此,为了尽量保证相关对策研究符合客观实际、具有现实可行性,本书亦以法律实施资源稀缺作为前提假设和逻辑起点。从某种意义上讲,讨论法律实施机制的技术改进,很大程度上也是在讨论法律实施资源优化配置;而比较激励机制与惩罚机制的实施效率,其根本目的则是研究如何通过机制的互补或替代来节约法律实施的资源。

三是以优化法律实施资源的配置、改进法律实施效率、提高法律实效为研究目标。本书之所以研究法律实施的激励机制,是因为实证分析表明,虽然在静态意义上中国的市场经济法律制度体系已基本建成,但有些法律规则在耗费巨大立法成本和实施成本之后,却无法充分实现其立法目的,甚至还可能造成适得其反的后果。整体上,我们可以把当前法律实施所存在的这些问题总结为效率不高、实效不足。究其根源,上述问题与某些法律实施机制设计不科学有关。以往的法律实施机制本质上是一种惩罚型实施机制,以究责和威慑为基础。在很多场合,惩罚型实施机制确实可以发挥积极功能,但对于共益型权利规则、难以度量的义务规则、违法信息获取成本非常高昂的监管规则等法律规则的实施,惩罚机制作用有限。当然,所谓"作用有限"是相对而言的。如果不考虑"法律实施资源有限"

---

① William M. Landes and Richard A. Posner. The Private Enforcement of Law. *The Journal of Legal Studies*. Vol. 4, No. 1 (Jan. 1975), pp. 1-46.

这一现实约束条件而不计成本地投入法律实施的资源,那么相关法律规则立法目的的实现或许还可以更加充分。

但即便如此,我们最多也只能认为,通过不计成本地投入资源,法律实效或许可以提高,但其实施效率仍可能是低下的,因为此一情况下法律实施的成本与收益之比值往往非常巨大。本书希望以激励机制的理念为向导,对传统以来以惩罚为核心的法律实施机制进行改造,而改造法律实施机制的目标,是优化法律实施资源的配置、改进法律实施效率、提高法律实效。其中,"实效"目标所表征的是法律的立法目的在多大程度上被实现,而"效率"目标所表征的则是为实现立法目的而投入的成本与最终收益的比值。

(四)具体方法

传统法学研究主要以法解释学(法教义学)为核心,辅之以比较法分析、案例分析、历史分析等方法。法解释学对界定法律条文核心概念的内涵外延、解读法律条文的规范意旨或立法目的、明确法律条文的适用情形及构成要件、确定相关请求权的行使程序、阐释法律条文适用后果等问题,具有重要的工具价值。有必要指出,法学领域任何一种研究方法都有其优点,也有其不足,更重要的是,每一种研究方法都有其独特的适用场景,分别对应着不同的研究目的。法解释学主要用于微观层面上剖析法律条文结构、指引法律条文适用,但是对于宏观层面上如何合理配置法律实施资源、降低法律实施成本等问题的研究,法解释学作用似乎不如社科法学(如法律经济学、法律社会学、法律心理学、法律文化学、法律人类学等)。①

本书主要采用法律经济分析方法,同时兼顾运用比较法分析、案例分析等其他方法。② 就经济分析而言,具体是指,在优化法律实施资源的配置、改进法律实施效率和提高法律实效这一研究目标的指引下,以法律实

---

① 有研究者指出,法教义学更多的是在司法层面解决法律的适用问题,即考虑如何在尊重法秩序和法体系的前提下,通过最大限度地解释法条来解决具体纠纷。社科法学可以解释法律与社会之间的张力,考察变动法律秩序的问题,从而发现建设中国法治所面临的具体问题。社科法学重在解释因果关系,能够对法律政策进行评估。从这种意义上讲,社科法学是法律公共政策得以准确制定修改的前提。参见侯猛:《社科法学的传统与挑战》,载《法商研究》,2014(5)。

② 就经济分析与法学研究的关系,有研究者认为,虽然不是所有的法律规则都基于经济(市场经济的)效率的考虑,并且也不应该仅以此为目标。但是,这并不意味着经济学的考虑对于法律适用就没有帮助。相反,在有些时候不可或缺。只要经济学论证与现行法的基本价值判断相容,法外的考量也应该被纳入。参见[奥]恩斯特·A.克莱默:《法律方法论》,周万里译,238页、236页,北京,法律出版社,2019。

施资源稀缺作为研究的逻辑起点,以法律实施主体仅具有有限理性为前提假设,以"激励—惩罚"为基本理论框架,根据不同场景的需要,综合运用交易成本分析、产权分析、博弈分析等方法,研究惩罚型法律实施机制的缺陷,论述激励型法律实施机制的效率优势,最终提出系统构建激励实施机制的对策。

第一,本书以"激励—惩罚"为分析框架。激励分析是经济学(机制设计理论理论、博弈论、委托代理理论、契约经济学理论、信息经济学理论等)的研究范式之一。有研究者指出,"法律经济学主要从事事前分析研究。它注重随政策、法律及其他可变因素变化的预期行为刺激。风险决策的经济分析模型假设,个人基于它们是否会给他们招致风险的客观可能性而使他们的预期功利最大化……传统英美法学研究主要考察已发生的事件及案例,是一种事后研究。"①不过,不同学科理论对"激励"这一概念的定义存在差别。本书的研究尽管也认同并将借助法经济学领域广泛使用的激励分析方法,将充分论述并借鉴博弈论、机制设计理论、委托代理理论中有关激励机制原理的论断,甚至也会援引上述理论的某些重要观点作为理论论据,但在概念定义方面仍遵循传统法学理论的基本共识,从狭义上界定"激励"。亦即把"激励"与"惩罚"理解为相对关系,而不是把"惩罚"涵盖在"激励"的内涵之中。具体而言,本书所称的"激励"仅指正向激励和责任豁免,至于经济学领域所谓的"反向激励",我们仍以"惩罚"这一概念进行指称。从狭义上界定的"激励"概念,与"惩罚"概念是辩证统一的。一方面,两者在设计原理、运作方式、实践功能等方面确实存在区别;但另一方面,两者又共存于法律实施的实践中,互相依存,紧密合作。故此,本书将以"激励—惩罚"为分析框架,深入考察法律实施现状,比较激励机制与惩罚机制的构造、特点及实施效率,进而提出完善法律实施机制的对策。

第二,本书以交易成本分析为基本工具。自 20 世纪 80 年代末、90 年代初法经济学(新制度经济学)的理论与方法被引入中国以来,科斯定理和交易成本理论得到政治学、法学、经济学、管理学、社会学等多个学科领域的关注,方法论意义上的交易成本分析也被广泛运用到诸多社会问题的研究中。尽管近年来,法学领域对法经济学、对交易成本理论似乎已有"审美疲劳",但客观上还是应当承认,交易成本作为一个基本概念,以及相应的,交易成本分析作为一种基本理论范式,它们确实有助于整合法经济学

_____

① 参见蒋兆康在理查德·A. 波斯纳所著《法律经济分析》中文版译者序言中的论述。[美]理查德·A. 波斯纳:《法律经济分析》,蒋兆康译,15 页,北京,中国大百科全书出版社,1997。

领域若干分支理论学派的研究方法。本书选择以交易成本分析作为理论工具，直接原因在于，真实的市场经济活动都是在"正交易成本"环境下进行的，而实践中导致某些法律规则实施效率不高、法律实效不足的重要原因之一，就是市场主体之间，或者市场主体与公权机关之间，存在过高的交易成本，由此抑制了他们主动依法行事的动力。为了提高法律实施效率、强化法律实效，对症下药的方法应是通过法律制度改革，降低甚至消除市场主体面临的某些交易成本，或者通过法律制度改革为市场主体提供补偿，以抵消交易成本给其带来的损失。在此过程中，交易成本分析自然将成为研究和解决问题的理论工具。

第三，本书综合运用规范分析和实证分析两种基本方法。规范分析是应然性的，其所要研究的是事物"应当如何"；实证分析是实然性的，通常也是阐释性的，其所要研究的是事物"是什么""怎么样"和"为什么"。尽管两者有本质区别，但在具体问题研究过程中，两者往往又是相互结合的。本书研究法律实施的激励问题，亦强调实证性与规范性的结合。就实证分析而言，本书将以公司法、证券法、金融法、反垄断法、反不正当竞争法、产品质量法、药品管理法、食品安全法、消费者权益保护法等法律法规为研究对象，充分考察中国法律实施现状（包括宏观现象和微观个案），比较和评估各种实施机制所对应的法律实效，分析惩罚性实施机制缺陷，进而运用归纳推理，总结现有法律实施机制存在的问题。就规范分析而言，本书将以监管规则、权利规则、义务规则、责任规则为分类方法，以博弈论、机制设计理论、产权理论、委托代理理论、法律规制理论等为基础，假定法律公共实施资源稀缺（市场监管的公共资源有限）、法律实施主体理性有限、市场存在交易成本、信息不对称等前提条件，通过演绎推理等方法的运用，分析现有法律实施机制在设计原理上可能存在的缺陷，揭示相关法律规则（尤其是程序法规则）的不足，并提出解决问题的对策。

第一章　理论基础:法律实施激励机制原理的多维阐释

一、法律实施理论

(一)法律实施的基本含义

传统法学理论对法律实施的定义已有基本共识。一般认为,法律实施(enforcement of law)是指相关主体遵守、适用或施行法律规范的行为或过程,具体包括执法、司法、守法、仲裁、法律监督等多种方式。它所表称的是一个动态行为过程而非静态行动结果,其目的是实现立法宗旨。换言之,法律实施只是手段,法律实现才是最终目的。正如有研究者指出的,"要想成功实施社会立法,有效的执行具有至为重要的意义,立法得不到执行,就难以实现其社会目标".①

实践表明,法律实施过程受到诸多客观因素影响。故此,不同个案中法律实施的结果存在差异。为了评估法律实施,理论界和实务界曾提出法律效果(effect of law)、法律效益(beneficial result of law)等概念及相应的评价标准。其中,法律效果是指"法律通过实施而实现自己的社会目的、价值或社会功能及其程度。法律效果表明法律的社会目的得以实现,法律实现了立法者所追求的价值".② 而法律效益则是指"实施法律所产生的有益的社会效果同法律的全部社会效果之比。一般来说,一部法律有法律效力,不一定有法律实效;有法律实效,并不一定有法律效果;有法律效果,也不一定有法律效益".③

---

① [英]罗伯特·鲍德温、马丁·凯夫、马丁·洛奇:《牛津规制手册》,宋华琳等译,133页,上海,上海三联书店,2017。
② 张骐:《法律实施的概念、评价标准及影响因素分析》,载《法律科学》,1999(1)。
③ 夏锦文:《法律实施及其相关概念辨析》,载《法学论坛》,2003(6)。

在评估法律实施过程中，法律效力（validity of law）和法律实效（efficacy of law）是经常被提及的两个概念。法律实效是指具备法律效力的法律规范"在实际上被执行、适用和遵守"（的情况），[①]是"法律的功能和立法的目的实现的程度和状态"，[②]也是"分析具有法律效力的法律在实际生活中的状况的一个评价指标"。[③] 法律规则是否具备效力（validity of law）与其是否具有实效（efficacy of law）是两个不同的事实，具备效力的法律并不必一定具备实效。[④] "法律能否被遵从，会直接影响法律的实效"；[⑤] "如果一项法律规范在任何地方都得不到任何人的遵守，换句话说，如果一项法律规范至少在某种程度上并不具备实效，那么它就不是一项有效的法律规范"。[⑥] 故此，法律实效评估是考察法律实施实际效果、检验立法是否科学、把握法治建设现状、探讨法制改革方向以及维护法治（法制）权威的重要手段。经由实效评估结果指引而进行的立法改革或法律实施机制的完善，[⑦]亦是推进法治建设、实现"善法良治"目标的重要内容之一。

（二）法律实施的基本模式

在法经济学领域，法律实施的基本原理和实施效率是研究者长期关注的论题。沙维尔（Steven Shavell）认为，研究法律实施有三个基本维度。第一个维度是法律干预（legal Intervention）的时间点。法律干预可以在最早的场景下开始，即在行为被作出之前，采取预防的方法阻却行为发生。也可以在行为发生之后、损害结果出现之前实施。还可以发生在行为的损害结果出现之后。第二个维度是法律干预的制裁方式。制裁可分为两种，一是金钱型制裁，另一种是非金钱型制裁。第三个维度是法律实施者的主体角色，即私人实施和公共实施。[⑧]

在上述三个维度中，"公共实施—私人实施"其实已是法经济学领域

---

① 沈宗灵：《法理学》，350 页，北京，北京大学出版社，1998。
② 赵振江、周旺生、张骐、齐海滨、王晨光：《论法律实效》，载《中外法学》，1989（2）。
③ 付子堂：《法理学初阶》，251 页，北京，法律出版社，2009。
④ 谢晖：《论法律实效》，载《学习与探索》，2005（1）。
⑤ 张守文：《中国经济法治的问题及其改进方向》，载《法制与社会发展》，2018（2）。
⑥ Hans Kelsen. *Pure Theory of Law*. University of California Press（1967），p.11.
⑦ 如有学者指出，"制度的制定除了需要考虑待解决的问题及可能的解决路径外，还需要从实施的角度进行考量，尤其是考量执法机构的能力、公益性程度等因素，并把这些因素提前反映在具体的制度中，以提高制度的实施绩效，或减少制度实施过程中的违法行为、对策行为。"参见应飞虎：《中国经济法实施若干问题》，载《现代法学》，2014（5）。
⑧ Steven Shavell. The Optimal Structure of Law Enforcement. *Journal of Law & Economics*. Vol. 36，No. 1（Apr. 1993），pp. 255-288.

涉及法律实施问题的重要研究范式（或曰"分析框架"）。在反垄断法、证券法、公司法等领域，都有研究者以"公共实施—私人实施"的关系为基础，对相关法律的实施问题展开研究。不过，在如何区分公共实施和私人实施问题上，学者们似乎有不同观点。弗里德曼（David Friedman）主张以"是否有公权机关的主动介入"为标准来区分法律的公共实施和私人实施。① 但沙维尔（Steven Shavell）认为，私人实施和公共实施的差别并不总是很清晰。比如，如果国家向私人主体提供回报，要求私人主体为其提供法律实施所需的信息，此时我们可否将该私人主体类同于法律公共实施的机构？②

　　在公共实施和私人实施两者之间，究竟哪一种更具效率优势？不同研究者的观点有所不同。肖特认为，"虽然社会制度主要是为了解决社会协调问题的，但它们并不一定是自我维持的，而可能需要某种外在的权威，例如国家来执行"。③杰克逊（Howell E. Jackson）和罗伊（Mark J. Roe）以证券法为对象所做的研究结论是，法律公共实施显著优于法律私人实施。不过相比而言，似乎有更多研究者认为，法律的私人实施优于公共实施。④比如贝克尔（Gary S. Becker）和斯蒂格勒（George J. Stigler）认为，为法律私人实施提供激励将有利于激发市场竞争，将法律私人实施拓展到传统的法律公共实施领域将是有益的，因此应该尽量把法律公共实施转化为私人实施。⑤ 拉波塔（Rafael La Porta）、西拉内斯（Florencio Lopez-de-Silanes）和施莱弗（Andrei Shleifer）等学者对不同国家和地区的证券法实施效率进行比较研究，其结论是在促进证券市场的发展方面，法律私人实施比法律公共实施的表现更好。⑥

　　类似的，在公司法领域，伊斯特布鲁克（Frank H. Easterbrook）和费希尔（Daniel R. Fischel）等倡导"公司（法）契约理论"的学者指出，公司本质

　　① David Friedman. Efficient Institutions for the Private Enforcement of Law. *Journal of Legal Studies*. Vol. 13, No. 2 (Jun. 1984), pp. 379-397.

　　② Steven Shavell. The Optimal Structure of Law Enforcement. *Journal of Law & Economics*, Vol. 36, No. 1 (Apr. 1993), pp. 255-288.

　　③ ［美］安德鲁·肖特：《社会制度的经济理论》，陆铭、陈钊译，韦森审订，16页，上海，上海财经大学出版社，2003。

　　④ Howell E. Jackson and Mark J. Roe. Public and Private Enforcement of Securities Laws: Resource-based Evidence. *Journal of Financial Economic*. Vol. 93 (Aug. 2009), pp. 207-238.

　　⑤ Gary S. Becker and George J. Stigler. Law Enforcement, Malfeasance, and Compensation of Enforcers. *The Journal of Legal Studies*. Vol. 3, No. 1 (Jan. 1974), pp. 1-18.

　　⑥ Rafael La Porta; Florencio Lopez-de-Silanes; Andrei Shleifer. What Works in Securities Laws?. *The Journal of Finance*. Vol. 61, No. 1 (Feb. 2006), pp. 1-32.

是契约组合,立法者建立公司法规则的目标是为公司参与人提供一个订立和执行契约的基本框架。这一观点暗示了私人实施在公司法实践中的重要地位。① 与此相关的,布莱克(Bernard Black)和克拉克曼(Reinier Kraakman)以法律私人实施理论为基础,以俄罗斯的实践为样本,提出"公司法自我实施的模型"(self-enfocing),其作用是从立法设计的角度激励公司参与人主动适用公司法。他们认为,对于新兴市场经济国家而言,"自我实施模型"有助于公司外部投资者在不依赖法庭的情况下,依然可以防止自身利益受到公司内部机会主义行为的损害。②

对于公共实施和私人实施的效率比较,科菲(John C. Coffee)的观点相对中立。他认为,法律实施机制是解释法律对金融市场发展影响力的"隐形变量",一个充满活力的、可论证的,甚至过于活跃的法律私人实施体系是法律公共实施的重要补充。③ 科克斯(James D. Cox)和托马斯(Randall S. Thomas)④也建议,应当为公司与证券法律制度建立公共实施和私人实施相配套的机制,因为这两种机制的相对价值是理解金融市场如何深化发展的一个关键。波斯纳(Richard A. Posner)则认为,实践中对法律公共实施和私人实施这两种机制的区分和取舍主要取决于运行成本的比较。⑤ 在更早之前的文献中,他和兰德斯(William M. Landes)还共同指出,经济学研究的一个重要问题是,如何在法律的公共实施和私人实施之间进行恰当的、实际的责任划分。经济学家很久以来就假设,法律私人实施机制可能因为"搭便车"的原因或者因为规模经济的不足而被损害。事实上,如果在一个法律私人实施系统中,是由受害人向实施者购买(法律)服务,那么可能产生"搭便车"问题,因为那些没有参与购买服务的人也可因违法行为的减少而获利。然而,如果在一个法律私人实施系统中,是由法律实施者向受害人或国家购买法律实施的权利,或者要求获得对嫌疑人进行逮捕和定罪的权利,那么将不存在"搭便车"情况。因此,无论是"搭便车"问题还是规模经济问题,都不是"必须采用法律公共实施机制"的充

---

① Frank H. Easterbrook and Daniel R. Fischel. The Corporate Contract. *Columbia Law Review*. Vol. 89, No. 7 (1989), pp. 1416-1448.

② Bernard Black and Reinier Kraakman. A Self-enforcing Model of Corporate Law. *Harvard Law Review*. Vol. 109 (1996), pp. 1911-1982.

③ John C. Coffee. Law and the Market: The Impact of Enforcement. *University of Pennsylvania Law Review*. Vol. 156, No. 2 (Dec. 2007), pp. 229-312.

④ James D. Cox and Randall S. Thomas. Public and Private Enforcement of the Securities Laws: Have Things Changed Since Enron. *Notre Dame Law Review*. Vol. 80 (Mar. 2005), pp. 893-907.

⑤ Richard A. Posner. *Economic Analysis of Law*. Aspen Publishers (2007), pp. 659-660.

分理由。①

　　"公共实施—私人实施"这一范式主要是针对法律而言,其假定的被实施的规则的制定主体是国家立法机关。在此基础上,有研究者进一步引入"社会规范"或"非正式制度"因素,认为应当将私人制定的"法规则"也纳入视野,据此拓展了法律实施的分析框架。比如在公司法领域,阿莫尔(John Armour)认为,可以把正式实施与非正式实施的区分标准也加以考虑,因此完整的公司法实施机制应当包括:(1)正式的公共实施(比如国家对涉及公司经营的商业、金融、证券的行政监管机制和处罚机制);(2)非正式的公共实施(比如证券交易所对上市公司轻微违法行为的公开警告和批评);(3)正式的私人实施(比如股东提起的各种诉讼程序);(4)非正式的私人实施(比如市场抛售公司股票导致股价下跌所带来的压力)。这种思路实际上已经把法律、合同、企业科层组织以及市场等可以作为公司法实施基础的那些因素都包含进来了。②

　　艾维然(Amitai Aviram)更加系统地解释了法律与社会规范的制定和实施问题。他认为,调整社会关系的机制可分为公共法规则体系和私人法规则体系。③ 其中,私人法规则体系包括:(1)当事人之间的合同,它可以在法律之外为当事人设定权利和义务;(2)依靠私人法庭建立秩序;(3)中世纪用以调整远距离交易的商人习惯法;(4)存在于一个科层组织内部并由最高级别统治者颁布的内部制度,如公司;(5)社会规范系统。④ 根据规则制定主体和实施主体的不同,可以把法律和社会规范的关系抽象概括为表1中的内容。

---

　　①　William M. Landes and Richard A. Posner. The Private Enforcement of Law. *The Journal of Legal Studies.* Vol. 4, No. 1 (Jan. 1975), pp. 1-46.

　　②　John Armour. *Enforcement Strategies in Uk Corporate Governance. In Rationality in Company Law: Essay in Honour of DD Prentice.* Edited by John Armour and Jennifer Payne. Hary Publishing (2009), pp. 71-119.

　　③　Amitai Aviram. A Paradox of Spontaneous Formation: The Evolution of Private Legal Systems. *Yale Law & Policy Review.* Vol. 22 (Winter, 2004), p. 1.

　　④　与艾维然(Amitai Aviram)提出的私人法体系类似的,迪克西特(Avinash K. Dixit)则提出"纠纷解决的私立秩序"概念。他认为,"坚持运用私立秩序解决纠纷的显著原因就是,借助于正式法律及其成本远没有前者来得低廉。实际成本,尤其是时间成本,经常大大超过可供选择的私立秩序。有时对于当事人各方来说,正式法律判决还不如私立秩序产生的结果。因此,当事人各方预计的法庭判决结果(使用法庭系统的净成本)可以作为私下签约的底线或威胁点。"参见[美]阿维纳什·迪克西特:《法律缺失与经济学:可供选择的经济治理方式》,郑江维等译,12页,北京,中国人民大学出版社,2007。

表 1　法律与社会规范的关系

	私人制定	公共制定
私人实施	私人制定，私人实施	公共制定，私人实施
公共实施	私人制定，公共实施	公共制定，公共实施

根据表 1 的内容可见：作为调整社会关系的基本规则，一般有两类制定主体，一是私人制定，二是公共制定；这些规则的实施主体也有两种，一是私人实施，二是公共实施。因此，根据制定主体和实施主体的不同，调整社会秩序的规则有四种基本方式，即："私人制定，私人实施"；"私人制定，公共实施"；"公共制定，私人实施"和"公共制定，公共实施"。其中，"公共制定，公共实施"和"公共制定，私人实施"主要针对法律而言，前者如审判中法官对法律法规的适用，后者如企业以反垄断法为依据提起诉讼；而"私人制定，私人实施"和"私人制定，公共实施"则主要针对社会规范而言，前者如成员企业对商业行规的适用，后者如审判中法官对交易习惯的引用等。

与上述理论相近的，英格拉姆（Paul Ingram）和克莱（Karen Clay）在诺斯（Douglass C. North）制度类型学基础上，提出了"集中实施型制度"和"分散实施型制度"的概念。他们认为制度应该被区分为：（1）公领域制度和私领域制度（public or private）；以及（2）集中实施型制度和分散实施型制度（centralized or decentralized）。[①] 其中，公领域制度主要是指国家强制实施的法律，而私领域制度主要是指个人或组织自愿实施的社会规范，行为人可以选择接受或不接受该制度。在集中实施型制度中，一个集权式的主体将负责制定和完善制度，并对违反者实施惩罚。而在分散实施型制度中，则缺乏一个权力中心，因此制度的实施完全依赖于个人自觉遵守。

二、法律激励理论

（一）法律激励的理论来源

法律激励理论有两个根源：一是传统法学领域有关法的价值的理论；二是在传统法学领域之外，博弈论、机制设计理论有关制度激励功能的研

---

① Paul Ingram. and Karen Clay. The Choice-Within-Constraints New Institutionalism and Implications for Sociology. *Annual Review of Sociology*. Vol. 26 (2000), pp. 525-546.

究。在法律激励理论的研究者看来,"法律不应被作为一种强制制度来分析,而应被看成一种激励体系来理解";①"法律的首要目的是通过提供一种激励机制,诱导当事人采取从社会角度来看最优的行动"。② 也有研究者认为,"法律实际上是一种间接作用的激励机制,它不直接限制人们的行动集合,而是通过改变一个社会博弈的支付函数方式改变人们行为选择的激励,使得人们的行为实现立法者的目标"。③ 因此,从某种意义上讲,"通过改变命令控制性法律规制或软法之治的传统做法,政府和市场合力推动基于社会可接受的法律激励机制",④可以更有效地解决各种社会问题。事实上,"法律之治的最高境界在于,通过具有'强制力'的法律规则或规范,实现'非强制性'的法律激励,调整社会中人们的行为,实现社会的和谐与发展"。⑤ 就此而言,法律激励理论实质上是功能主义范畴的法律(法学)问题。

"重视法律激励是中国法律文化传统中一个重要而又长期未受应有关注的特点"。⑥ 从相关文献来看,法律激励理论语境下的"激励"内涵广泛。有研究者认为,"法律对人行为的影响我们可以用'激励'一词来表达,在这里,激励不仅仅限于'激发鼓励'的意思,也是一个广义概念,既包括对人的行为动机的激发,也包括对人的行为动机的抑止"。⑦ "法律激励(legal motivation)是指法律制度对法律主体之行为的激发、鼓励,包括奖励性的正向激励与惩罚性的反向激励,也包括经济学上的激励(incentive)之意"。⑧ 类似的,也有研究者指出,"法律具有反向惩罚和正向激励的双重功效,根据法理学一般原理,法律规范创造了两种法律后果,即传统意义上否定式后果,主要体现为惩罚。除此以外,在现代社会,日益重视其肯定式后果,即通过正向的促进、奖励等行为来弘扬法律所追求的社会价值"。⑨ 甚至有观点认为,"一切可以激发、鼓励人们为一定行为,以实现满足需要的愿望的法,都可视为激励法"。⑩

---

①　[美]乌戈·马太:《比较法律经济学》,沈宗灵译,北京,北京大学出版社,2005。
②　张维迎:《信任、信息与法律》,66 页,北京,生活·读书·新知三联书店,2003。
③　丁利:《制度激励、博弈均衡与社会正义》,载《中国社会科学》,2016(4)。
④　许明月、段浩:《农业转移人口市民化的法律激励机制构建》,载《比较法研究》,2017(6)。
⑤　丰霏:《法律激励的制度设计》,收录于葛洪义主编:《法律方法与法律思维》(第 9 辑),北京,法律出版社,2016。
⑥　倪正茂:《从法律激励看对中国法律文化传统的继承》,载《法学》,2014(1)。
⑦　申来津:《法律与行为选择:法律激励及其发生机制》,载《法学杂志》,2006(4)。
⑧　丰霏:《法律治理中的激励模式》,载《法制与社会发展》,2012(2)。
⑨　汪习根、滕锐:《论区域发展权法律激励机制的构建》,载《中南民族大学学报》,2011(2)。
⑩　倪正茂:《激励法学要言》,载《东方法学》,2009(3)。

(二)法律激励功能的实现

从传统法学角度来看,"伴随着社会管理模式的创新,传统意义上的法律功能,诸如指引功能、教育功能、预测功能、评价功能和强制功能等,都会发生相应的变化。而法律对行为的激励功能显得愈益重要,这是由于激励功能反映于法律运行的整个过程之中"。① 从经济学角度看,法律激励的目的是"通过规则的强制,迫使产生外部性的个体将社会成本和社会收益转化为私人成本和私人收益,使得行为主体对自己的行为承担完全责任,所以……法律的激励机制实际上是一种责任规则……无论是民法还是刑法,其目的都是通过责任规则的设计和实施诱导人们选择从社会角度看最优的行为,或放弃从社会角度看不应该采取的行为"。②

"法律的激励功能不见得非要(通过)规定明确的奖赏条款才能体现出来。法律明确规定公权与私权、权利与义务的界限,规定对滥用公权、侵害私权、危害社会等违法犯罪行为的处罚,这是对公民权利、社会正义、秩序的维护和弘扬,对社会道德良心起到了相辅相成的肯定、彰显、精神鼓励和表扬作用"。③ 有研究者以行政法为例,认为"现代行政法机制乃由制约机制与激励机制整合而成",其中,"激励机制是指既激励行政主体积极行政、为公众谋求更多的公益,又激励相对方积极实践法定权利、参与行政,以实现私益的递增";"现代行政法正是通过制约机制与激励机制的协调运作,形成最佳的资源配置格局,实现现代行政法的价值目标"。④

"法律的激励功能要正常地发挥,必须处理好三大问题:模式、操作和实现"。⑤ 有研究者提出法律激励的理想形态理论,认为"法律激励的理想形态最终表现为对行为主体自我激励的激励功能。这一理想形态不仅是激励理论的发展目标,也是法律激励的客观要求和理论归宿。而这一最终理想形态的实现则依赖于法律制度的能动激励与互动激励的有效实践。三种理想形态相互支撑,构成了法律制度激励功能的理想图景"。⑥ 也有研究者强调,法律对个体行为的激励方式可以从不同角度进行分类,形成

---

① 付子堂、崔燕:《民生法治视野下的法律激励功能探析》,载《法学论坛》,2012(6)。
② 张维迎:《信任、信息与法律》,72 页、154 页,北京,生活·读书·新知三联书店,2003。
③ 倪正茂、俞荣根、[法]韩小鹰、赛西尔·德拉特:《法律的激励功能最不可忽略》,载《社会科学报》,2005 年 5 月 26 日,第 004 版。
④ 罗豪才、宋功德:《现代行政法学与制约、激励机制》,载《中国法学》,2000(3)。
⑤ 付子堂:《法律的行为激励功能论析》,载《法律科学》,1999(6)。
⑥ 丰霏:《法律激励的理想形态》,载《法制与社会发展》,2011(1)。

法律激励功能的种种表现,包括:法律的外附激励功能、法律的内滋激励功能、法律的公平激励功能、法律的期望激励功能,以及法律的挫折激励功能。① 此外还有研究者提出,"从激励模式看,我国的法律激励方式主要有三种类型:着眼于权利、义务、责任的分配;着眼于成本、收益的配置;着眼于资格、待遇、荣誉方面"。② 具体到市场经济法律制度领域,"激励机制贯穿经济法的价值理念与指导思想、经济宪法和基本法以及经济法具体制度。通过对国家法律法规、竞争政策和产业政策的分析,归纳出激励方式主要分为经济激励、权利义务激励和荣誉激励三种,具体表现为奖励、补贴、优惠和豁免等手段"。③

　　总结而言,本书研究的法律实施激励机制问题与以往的法律激励理论的研究对象有一定区别。法律激励理论的核心观点是把法律制度的设计与实施整体上理解为一种激励机制,即所谓的"作为激励机制的法律"。在此意义上,法律激励理论与法律价值论、法律实效论有紧密内在联系,其主要研究如何有效发挥法律指引功能,引导相关主体作出或不作出某一行为,进而实现立法目的,体现法律实效。正如有研究者指出的,"激励功能是法的重要的功能,法的激励功能是通过法律激发个体合法行为的产生,使个体受到鼓励去作出法律所要求和期望的行为,最终实现法律所设定的整个社会关系的模式系统的要求,取得预期的法律效果,造成理想的法律秩序"。④ 与法律激励理论不同的是,本书旨在研究如何通过正向激励措施(如物质奖励、权益授予、道德褒奖以及责任减免等)促使相关主体主动适用法律、遵守法律,我们的目标是探讨如何合理配置法律实施公共资源、降低法律实施成本、提高法律实施效率,而不是探讨如何通过法律规则引导个人或组织的决策与行为以使其符合立法者的意图。在此意义上,法律激励理论可以提供方法论层面的支持,但其主旨与本书论题仍有区别。

三、激励规制理论

(一)规制的含义与基本策略

　　"规制"理论并不专属于某一学科领域。一直以来,包括政治学、行政

①　付子堂:《法律的行为激励功能论析》,载《法律科学》,1999(6)。
②　胡元聪:《我国法律激励的类型化分析》,载《法商研究》,2013(4)。
③　袁达松、赵雨生:《论经济法的激励机制》,载《财经法学》,2019(5)。
④　胡元聪:《经济法的激励功能与外部性解决分析》,载《社会科学论坛》,2009(10)。

管理、经济学、法学等学科,都在研究规制问题。正如有学者指出的,"规制一词如今频繁地出现在各种法学与非法学的文献上。它不是一个专业用语,相反,它是一个含义广泛的词语"。①

"规制"(regulation)有时候也被翻译为"管制",甚至被翻译为"规管"——不过"规管"这一概念被使用的概率很小。有研究者认为,它是"政府为控制企业的价格、销售和生产决策而采取的各种行动,政府公开宣布这些行动是要努力制止不充分重视社会利益的私人决策"。② 规制"是依据一定的规则对特定社会的个人和特定经济的经济主体的活动进行限制的行为",③"其过程是由消费者和企业对管制政策及其后果进行讨价还价的过程中所发生的战略互动关系组成的"。④ 也有研究者认为,"规制作为一种当代政策工具,其核心含义在于指导或调整行为活动,以实现既定的公共政策目标。按照经典定义,规制是公共机构对那些社会群体重视的活动所进行的持续集中的控制"。⑤ 还有研究者认为,"规管(regulation)一词包含了一系列广泛监督经济活动及其后果的政策。规管政策涉及公司在特定市场的准入和退出、价格、回报率和竞争模式;同样也涉及生产产品的属性、数量、生产方式和生产过程中所产生的负外部性(如污染)。这些政策旨在限制公司行为,并通常对经济和消费大众施加高额成本"。⑥

本质上,"作为一种法律规则(rule),规制是产业所必须的而且主要为其利益所设计和操作的国家权力的运用"。⑦ 国家(或者说政府)建立和实施规制,是基于公共利益的考虑,其"正当化依据在于人们所宣称的市场在处理特定结构性问题上的无能"。⑧ 尤其是,如果考虑到"市场失灵是与私法失灵相伴而行的,那么规制干预是基于公共利益的需要,表面上看来已

---

① [英]安东尼·奥格斯:《规制:法律形式与经济学理论》,骆梅英译,苏苗罕校,1页,北京,中国人民大学出版社,2008。
② [英]约翰·伊特韦尔等:《新帕尔格雷夫经济学大辞典》(第4卷),137页,北京,经济科学出版社,1996。
③ [日]植草益:《微观规制经济学》,朱绍文译,1页,北京,中国发展出版社,1992。
④ [美]丹尼尔·F.史普博:《管制与市场》,余晖、何帆、钱家骏、周维富译,19页,上海,格致出版社、上海三联书店、上海人民出版社,2017。
⑤ [英]科林·斯科特:《规制、治理与法律:前沿问题研究》,安永康译,4页,北京,清华大学出版社,2018。
⑥ [美]马克·艾伦·艾斯纳:《规制政治的转轨》,尹灿译,引言第3页,北京,中国人民大学出版社,2015。
⑦ George J. Stigler. The theory of economic regulation. *The Bell Journal Economics and Mangagement Science*. Vol. 2, No. 1(1971), pp. 3-21.
⑧ [美]史蒂芬·布雷耶:《规制及其改革》,李洪雷等译,19页,北京,北京大学出版社,2008。

经证据确凿"。①

　　一般认为,规制包括社会性规制和经济性规制两种基本类型。其中,社会性规制主要涉及环境保护、人身安全与健康、劳动者权益保护、消费者权益保护等问题。在这些领域,社会公众获取经营者提供的产品和服务的质量信息并不充分(即存在信息不对称情况),而且经营者为了节省成本、获取更大利润,往往不会主动消除其行为带来的外部性,故此有必要实施规制。"与经济监管不同,社会监管聚焦于生产过程的基本面和其负外部性。因此,社会监管政策处理提供的产品和服务的质量与工业经济对于人类健康、生命及环境产生的威胁及带来的副作用息息相关。社会监管不保护公司,而是对公司活动施以限制保护大众;社会监管不寻求保证竞争条件或保护竞争者,但是可能涉及限制小型公司活力的合规成本"。② 相比而言,经济性规制的适用范围小于社会性规制,其主要用于调整容易产生垄断的领域。有研究者指出,"要让市场经济发挥作用,规制不可或缺;同时,要让公共服务得以运行,也离不开对规制的监督。那些能真正反映自然垄断要素的产业,如网络产业,则尤需规制"。③ 经济性规制的根本目的是为"自然垄断提供一种替代性竞争",④其主要有三种形式:一是依靠公有制,通过政治指令和责任机制来满足公共利益的目标;二是对私有化的公司施加价格或质量的外部控制,三是政府通过招投标来确定具有垄断经营权的公司。

　　根据罗伯特·鲍德温(Robert Baldwin)和科林·斯科特(Colin Scott)等学者的总结,⑤政府对市场和社会实施的规制有多种策略(多种模式):

　　一是威慑式规制策略。威慑式策略信奉的是对抗式的严格执法,其假设频繁的执法检查可以有效发现违法犯罪行为,也假设被规制者可以理性地、积极地回应外力的激励,强调执法者一旦发现违法者,即应及时采取严格的究责和惩罚,以此对违法者造成法律意义上的威慑,同时还可以此阻

　　① 〔英〕安东尼·奥格斯:《规制:法律形式与经济学理论》,骆梅英译,苏苗罕校,28 页,北京,中国人民大学出版社,2008。
　　② 〔美〕马克·艾伦·艾斯纳:《规制政治的转轨》,尹灿译,132 页,北京,中国人民大学出版社,2015。
　　③ 〔英〕罗伯特·鲍德温、马丁·凯夫、马丁·洛奇编:《牛津规制手册》,宋华琳等译,7 页,上海,上海三联书店,2017。
　　④ 〔英〕安东尼·奥格斯:《规制:法律形式与经济学理论》,骆梅英译,苏苗罕校,6 页,北京,中国人民大学出版社,2008。
　　⑤ 〔英〕罗伯特·鲍德温、马丁·凯夫、马丁·洛奇编:《牛津规制手册》,宋华琳等译,上海,上海三联书店,2017;〔英〕科林·斯科特:《规制、治理与法律:前沿问题研究》,安永康译,北京,清华大学出版社,2018。

却其他主体试图作出违法行为。

二是遵从式规制策略。遵从式策略主张规制者以妥协、合作、调解、和解等温和手段,向被规制者提出建议或劝说,使后者主动按照规制者的意见采取相应行为。遵从式策略的优点是,如果策略目的可以实现,则相应的执法成本较低,且有利于减少执法对抗与矛盾;但它也常常被诟病过于理想化,因为并不是每一个被规制者都有主动守法的行为激励,尤其不可能时时处处持续地遵从规制者的建议。

三是回应性规制策略。回应性规制是威慑式规制和遵从式规制的结合。回应性策略认为,不同的被规制者的守法意识不同,故此,规制者应当致力于分辨谁更偏好于守法、谁更偏好于违法。当然,一般情况下,被规制者的偏好不可能自动显现,这就需要规制者尝试通过不同程度的规制策略来"试探"和"发现"被规制者的守法意愿。回应性策略即具备这种功能。它假设规制工作在规制者与被规制者的"对话"中进行,规制者可以先向被规制者采取低干预度的措施,如果无法奏效,则再提高规制强度,直到被规制者遵循规制要求。

四是精巧规制策略。精巧规制策略是在回应性规制策略基础上发展来的。其基本主张是,在规制活动中,多元规制主体的配合以及多种政策工具的结合,比单一主体、单一工具的规制模式更有效。所谓多元主体是指,可以参与规制活动的,不仅是公权机关,而且还包括社会组织(如商会行业协会)等其他主体。根据精巧规制策略的设想,公权机关(或者说政府)的作用不是"第一线"的,它们不需要在第一时间即对被规制者进行直接干预,而是应当致力于为其他规制者采取多重规制手段创造工作条件,以此形成多元化的规制体系。

五是元规制策略。元规制的核心思想是,"在所有政府或其他主体有意进行控制的社会经济领域,无论是通过科层、竞争、社群、设计抑或某种形式的组合,本身已存在一定的调控机制。"①公权机关没必要对被规制者直接采取监管和制裁措施,而是应致力于指导、鼓励、督促被规制者自己建立风险管理体系与法律合规体系,并监督被规制者自我规制的效果。实质上,元规制是通过强化被规制者自我规制的意愿和能力,使得公权机关的

---

① [英]科林·斯科特:《规制、治理与法律:前沿问题研究》,安永康译,278 页,北京,清华大学出版社,2018。

直接规制措施最少,相应的规制成本也最低。

六是自我规制策略。自我规制策略的基本主张是,规制的规则可以由被规制者自己制定,规制的措施可以由被规制者自己实施。行之有效的企业的内部治理、行业协会的自治自律,都是自我规制的体现。在自我规制策略中,公权机关的角色进一步淡化,行政规制的措施进一步减少甚至被排除,而规制者与被规制者的主体身份是同一的,这是其最为显著的特点。

(二)激励性规制的核心观点

尽管“规制”已被普遍视为协调市场发展和调整社会秩序的一个重要工具,但一直以来,针对规制的批评并不少见:其一,规制需要耗费公共资源,成本巨大,但成效并不总是令人满意;其二,规制与自由市场理念相悖,过多的规制会遏制企业创新能力和市场活力,进而影响经济发展;其三,规制可能成为某些公权机关或公职人员谋取私利的“工具”。有研究者解释,“长期以来认为,规制之所以无效率,是因为规制目标与规制工具不匹配。二者间之所以出现这种分离,或归因于规制者目标的多重性,或是因为相信可以无须成本,即可实现非经济的目标。这还因为过度使用我们所谓的命令控制型进路,换言之,使用规定性的规制来规制投入,并强加义务,且以行政执行和刑事制裁为后盾”。① 故此,“规制措施并不一定比市场和司法更有效,或者说因规制而引发的其他经济部门的交易成本的增加或错误分配可能超过了规制的效益收益。换句话说,市场失灵与私法失灵之外同样也存在规制失灵”。②

更重要的问题是,传统理论通常假设规制是在信息充分的条件下展开,但现实情况是,规制者和被规制者之间信息不对称(规制者需要获悉被规制者的信息,但被规制者往往无意提供甚至刻意隐瞒)。为了减少规制的负面影响,彰显规制的积极功能,特别是为了解决规制过程中规制者与被规制者之间信息不对称的问题,社会科学领域的研究者提出了多种改良对策。其中,激励性规制的理论与实践具有重要创新意义。

一般认为,激励性规制雏形出现于 20 世纪 80 年代的英国,随后被欧

---

① 〔英〕罗伯特·鲍德温、马丁·凯夫、马丁·洛奇编:《牛津规制手册》,宋华琳等译,29 页,上海,上海三联书店 2017。

② 〔英〕安东尼·奥格斯:《规制:法律形式与经济学理论》,骆梅英译,苏苗罕校,30 页,北京,中国人民大学出版社,2008。

美其他国家借鉴并得到推广应用。"在 20 世纪六七十年代，所谓的'命令和控制'是规制者和规制学者的传统起点，但到了 20 世纪 80 年代，在许多研究中勾勒出这些体系的不足，呼吁引入更少限制和基于激励的控制"。① 与此同时，理论界亦开始将研究视角从传统规制转向激励性规制。戴维·巴伦（David P. Baron）和罗格·迈尔森（Roger B. Myerson）把委托代理理论和机制设计理论引入规制领域。② 让·雅克·拉丰（Jean-Jacques Laffont）和让·梯若尔（Jean Tirole）、大卫·马赫蒂摩（David Martimort）等学者则进一步将信息经济学和博弈论融入激励性规制的研究视野，使激励规制的理论体系得以初步健全。③ 激励规制理论的核心观点及创新意义如下。

第一，传统规制理论假定规制者与被规制者之间存在完全信息沟通，但实际上，规制者所需要掌握的被规制者的信息可能非常有限，这意味着他们之间仅存在"非对称信息博弈"。激励规制理论修正了规制理论的前提假设，在信息不对称的基础上展开研究，使得规制理论更符合现实。这一点，与科斯开创的交易成本理论有相似之处。

第二，激励规制理论并非完全抛弃传统规制理论，而是更加注重规制的精细化设计的原理探索与实践应用。拉丰等研究者将道德风险和逆向选择融入规制的结构，进而提出了以"委托—代理"关系为基础的激励规制模型。该模型以信息不对称为前提，综合考量被规制者的理性选择需求和激励相容约束，力图寻找最优解的贝叶斯机制。

第三，从被规制者视角看，激励规制理论旨在减少规制者对被规制者具体行为的直接控制（比如施加强制性行政命令），通过精巧机制设计，一方面给予被规制者更大的决策自由和行动自由（比如企业对价格的自我确定权），另一方面促使被规制者合理发挥其信息优势，将其行为策略选择调整到与社会经济发展目标（实际上也就是规制者所欲实现的目标）相一致

---

① ［英］罗伯特·鲍德温、马丁·凯夫、马丁·洛奇：《牛津规制手册》，宋华琳等译，9 页，上海，上海三联书店，2017。

② 参见 David P. Baron and Roger B. Myerson. Regulating a Monopolist with Unknown Costs. *Econometrica*. Vol. 50, No. 4（Jul. 1982），pp. 911-930.

③ 综合参见：(1)［法］让·雅克·拉丰、让·梯若尔：《政府采购与规制中的激励理论》，石磊、王永钦译，上海，格致出版社，2014；(2)［法］让·雅克·拉丰、大卫·马赫蒂摩：《激励理论：委托—代理模型》，陈志俊等译，北京，中国人民大学出版社，2002；(3)［法］让·雅克·拉丰：《激励与政治经济学》，刘冠群、杨小静译，北京，中国人民大学出版社，2013。

的轨道上,即尽量减少逆向选择和道德风险对规制的干扰,实现个体与集体的激励相容以及社会福利最大化。①

日本经济学家植草益梳理了激励性规制理论的根源、演变及相应的理论分支学派:一是在社会主义经济中将激励直接引入到计划经济里,奥斯卡·理沙德·兰格(Oskar Ryszard. Lange)等人的《有计划的市场经济理论》和利别尔曼(Lieberemann)等人的《利润争论》。二是以肯尼斯·阿罗(Kenneth Arrow)开创的社会选择理论为基础所发展起来的激励规制理论。三是研究市场失灵情况下为了市场均衡而必须采取的激励性规制的有关理论。② 在此基础上,植草益提出,激励性规制是指"在保持原有规制结构的条件下,给予被规制企业提高内部效率刺激",其基本方法包括"给予竞争刺激,使企业提高生产效率和经营效率",以及"给予企业提高生产效率即经营效率的诱导"。前者还可以进一步分为特许投标制度和区域竞争;后者则包括社会契约制度、成本调整契约以及价格上限的规制。③

近年来,国内法学领域已有学者关注激励规制理论对法律实践的指导意义。例如在民间借贷的规制问题上,有研究者认为,"长期以来,我国法律主要依赖禁止、限制、打击等命令控制型法律治理模式,规范民间借贷行为。这些传统的法律规制方法在市场经济条件下不能有效引导民间资本优化配置,也难以防范民间借贷可能产生的风险,存在明显的失灵现象,削弱了民间借贷治理的效果。从法律制度的整体架构分析,规范民间借贷必须正视我国民间借贷的现实发展状况,充分考虑其信息约束条件的双重性,转变民间借贷法律治理的传统思维,引入激励性规制的理论范式"。④在共享经济的规制问题上,有研究者认为,"激励性规制是规制共享经济的核心原则。激励性规制原则具备合理性:其一,符合物权的权利要求与宪法自由的本质。只有基于公共利益的需要,限制以上权能和自由才具正当

---

① 有研究者指出,激励管制允许受管制的一方从一个由中央权威规定的菜单中进行选择。它在很多情况下取代了命令和调控。如果菜单项目的选择很巧妙,那么其结果将优于通过命令和调控所能达到的结果。这是因为受管制的代理人具有比中央权威更好的信息。毕竟,本地的决策者每天都在现场。他们通常面临更多的风险,因此有强烈的激励去获取信息。一个成功的激励计划可以通过利用治理受管制代理人的自利行为来得到这种信息。参见[美]唐纳德·E.坎贝尔:《激励理论:动机与信息经济学》,王新荣译,137页,北京,中国人民大学出版社,2013。

② [日]植草益:《微观规制经济学》,朱绍文译,152页,北京,中国发展出版社,1992。

③ [日]植草益:《微观规制经济学》,朱绍文译,153页,北京,中国发展出版社,1992。

④ 岳彩申:《民间借贷的激励性法律规制》,载《中国社会科学》,2013(10)。

性。其二,强行禁止并非上策。在市场逐渐全球化的今天,强行禁止共享经济要么将导致其转入地下运行,形成'黑经济';要么导致其转至其他许可存在的区域,形成监管套利"。① 此外,针对市场规制策略的选择,有研究者认为,"经济事实及'规范—实证'分析表明,在不同类别的行业(新兴行业/传统行业),及行业发展的不同阶段(初生期/成熟期),可采用的规制手段不尽相同——在市场准入和主体资格领域,更适合激励性规制"。②

四、机制设计理论

(一)机制设计理论的发展历程

在近四十年来的经济学领域,机制设计理论是引人注目的一门"显学"。其所讨论的问题是,"对于任意给定的一个社会目标,能否并且怎样设计一个经济机制(即制定什么样的经济体制)以达到既定的社会目标"。③ 迄今为止,已有利奥·赫维茨(Leonid Hurwicz)、埃里克·马斯金(Eric S. Maskin)和罗格·迈尔森(Roger B. Myerson)等多位专长研究机制设计理论的经济学家获得诺贝尔经济学奖。这一理论的主旨是探讨在信息不对称、决策非集中性而市场主体自由交换、自愿选择的情况下,是否能够以及如何设计一套机制来实现决策者的目标。

机制设计理论有其深远的渊源。早在 18 世纪,亚当·斯密在《国富论》提出自由市场理论("看不见的手")之后,包括瓦尔拉斯(Léon Walras)、阿尔弗雷德·马歇尔(Alfred Marshall)在内的很多经济学家都试图阐明资源有效配置的市场机制问题。20 世纪三四十年代,新奥地利学派的两位经济学家弗里德里希·哈耶克(Friedrich Hayek)及路德维希·冯·米塞斯(Ludwig Von. Mises),与社会主义阵营的两位经济学家奥斯卡·理沙德·兰格(Oskar Ryszard. Lange)和阿巴·勒纳(Abba Ptachya. Lerner)就市场经济和市场机制的问题展开了激烈辩论。这场辩论被后人视为机制设计理论的直接启蒙。哈耶克和米塞斯等自由主义经济学家的

---

① 蒋大兴:《共享经济的法律规制》,载《中国社会科学》,2017(9)。
② 王首杰:《激励性规制:市场准入的策略?——对"专车"规制的一种理论回应》,载《法学评论》,2017(3)。
③ 田国强:《激励、信息及经济机制》,31 页,北京,北京大学出版社,2010。

基本观点是，只有允许市场自由交易，允许市场自由运转，减少甚至排除行政干预，让制度和秩序自生自发，资源才能实现有效配置。他们认为，社会主义的经济制度可能因为信息不对称等现实条件的约束而无法有效实现效率目标。但是兰格和勒纳等信仰社会主义的经济学家则认为，在社会主义制度背景下，也有可能设计出一套以分散化为特点的机制（或称"边际成本定价机制"）来解决信息获取成本、传递成本、核实成本高昂而导致的信息不对称问题，进而实现资源有效配置的根本目标。

两派经济学家虽然观点各异，但是他们的辩论也衍生出一些新的共同问题（论题）。一方面，从早期经济学家开始到哈耶克等人，他们的主要观点是以市场完全竞争、不存在交易成本等假设为条件，这是一种理想化的研究。而真实的市场状况是，信息并非免费因此信息不对称是常态，市场存在垄断和行政干预因此市场并非完全竞争，交易成本并不为零因此市场主体之间的谈判和交易经常受阻。这意味着，尽管在理念上可以相信市场能够有效配置资源，但在技术操作层面上，有必要进一步探讨在非理想状况下如何设计或者选择合理的机制，使得资源能够真正实现有效配置。另一方面，兰格和勒纳提出的关于分散性经济机制的构想的关键条件是企业能够对外如实显示其边际成本信息，并且愿意按边际成本对产品定价，但问题是，这一关键条件本身就不是轻而易举可以实现，它需要有外力对企业产生激励。

在此背景下，研究者的关注点开始转向经济机制的设计、选择与优化等基础理论问题。遵循哈耶克提出的组织之间的信息交流系统理论思路，自1960年开始，赫维茨相继发表了具有代表性的著述，包括《资源配置过程中的信息效率和最优化》[①]《论信息分散系统》[②]和《资源分配的机制设计理论》[③]。其中，《资源分配的机制设计理论》一文系统阐述了对各种经济机制进行比较分析的理论框架，明确强调机制设计理论应当有效解决私

　　① L. Hurwicz. *Optimality and Informational Efficiency in Resource Allocation Processes*. In: Kenneth J. Arrow, Samuel Karlin, Patrick Suppes (eds). *Mathematical Methods in the Social Sciences*. Stanford University Press (1960), pp. 8-40.

　　② L. Hurwicz. *On Informationally Decentralized Systems*. In R. Radner, & C. B. McGuire (eds). *Decision and Organization: A Volume in Honor of Jacob Marschak*. North-Holland (1972), pp. 297-336.

　　③ L. Hurwicz. The Design of Mechanisms for Resource Allocation. *American Economic Review*. Vol. 63, No. 2 (1973), pp. 1-30.

人信息和激励问题。该文被认为奠定了机制设计理论的基础。此后,马斯金和迈尔森进一步深化论题,前者发表了《纳什均衡与福利最优化》①等文章,后者则发表了《最优拍卖设计》②等论文。在此基础上,具有划时代意义的机制设计理论的体系得以建立。

综合来看,机制设计理论由信息理论和激励理论组成,③其研究目标是,给定某一目标,在信息不对称、决策非集中而市场主体自由交换、自愿选择等前提条件下,探讨如何构建机制,促使参与者个人的利益取向、策略选择与整体目标导向相一致,进而有效实现既定目标。这里所谓的"既定目标"可能是宏观目标——如社会经济发展目标——其对应的是往往政策、法律法规的设计与选择,也可能是微观目标——如企业治理和发展的目标——其对应的通常是委托代理关系(合同)的设计。

机制设计理论以博弈论等理论作为分析工具。不过,传统博弈论倾向于研究博弈规则给定的情况下,博弈参与者如何作出行动决策的问题。而机制设计理论则是重在探讨博弈参与者"关于博弈规则的最优选择"。④换言之,它并不是直接研究"决策主体的行为发生直接相互作用时候的决策以及这种决策的均衡问题"。⑤机制设计理论研究者认为,对不同博弈规则的选择和应用,将会对博弈参与者产生不同的激励效果。"机制设计理论的成果之一,就是发展出一个人们可以在所有可以想到的规则之中找到最优博弈规则的框架。事实上,机制设计传统上被理解成在所有可以想到的规则之中进行全局优化的领域"。⑥

机制设计理论是在经济学领域发展起来的。但就影响力而言,其提出的学术思想、理论观点和研究方法,不仅影响了经济学内部的其他分支学科(如规制经济学、信息经济学、公共经济学、契约经济学等),而且对民主

---

①　Eric S. Maskin. Nash Equilibrium and Welfare Optimality. *Review of Economic Studies*. Vol. 66（1999），pp. 23-38.

②　Roger B. Myerson. Optimal Auction Design. *Mathematics of Operations Research*. Vol. 6，No. 1（Feb. 1981），pp. 58-73.

③　田国强:《激励、信息及经济机制》,34页,北京,北京大学出版社,2010。

④　［德］提尔曼·伯格斯:《机制设计理论》,李娜译,1页,上海,格致出版社、上海三联书店、上海人民出版社,2018。

⑤　张维迎:《博弈论与信息经济学》,2页,上海,格致出版社、上海三联书店、上海人民出版社,2012。

⑥　［德］提尔曼·伯格斯:《机制设计理论》,李娜译,3页,上海,格致出版社、上海三联书店、上海人民出版社,2018。

选举、立法设计、法律实施、执法机制、社会公共管理、公司治理等其他学科领域的理论与实践问题的研究也有重大贡献。有研究者总结,"研究机制设计至少在两个层面有意义。首先,机制设计理论在实践中有助于真实世界里的机制的设计者。可以把机制设计理论的第一个层面称为机制设计的'规范'层面。其次,可以把真实世界里的制度理解成其设计者的理性选择,以此来解释这些制度为什么是这样的。可以把机制设计理论的第二个层面称为机制设计的'实证'层面"。①

(二)机制设计理论的核心观点

一是关于机制设计、理性选择与激励相容。传统经济学理论将个体的理性选择作为研究的前提假设,认为个体是利益(效用)最大化的追求者。机制设计理论在很大程度上延续了"理性人"和理性选择的假定,认为任何制度设计(机制设计)首先都应承认当事人有自身利益诉求,因此有必要努力促使制度所要实现的目标与当事人个人的目标相一致,即促使当事人在采取行动实现其自身利益的同时亦能有助于推动机制实施。有必要指出的是,机制设计理论并不完全照搬传统经济学的理性选择理论,其通过借鉴博弈论等其他理论,深入分析了不同制度结构对人的行为决策的影响,分析了不同制度结构下不同主体的互动策略和博弈关系,由此深化了理性选择的理论内涵。

赫维茨最初对机制设计理论展开研究时,并未充分关注激励相容问题。彼时他研究的是各种市场制度和准市场制度的效率比较,以及各种经济机制的信息和计算成本等问题。1972 年,赫维茨在其《论信息分散系统》的论文中初步阐述了"激励相容"理论。按赫维茨的定义,所谓的激励相容是指"在给定的机制下,只有当真实披露个人信息是相关主体的占优策略选择时,这个机制才是激励相容的"。②

赫维茨认为,经济机制本质是"信息传递系统"(也被称为"信息交流系统")。③ 在这个系统中,所有个体都在持续地对外传递信息。这些信息

---

① ［德］提尔曼·伯格斯:《机制设计理论》,李娜译,1 ~ 2 页,上海,格致出版社、上海三联书店、上海人民出版社,2018。

② L. Hurwicz. *On Informationally Decentralized Systems*. In R. Radner and C. B. McGuire (eds). *Decision and Organization: A Volume in Honor of Jacob Marschak*. North-Holland (1972), pp. 297-336.

③ L. Hurwicz. *Optimality and Informational Efficiency in Resource Allocation Processes*. In Kenneth J. Arrow, *Samuel Karlin and Patrick Suppes* (eds). *Mathematical Methods in the Social Sciences*. Stanford University Press (1960), pp. 8-40.

可能如实体现了其他个体对物品的支付偏好及意愿,也可能存在隐瞒、欺诈和信息扭曲。个体对外发布的信息需要集中到一个信息中心,由信息中心根据既定规则为每一个信息提供反馈结果。从这一角度理解,研究者可以把不同的制度放置在同一个平台上进行比较分析。

任何机制(制度)的运作都需要以真实信息的有效传递为基础,值得关注的是,现实世界中,真实信息传递与核实并非免费。由于信息不对称,在博弈过程中,不同主体基于自身利益最大化的考虑,可能有选择性地对外发布不实信息或者不完整信息,以此影响其他主体的行动策略。这种情况最终会导致资源无法实现有效配置。因此有研究者指出,"机制设计与多个行为人的隐藏信息而非隐藏行动有关。"[①]这意味着,在设计机制(制度)过程中,一方面需要促使信息传递主体愿意披露真实信息,另一方面则要尽量降低信息的传递与核实成本。

以"委托—代理"关系来表述,在特定的经济机制中,现实情况是:(1)代理人的个人偏好和行动策略选择等信息是分散而隐秘的,委托人即便支付一定的成本,也可能难以完全掌握;(2)代理人的个人偏好和行动策略选择是意思自治的问题,委托人只是在一定程度上可以作出引导,但无法完全替代代理人设计其偏好和行动。

在上述基础上,赫维茨提出了被理论界称为"激励相容不可能性"的定理(也有研究者将其称为"真实显示偏好不可能性"定理)。这一定理所要论证的是:与公共物品经济领域的情况类似,在那些只有私人物品的经济领域,如果这个领域的成员个数有限,那么就不会存在任何可以实现资源最优配置,且确保每个成员都愿意真实披露其自身偏好的分散性的经济机制。这意味着,在信息不对称且信息无法被直接控制的情况下,有必要采取分散性的决策手段来配置资源。故此,如果机制设计者或决策者无法知悉全部参与者的个人信息,那么他有必要运用的一个方法是,设计一套激励机制,使得代理人目标(利益)与委托人目标(利益)相一致,以此诱使每个参与主体有动力主动向设计者或决策者真实披露个人信息,并按制度设计者或决策者的预期行事。这就是激励相容所要解决的问题。

有研究者指出,从整个国家到单个企业或家庭等很小的经济活动单位,都可能面临如何组织经济活动的问题。无论经济活动范围的大小如何,只要经济活动涉及不止一个经济人,关于经济环境的关键信息散布于

---

① [德]提尔曼·伯格斯:《机制设计理论》,李娜译,2 页,上海,格致出版社、上海三联书店、上海人民出版社,2018。

经济人之间的事实就是经济机制设计问题的根源所在。[1]　也有研究者认为,"不同的机制会导致不同的信息成本、不同的激励和不同的配置结果。研究一个经济机制的信息有效性和激励相容性可评价其制度的优劣性。机制理论系统地研究经济制度的设计和这些制度是如何影响人们的互动行为和配置结果的"。[2]

　　二是关于机制设计、显示原理与执行理论。赫维茨在论证激励相容理论的同时,也遗留了一些有待验证和解决的问题,其中最受关注的是:在参与约束的条件下,是否存在足以实现帕雷托最优结果的激励相容机制?这一问题在后来的研究者论证了"显示原理"之后,才得以解决。1973年,艾伦·吉巴德(Allan Gibbard)[3]用公式初步阐述了"显示性偏好原理"(通常被简称为"显示原理"),并与马克·萨特斯维特(Mark Allen. Satterthwaite)[4]一起研究提出了"吉巴德-萨特斯维特"不可能定理。该定理所要阐述的核心观点是,如果决策者面临多种策略选择,且每个决策者都真实地披露其偏好,那么往往只有独裁的投票机制是占优策略。

　　在"吉巴德-萨特斯维特"不可能定理的基础上,迈尔森及其合作者在《激励相容与讨价还价问题》[5]《一般委托代理问题中的最优协调机制》[6]《交流的多阶段博弈》[7]《双边贸易的有效机制》[8]《以未知成本规制垄断企业》[9]等著述中进一步深化了显示原理的研究。其所论证的观点是,任何一种机制都有可能通过一个激励相容性质的直接机制的复制来实现相同的目标效果,对于实践中存在的任何一个参与者不愿意披露真实信息的机

————————

　　[1]　[美]利奥尼德·赫维茨、斯坦利·瑞特:《经济机制设计》,田国强等译,4页,上海,格致出版社、上海三联书店、上海人民出版社,2014。

　　[2]　田国强:《经济机制理论:信息效率与激励机制设计》,载《经济学季刊》,2003(2)。

　　[3]　Allan Gibbard. Manipulation of Voting Schemes:A General Result. *Econometrica*. Vol. 41 (1973), pp. 587-602.

　　[4]　Mark Allen Satterthwaite. Strategy-proofness and Arrow's Conditions:Existence and Correspondence Theorems for Voting Procedures and Welfare Functions. *Journal of Economic Theory*. Vol. 10 (1975), pp. 187-217.

　　[5]　Roger B. Myerson. Incentive Compatibility and the Bargaining Problem. *Econometrica*. Vol. 47 (1979), pp. 61-73.

　　[6]　Roger B. Myerson. Optimal Coordination Mechanisms in Generalized Principal-Agent Problems. *Journal of Mathematical Economics*. Vol. 11 (1982), pp. 67-81.

　　[7]　Roger B. Myerson. Multistage Games with Communication. *Econometrica*. Vol. 57 (1986), pp. 323-358.

　　[8]　Roger B. Myerson, Mark A. Satterthwaite. Efficient Mechanism for Bilateral Trading. *Journal of Economic Theory*. Vol. 28 (1983), pp. 265-281.

　　[9]　Roger B. Myerson, David P. Baron. Regulating a Monopolist with Unknown Costs. *Econometrica*. Vol. 50 (1982), pp. 911-930.

制,必然存在另外一个可以促使参与者真实披露信息激励相容机制,后者最终的实施效果与前者是一致的。这也意味着,在考虑如何设计或选择机制时,选择者一般只需要考察在占优策略的约束条件下,那些能够促使参与者如实披露信息的直接显示机制的运作效果即可,无须在此之外设法寻找和检验更复杂的其他机制。假如直接显示机制无法实现预期社会目标,那么任何其他机制也不能实现该社会目标。

整体而言,显示原理的实际意义是,研究者或决策者可以通过对直接显示机制的考察与寻找来确定局限条件下的最优机制,由此简化机制设计的复杂性。不过,显示原理也仍有其不足,主要问题是它并未对多重均衡作出分析和论证。具体而言,如果博弈参与人(在"委托—代理"关系中是指代理人)事先知悉机制设计者或决策者将利用参与人的私人信息作出决策以实现最优均衡目标,那么参与人就有可能故意提供错误信息或隐瞒重要真实信息,据此实现其个人利益。这意味着,任何一个机制的运作都可能产生多个结果,而这些结果显然不可能都是最优均衡结果。因此,即便在规范分析上,机制设计者或决策者能够充分考察并确定一个可以实现预期目标的机制,但由于机制运作结果的多样性,从实证分析角度看,无法确保最终结果必定就是机制设计者或决策者所追求的那一个最优均衡目标。

为了弥补这一缺陷,以马斯金为代表的研究者提出了"执行理论"(或称"实施理论")。马斯金在《纳什均衡与福利最优化》[1]等著述中利用博弈论(主要是纳什均衡理论)分析和论证了确保机制实施结果符合预期目标的充分条件和必要条件,并提出了一个论断:如果某一个制度能够被有效执行,则该制度必定满足单调性要求。换言之,如果在某一特定条件下(特定环境中)某一制度是可行的选择结果,且在另一特定条件下(特定环境中)所有主体的偏好选择中该制度是可取的选择,那么这一制度就应该成为社会选择的结果。

马斯金提出的执行理论为机制的准确选择和实施提供了方法论上的支持。在马斯金研究的基础上,安德鲁·波斯特怀特(Andrew Postlewaite)和戴维·施迈德勒(David Schmeidler)[2],以及托马斯·帕尔弗雷(Thomas

---

[1]　Eric S. Maskin. Nash Equilibrium and Welfare Optimality. *Review of Economic Studies*. Vol. 66 (1999), pp. 23-38.

[2]　Andrew Postlewaite, David Schmeidler. Implementation in Differential Information Economies. *Journal of Economic Theory*. Vol. 39 (1986), pp. 14-33.

R. Palfrey)和桑杰·斯里瓦斯塔瓦(Sanjay Srivastava)①等学者也相继发表了关于执行理论的研究成果,使得机制设计理论在"静态研究向动态研究推进"的路径上得到实质发展。

五、委托代理理论

(一)委托代理理论的发展历程

经济学(管理学)语境下的"委托—代理",与传统法学语境下的"委托—代理"有实质区别。法学意义上的"委托—代理"通常是指委托人授权代理人以委托人名义作出某种行为(如与第三人订立合同),而行为结果由委托人承担的一种法律关系。② 经济学(管理学)意义上的"委托—代理"最初是在企业经营管理的意义上展开的,意指企业所有权与经营权分离的情况下,企业所有权人(股东)委托经营者(董事、经理等)管理企业,所有权人向经营者支付报酬,经营者享有授权范围内的企业决策权的一种关系。

委托代理理论与企业产权结构理论、交易成本理论(企业性质理论)、企业团队生产理论等理论有密切关系。20 世纪 30 年代,阿道夫·伯利(Adolf A. Berle)和加德纳·米恩斯(Gardiner C. Means)提出企业内部所有权与经营权相分离的理论,构成委托代理理论的雏形。③ 随后,罗纳德·科斯(Ronald H. Coase)在《企业的性质》和《社会成本问题》等论文中提出的重要观点对委托代理理论的形成有重要影响:一是如果交易成本为零,则资源配置是否有效与产权界定的初始状况无关,但如果交易成本不为零,则必须清晰界定产权,才可能有效配置资源;二是传统理论把企业理解为一个组织,但从交易成本理论分析,可以把企业视为"若干合同的组合"(或称"合同束"),企业的出现,从本质上是对市场(交易关系)的部分替代。

阿门·阿尔奇安(Armen A. Alchian)和哈罗德·德姆塞茨(Harold

---

① Thomas R. Palfrey, Sanjay Srivastava. *Implementation with Incomplete Information in Exchange Economies. Econom etrica.* Vol. 57 (1989), pp. 115-134.

② 参见《民法典》第 165～172 条。

③ [美]阿道夫·A. 伯利、加德纳·C. 米恩斯:《现代公司与私有财产》,甘华鸣、罗锐韧、蔡如海译,北京,商务印书馆,2007。

Demsetz)在交易成本理论基础上提出了企业团队生产理论。[①]　该理论认为企业本质是团队化生产,而某些生产团队之所以能构成企业,主要是因为他们能够更有效解决要素生产率和报酬的精确计算,以及更有效解决内部机会主义的监督。具体而言,在生产团队内部,众多的成员共同协作生产产品,而每位成员的工作状态与效果,将影响其他成员及整个团队的工作效率。需考虑的问题是,成员的勤勉程度、忠诚程度和专业能力不同,劳动生产率也不同。外界能够观察到企业的总产量和总的生产效率,但却无法精确知悉每个成员为企业的贡献情况。更重要的,如果企业所有权人也不能度量每个成员的贡献情况,则无法确定如何合理地为成员支付报酬。为了解决成员"搭便车"问题,企业有必要设立监督者的角色,由其专职负责对其他成员工作状况的监督。不过,进一步的问题是,如果监督者本身不是企业的所有权人,那么监督者也可能偷懒。为了确保监督者能够勤勉履职,企业有必要为监督者提供一定的"剩余索取权",这就是所谓的企业内部的"代理成本"。

　　以交易成本理论和企业团队生产理论为基础,迈克尔·詹森(Michael C. Jensen)和威廉·麦克林(William H. Meckling)在《企业理论:管理行为、代理成本及其所有权结构》一文中提出了"代理成本"概念,相对系统地阐述了企业委托代理问题。他们把委托代理关系界定为一种合同,"在这一合同关系中,一个或多个的主体(即委托人)雇用另一方主体(即代理人)代表他们来履行某些服务,包括把一些决策权授予代理人。如果在这种关系中,双方当事人都是效用最大化的追求者,则有充分理由相信,代理人的行动不可能总以委托人利益最大化为导向。不过,如果委托人能够为代理人提供适当的激励,或者承担用来约束代理人不当行为的监督费用,则可以使双方之间的利益偏差得到限制"。[②]

　　詹森和麦克林的研究成果后来被很多研究者认为是委托代理理论正式形成的标志。有必要指出的是,委托代理理论自诞生之后,其应用领域并不局限于企业内部治理。随着契约经济学、信息经济学、激励理论和机制设计理论等其他相关理论的发展,委托代理理论也被广泛运用到其他社会领域的研究,并被进一步抽象为一方当事人的利益实现需要依靠另一方

　　① Armen A. Alchian, Harold Demsetz. Production, Information Costs, and Economic Organization. *American Economic Review*. Vol. 62 (Dec. 1972), pp. 777-795.

　　② Michael C. Jensen and William H. Meckling. Managerial Behavior, Agency Costs and Ownership Structure. *Journal of Financial Economics*. Vol. 3 (1976), pp. 305-360.

当事人的行为,但该当事人却无法充分掌握另一方当事人的私人信息的关系(比如医生与患者的关系、被选举人与选举人的关系等)。特别是"在信息经济学文献中,常常将博弈中拥有私人信息的参与人称为代理人(agent),不拥有私人信息的参与人称为委托人(principal)"。① 有研究者指出,委托代理理论甚至可以运用到公共政策等领域。"委托—代理问题使公共政策复杂化。政策制定者不能想当然地认为他们的决策会被严格执行。可能是由于政治立场不同,也可能是由于政策执行者想偷奸耍滑或企图谋取私利,政策执行者常常同政策制定者存在利益冲突"。②

(二)委托代理理论的核心观点

委托代理理论是经济学领域激励理论的基础,而激励理论则被视为契约经济学的三个分支之一(另外两个分支是不完全契约理论和交易成本经济学)。③ 有研究者指出,委托代理理论的主旨是将以下问题抽象为一个理论模型化:"一个参与人(称为委托人)想使另一个参与人(称为代理人)按照前者的利益选择行动,但委托人不能直接观测到代理人选择了什么行动,能观测到的只是另一些变量,这些变量由代理人的行动和其他的外生的随机因素共同决定,因而充其量只是代理人行动的不完全信息。委托人的问题是如何根据这些观测到的信息来奖惩代理人,以激励其选择对委托人最有利的行动"。④

总结而言,理解一个规范的委托代理关系,可从以下层面展开:(1)合同(契约)。至少存在一组基础合同关系,合同当事人为委托人与代理人。在设计合同条款和合同形式过程中,占据主动地位的是委托人,处于被动地位的是代理人。委托人之所以主动寻求与代理人缔约,是因为委托人相信代理人的行为有助于提高委托人福利。⑤ 换言之,委托代理关系本质是

① 张维迎:《博弈论与信息经济学》,236 页,上海,格致出版社、上海三联出版社、上海人民出版社,2012。

② [美]查尔斯·韦兰:《公共政策导论》,魏陆译,68 页,上海,格致出版社、上海三联书店、上海人民出版社,2014。

③ [法]埃里克·布鲁索、让·米歇尔·格拉尚编:《契约经济学:理论和应用》,王秋石、李国民、李胜兰等译校,6 页,北京,中国人民大学出版社,2011。

④ 张维迎:《博弈论与信息经济学》,236 页,上海,格致出版社、上海三联书店、上海人民出版社,2012。

⑤ 委托人想要雇佣代理人的原因有三种:代理人可能拥有特别适合眼前任务的技术。委托人自己可能没有时间去完成任务。最后,即使委托人和代理人是"双胞胎"(特征一致),规模经济也可以证明由一个人代理另一个人的某些任务是有道理的。参见[美]唐纳德·E.坎贝尔:《激励理论:动机与信息经济学》,王新荣译,9 页,北京,中国人民大学出版社,2013。

合同关系。（2）信息不对称。委托人与代理人之间存在信息不对称状况，即委托人无法轻易知悉代理人的私人信息（如行动计划、行动决策等）。（3）激励。即委托人如果要实现自身利益最大化，则必然需要设计一种双方能够接受的激励机制。这种机制一般是通过一个或若干个合同来构建，以促使代理人在为委托人实现利益最大化的同时也能实现其自身利益最大化（这实际上也是前文机制设计理论所称的激励相容问题）。

在委托代理理论中，常被论及的两个基本问题是"隐藏行动"和"隐藏特征"。"隐藏行动和隐藏特征的现象通常分别被称为道德风险（moral hazard）和逆向选择（adverse selection）问题。当存在的隐藏行动问题不能被成功处理的时候，我们使用术语道德风险。同样地，我们用逆向选择指代由于隐藏特征问题导致的福利损失"。① 也有研究者把逆向选择称为"隐藏信息"，认为"合约理论被分为两部分：隐藏信息理论（也被称为'逆向选择'理论）和隐藏行动理论（也被称为'道德风险'理论）。隐藏的无论是信息还是行动，对于合约设计都很重要"。② 还有研究者指出，逆向选择与道德风险分别对应于事前（exante）的信息不对称和事后（expost）的信息不对称两种情形，"就两种理论的出发点与归宿点而言，其都是试图避免当事人关于成本与收益的信息不对称而造成的效益低劣化，从而恢复'成本—效益'的基本模型，以此激励当事人作出最有效益的行动决策"。③

所谓道德风险是指，由于企业的所有权与经营权是相分离的，因此作为所有权人的委托人，与作为管理者的代理人之间将出现信息不对称情况。在双方订立合同之前，委托人看似掌握着签约主动权，但合同一旦缔结，代理人开始履约后，代理人可以清楚地知道自己应该做什么、如何做，也知道企业和市场有价值的信息，但委托人却难以轻易观察到代理人真实的努力程度。在此情况下，代理人可能利用自己在信息上的优势地位偷懒卸责，甚至不当谋取个人私利，最终导致委托人利益受损；而委托人则只能试图通过激励机制（而非强制命令）促使代理人作出符合委托人利益的行为。

所谓逆向选择是指，如果交易关系中，卖方对商品充分掌握信息，而买方却需要耗费巨大成本才有可能了解商品质量，那么买方就很可能以底线

---

① ［美］唐纳德·E. 坎贝尔：《激励理论：动机与信息经济学》，王新荣译，11 页，北京，中国人民大学出版社，2013。

② ［德］提尔曼·伯格斯：《机制设计理论》，李娜译，2 页，上海，格致出版社、上海三联书店、上海人民出版社，2018。

③ 丰霏：《论法律制度激励功能的分析模式》，载《北方法学》，2010（4）。

思维来认定商品的质量(其主观认定的品质状况低于客观上该类商品的平均质量状况),且只愿意按尽量低的价格向卖方报价。在此情况下,价格机制可能被人为扭曲,即失去体现真实供求关系的功能,最终导致劣币驱逐良币。[①] 有研究者进一步揭示,"逆向选择的核心问题是信息不对称。交易一方提供的合同是基于平均信息,个人掌握的信息越多,越有可能从中获益","当个人能够凭借自己独有的信息决定是进入还是退出市场交易时,就会出现逆向选择。如果这种逆向选择很严重,就有可能扭曲相关市场,甚至导致市场崩溃"。[②]

"委托人与代理人之间的利益差别程度取决于激励机制。总的来说,私人执法者和公共执法者都关注自身利益,他们行为的不同主要来源于各自所面临的激励机制的不同"。[③] 委托代理理论中的"行为激励"有两种基本模式:一是显性激励模式,二是隐性激励模式。显性激励模式是指,委托人通过明示承诺或约定的方式(无论是书面的还是口头的)给予代理人在经济层面的补偿(如劳动报酬、奖金、企业经营收益的分成或剩余索取权等)和精神层面的奖励(如职务晋升或荣誉授予等)。显性激励的标的通常都是可以直接观察甚至是可量化的。

根据尤金·法玛(Eugene F. Fama)、戴维·科罗普斯(David M. Kreps)和罗伯特·威尔森(Robert Wilson)以及阿里尔·鲁宾斯坦(Ariel Rubinstein)等人的研究,[④]隐性激励是指难以直接通过合同方式赋予的,带有抽象性的(往往也是非物质化的)奖励,如代理人个人声誉获得强化,或者在行业内地位得以提升,等等。隐性激励虽然缺乏直接合同依据,甚至激励的直接提供者不是委托人,但这并不影响隐性激励的实际效果。比如在重复博弈的场景下,作为职业经理人的代理人通常会考虑,自己的"行业口碑"是他们获得新的、更重要的聘用机会的重要依据,因此,如果他们持续地怠工卸责,一定时间后行业内将会对他们形成普遍的负面评价,进而

---

① 相关著作可参见:George A. Akerlof. The Market for Lemons:Quality Uncertainty and the Market Mechanism. *Quarterly Journal of Economics*. Vol. 84, No. 3 (1970), pp. 488-500.

② [美]查尔斯·韦兰:《公共政策导论》,魏陆译,69页,上海,格致出版社、上海三联书店、上海人民出版社,2014。

③ 李波:《公共执法与私人执法的比较经济研究》,20页,北京,北京大学出版社,2008。

④ 综合参见:(1) Eugene F. Fama. Agency Problems and the Theory of the Firm. *Journal of Political Economy*. Vol. 88 (1980), pp. 288-307. (2) Bengt Holmstrom. Moral Hazard in Teams. *The Bell Journal of Economics*. Vol. 13, No. 2 (1982), pp. 324-340. (3) David M. Kreps, Robert Wilson. Reputation and Imperfect Information. *Journal of Economic Theory*, Vol. 27, No. 2 (1982), pp. 253-279. (4) Ariel Rubinstein. Perfect Equilibrium in a Bargaining Model. *Econometrica*. Vol. 50, No. 1 (Jan. 1982), pp. 97-109.

导致他们被排斥在优越的工作岗位之外。这种声誉机制的约束,是一种潜在的、隐性的激励(incentive)。

必须指出,本章节对委托代理理论的梳理和阐述,仅仅是这一理论中重要观点的一部分(或者说,是委托代理理论最基本的内容)。事实上,作为跨学科论题的委托代理理论体系庞大,内容复杂,且一直保持动态发展。基于本书的研究对象和研究目标,对于委托代理理论中与法律实施激励机制问题没有直接关系的其他内容(如委托代理的若干种模型以及各种模型的求解方法以及多主体、多项目的委托代理等问题),本章节暂不论及。

六、交易成本理论

(一)交易成本的基本含义

"交易成本"概念及其相关理论最早由罗纳德·科斯(Ronald H. Coase)提出。[①] 不过,科斯本人似乎没有对交易成本的内涵和外延作出充分界定,反而是认同交易成本理论的其他学者一直在努力阐释交易成本的定义、解释交易成本的由来,以及将交易成本理论归纳为著名的"科斯定理"。

道格拉斯·诺斯(Douglas C. North)认为,所谓交易成本,"包括那些产生于市场因而可衡量的成本,也包括那些难以衡量的成本,如为了获取信息而花费的时间,排队,贿赂等,还包括由于监督与实施的不完全而导致的损失"。[②] 对于交易成本的产生,诺斯认为,"之所以会有交易费用,是因为信息是有成本的,以及信息在交换双方的分布是不对称的。另外,因为无论行为人发展出怎样的制度去规制人类的互动,其在一定程度上都会导致市场的不完美"。[③]

约拉姆·巴泽尔(Yoram Barzel)将交易成本概念与产权概念相关联。他认为,交易成本是"与转让、获取和保护产权有关的成本"。"如果交易

---

① 参见:(1)Ronald H. Coase. The Nature of the Firm. Economica. Vol. 4, No. 16 (1937), pp. 386-405. (2)Ronald. H. Coase. The Problem of Social Cost. *Journal of Law and Economics*. Vol. 3 (1960), pp. 1-44.

② [美]道格拉斯·C. 诺思:《制度、制度变迁与经济绩效》,杭行译,韦森译审,82~83 页,上海,格致出版社、上海三联书店、上海人民出版社,2014。

③ [美]道格拉斯·C. 诺思:《制度、制度变迁与经济绩效》,杭行译,韦森译审,129 页,上海,格致出版社、上海三联书店、上海人民出版社,2014。

成本大于零,产权就不能被完整地界定。这些资产的属性,未来的所有者不完全知道,现在的所有者常常也不知道。资产转让必须承担的成本,来自交易双方确定这些资产有价值的属性是什么和获取这些属性的尝试"。①

奥利弗·威廉姆森(Oliver E. Williamson)将交易成本分为事前的交易成本和事后的交易成本。其中,事前的交易成本包括度量、界定和保证产权(即提供交易条件)的成本,发现交易对象和交易价格的成本,讨价还价的成本,订立交易合约的成本等;事后的交易成本则包括当交易偏离了所要求的准则而引起的不适应成本,为了纠正事后的偏离准则而作出了双边的努力并由此引起的争议与谈判的成本,伴随建立和运作解决交易纠纷的管理机构而来的成本,以及安全保证生效的抵押成本等。②

丹尼尔·史普博(Daniel F. Spulber)更为细致地区分了交易成本的类别。在他看来,谈判过程中最起码有三类成本。第一,谈判中可能有一些效果不大的投入,如花在交流和提供交易信息之上的成本。第二,对任一交易来说,讨价还价的时间都有机会成本。第三,如果不能如期获得交易的所得,交易方未来的效用就将减少,这也是一笔不小的成本。如果交易者众多,寻找潜在的交易对象的活动则构成另一类交易成本。通过价格体系迎合多个交易者也同样需要成本。价格体系要求交易者获取相对价格的信息。这就涉及信息传递的成本。有关产品特征的广告又是一种成本。即使交易仅发生在均衡价格上,如果未来利益可能减少,价格调整的延误同样有成本。如果市场有经纪人或拍卖人的介入,则这些代理人的服务也是有效交易的一种成本。③

埃里克·弗鲁博顿(Eirik G. Furubotn)和鲁道夫·芮切特(Rudolf Richter)对交易成本范畴的理解似乎更为宽泛。他们认为,交易成本是源自于建立、使用、维持和改变法律意义上的制度和权利意义上的制度所涉及的成本,其包括三种类型:一是使用市场的成本,也可称为"市场型交易成本"(market transaction costs),它可进一步分为信息成本和谈判成本;二是企业内部发号施令的成本,也可称为"管理型交易成本"(managerial

---

① [美]Y. 巴泽尔:《产权的经济分析》,费方域、段毅才译,3 页,上海,上海三联书店、上海人民出版社,1997。

② Oliver E. Williamson. *The Economic Institutions of Capitalism*. Free Press (1985), pp. 20-22.

③ [美]丹尼尔·F.史普博:《管制与市场》,余晖、何帆、钱家骏、周维富译,47 页,上海,格致出版社、上海三联书店、上海人民出版社,2017。

transaction costs），具体包括建立、维持或改变一个组织涉及的费用，以及组织运行的费用；三是政治体制中制度框架的运行和调整所涉及的费用安排，也可称为"政治型交易成本"（political transaction costs），它是建立、维持和改变一个体制中的正式和非正式政治组织的费用，以及整体运行的费用。①

查尔斯·韦兰（Charles Wheelan）将交易成本理论引入公共政策制定与实施的研究领域。他认为，进行私人交易需要收集信息、讨价还价、草拟法律合同、监管协议执行以及从事其他消耗资源的行为，故此，进行交易的成本可以统称为交易成本。交易成本主要以两种重要方式影响公共政策。首先，交易成本能够妨碍或者阻止那些对所有人都有利的协议的达成。由于组织、磋商、监管这种协议的成本是由不同利益群体分担的，这使得根本无法达成协议。其次，好的政策能够在降低交易成本方面发挥重要作用。政府一项最为基础的工作就是界定和保护产权。②

根据科斯在《社会成本问题》一文中的论述以及结合后期其他学者的总结，交易成本理论所要阐明的原理是，在交易成本为零的情况下，无论权利如何界定，资源都可以通过市场交易达到最佳配置（一般被称为"科斯定理一"）。或者说，"如果交易成本为零，效率将不会受权利的初始分配的影响。"③但是，在交易费用为正的情况下，不同权利界定就会带来不同效率的资源配置结果（一般被称为"科斯定理二"）。此时，通过明确分配已界定权利所实现的福利改善可能优于交易实现的福利改善（一般被称为"科斯定理三"）。④"没有制度可以将交易成本降低到零。然而，交易成本越低，当事人越能达成权利的有效配置"。⑤ 在上述基础上，罗伯特·考特（Robert Cooter）和托马斯·尤伦（Thomas Ulen）进一步提出"规范的科斯定理"和"实证的科斯定理"。他们将"建立法律以消除私人协议的障碍"命名为"规范的科斯定理"；而所谓"实证的科斯定理"指的是"当双方能够一起谈判并通过合作解决其争端时，无论法律的基本规则是什么，他们的行

---

① ［美］埃里克·弗鲁博顿、［德］鲁道夫·芮切特：《新制度经济学：一个交易费用分析范式》，罗长远译，59～66页，上海，上海三联书店、上海人民出版社，2006。

② ［美］查尔斯·韦兰：《公共政策导论》，魏陆译，85页，上海，格致出版社、上海三联书店、上海人民出版社，2014。

③ Richard A. Posner. *Economic Analysis of Law*. Aspen Publishers（2007），p. 51.

④ 参见 Joseph Felder. Coase Theorems 1-2-3. *The American Economist*. Vol. 45, No. 1（2001），pp. 54-61.

⑤ Amitai Aviram, A Paradox of Spontaneous Formation：The Evolution of Private Legal Systems. *Yale Law & Policy Review*. Vol. 22（Winter, 2004），pp. 1-68.

为都将是有效率的。"①

　　也有学者对科斯和威廉姆斯的交易成本定义提出挑战和修正。例如埃里克·马林（Eric Malina）和戴维·马赫蒂摩（David Martimort）就指出，②"交易成本应当被理解为显示原理适应性的所有种类的阻碍"。他们认为，科斯和威廉姆斯等人提出的交易成本包括契约谈判和缔结的成本（也称为前期交易成本），以及契约成立后履行、再谈判和纠纷解决的成本（也称为后期交易成本）的观点不准确，因为前期交易成本和后期交易成本这两个概念都有内涵泛化和模糊不清的问题，他们把不同性质的成本（如信息不对称引致的成本和对意外事件作出预测评价等成本）都纳入交易成本范畴。

（二）交易成本与法律实施

　　交易成本理论为研究立法与法律实施问题提供了区别于传统法学研究的视角。

　　其一，交易成本理论有助于解释政府监管与市场自治的关系。市场自治与政府监管的关系如何平衡，是经济学、管理学、法学、政治学等领域的研究者关注的重要论题。对此，传统法学理论一般以"市场失灵"与"政府失灵"的关系为出发点展开分析和辩论。从交易成本角度看，在交易成本为零的情况下，权利初始配置不重要，市场交易可以使资源有效配置。③但是在交易成本为正的现实世界里，如果交易成本太高从而阻碍了交易的进行，那么权利的初始配置就很重要了。对此，阿罗进一步的解释是，在研究市场失灵问题时有必要融入交易成本的概念和理论，交易成本是利用经济制度的成本，它有可能影响甚至完全阻碍市场的形成。④这里所谓的"权利的初始配置"，往往体现为立法强制规定或政府行政干预。

　　因此，如果我们将科斯定理的内容转换到法律语境下，应可表达为：在

---

　　①　Robert Cooter and Thomas Ulen. *Law and Economics*. Addison Wesley Longman Inc.（2012），pp. 91.

　　②　［法］埃里克·马林，戴维·马赫蒂摩：《交易费用和激励理论》，收录于［法］埃里克·布鲁索，让·米歇尔·格拉尚编：《契约经济学：理论和应用》，王秋石、李国民、李胜兰等译校，125页，北京，中国人民大学出版社，2011。

　　③　也有学者将此定义为"科斯的不相关定理"。详见［美］尼古拉斯·L.吉奥加卡波罗斯：《法律经济学的原理与方法：规范推理的基础工具》，许峰、翟新辉译，86页，上海，复旦大学出版社，2014。

　　④　K. J. Arrow. The Organisation of Economic Activity：Issues Pertinent to the Choice of Market versus Nonmarket Allocation. In The Analysis and Evaluation of Public Expenditures：the PPB System，*US Congress*，*Joint Economic Committee*. Vol. I（1969），pp. 47-64.

交易成本较低的市场领域，应减少政府干预和立法强制，将资源配置交由市场交易解决；在交易成本较高的市场领域，则需要政府干预和立法强制的介入。丹尼尔·F.史普博也曾指出，高交易成本可能造成市场的不存在。只有当交易因交易成本或不完全信息而无效时，管制才作为一种以政府干预为形式的补救而建立起来。① 在这种情况下，政府配置资源的效益一定会超过行政之成本。② 其原因在于，"法律制度或公共管制在界定产权和消减交易成本方面具备了潜在的作用"。③

其二，交易成本理论有助于解释法律强制性规范与任意性规范的关系。新制度经济学（法经济学）研究者对"交易成本"的定义多有差异，但有不少观点认为，市场主体在交易过程中因遵守相关法律所应付出的成本，也属于交易成本范畴。从性质上分析，法律规范包括强制法规范和任意法规范，其中可能给市场主体带来交易成本的，主要是强制法规范。并不是说任意法规定的适用不会产生交易成本，关键在于，市场主体对任意法规定的适用有选择权，如果他认为交易成本太高，其有权放弃适用——典型的比如，当消费者遭遇经营者欺诈时，如果他发现维权成本太高，他就会选择忍气吞声，放弃权利救济。

"强制法规定会增加市场主体的交易成本"这一事实本身是中性的，不存在褒义或贬义之分。因为从实践看，立法者在处理强制法规范与交易成本的关系时，可以在价值判断基础上作出双向选择：（1）如果某一类交易是国家允许、支持甚至是积极鼓励的，那么立法者可以通过减少强制法规范来降低市场主体的交易成本，还可以通过强制法规范或公共政策来消除某些交易成本。有研究者指出，"分析家们需要把一个国家的法律秩序的源泉看作是公共领域和私人领域之间的相互作用，其目的在于促进相互作用和减少交易成本，在公共领域，法律规则由国家制定；在私人领域，规则是由非国家的当事方所创造的"。④ 也有研究者认为，"在发达国家，公司法的经济功能体现在两个方面：一是将公司对投资者，进而整体上对社会的价值最大化；二是通过公司形态进行缔约履约的交易成本、组织成本

---

① ［美］丹尼尔·F.史普博：《管制与市场》，余晖、何帆、钱家骏、周维富译，45 页，上海，格致出版社、上海三联书店、上海人民出版社，2017。

② ［美］丹尼尔·F.史普博：《管制与市场》，余晖、何帆、钱家骏、周维富译，50 页，上海，格致出版社、上海三联书店、上海人民出版社，2017。

③ ［美］丹尼尔·F.史普博：《管制与市场》，余晖、何帆、钱家骏、周维富译，39 页，上海，格致出版社、上海三联书店、上海人民出版社，2017。

④ ［美］艾德加多·巴勒卡哥利亚、威廉·赖特利夫：《发展中国家的法与经济学》，赵世勇、罗德明译，9～10 页，北京，法律出版社，2006。

最小化"。① (2)如果某一类交易是国家限制甚至禁止的,那么立法者可以通过增加强制法规范数量、提高权利行使的条件、强化强制法规范的义务内容或者责任后果等方法,来增加市场主体的交易成本,使其不得不减少甚至放弃参与某一类交易——国家在调控房地产市场过程中所采取的策略就是如此,各地的调控政策多是通过提高商品房交易条件来限制市场炒作。

其三,交易成本理论有助于解释法律实施激励机制的构造原理。实践表明,法律实施效率不高的成因是多方面的。若按交易成本理论和科斯定理进行检视,其中一种原因是市场主体在相关领域内面临的交易成本太高,由此抑制了他们主动依法律指引行事的动力,进而导致法律实效无法体现。比如,权利主体在其权利受到侵害后,可能因为信息传递、协商谈判、组织协调等成本太高而不得不放弃法律本已赋予的权利救济,由此导致权利规则实效无法体现。有观点指出,"任何一个工业化的社会都不可能仅仅依赖于私法的原则体系,无论这些原则是来源于法官的裁判抑或是一部法典,理由并不难找到。令私法头痛的最主要的问题是交易成本。理性地讲,私人和企业只有在他们所期待的利益超过期待的成本时——这里的成本不仅仅包括合法的花费还包括时间和麻烦——才会寻求权利的行使"。② 对此,交易成本理论开出的"药方"可能包括:(1)如果交易成本可以通过法律制度的改革予以减少甚至消除,那么立法机关可以通过制定新的法律或者修改现行法律的方式来降低市场主体面临的交易成本,促使其主动作出某一行为;(2)在交易成本难以有效减少或消除的情况下,立法机关可以制定新的法律或者修改现行法律,改变市场主体面临的"支付"(payoff),使市场主体获得足够的经济补偿,以抵消交易成本对其带来的损失,进而促使当事人作出某一行为。

---

① Bernard Black and Reinier Kraakman. A Self-Enforcing Model of Corporate Law. *Harvard Law Review*. Vol. 109, No. 8 (Jun. 1996), pp. 1911-1982.

② [英]安东尼·奥格斯:《规制:法律形式与经济学理论》,骆梅英译,苏苗罕校,27页,北京,中国人民大学出版社,2008。

第二章 实践现状:法律实施机制的
结构、类型与改革趋势

一、市场经济法律制度体系建设的历程与特点

市场经济法律制度体系既包括实体法形态的制度,也包括程序法形态的制度;既包括静态的法律规则,也包括动态的实施机制。中国市场经济法律制度体系建设和发展的历程,实际上也是法律实施机制不断完善的过程。为了避免"碎片化"理解,有必要将法律实施机制的理论与实践问题放置在市场经济法律制度体系这一宏观视角下进行探讨,以此观察和分析其基本构造、主要类型、运作原理与改革趋势。

(一)市场经济法律制度体系的建设历程

包括商法、经济法在内的市场经济法律制度体系,是在国家主导下,采用由上至下的强制性制度变迁模式,遵循渐进改革思路分阶段建设完成的。通过对市场经济体制建立与发展阶段的划分,以及对各个阶段制度建设整体情况的考察,可以系统解读中国市场经济法律制度体系建设与发展的路径及特点。

这里所称的"给市场经济体制的发展历程划分阶段"的依据,主要是中国共产党中央委员会在不同时期召开的重要会议以及相应出台的具有"里程碑"意义的多个政策文件:一是 1978 年中国共产党第十一届中央委员会第三次全体会议发布的《公报》,其确立了改革开放政策,随后中国正式启动从计划经济向商品经济的转型,为后期的市场经济体制建设做准备;二是 1993 年中国共产党第十四届中央委员会第三次会议发布的《中共中央关于建立社会主义市场经济体制若干问题的决定》,系统提出了全面建设市场经济体制的政策;三是 2003 年中国共产党第十六届中央委员会

第三次会议发布的《中共中央关于完善社会主义市场经济体制若干问题的决定》,表明市场经济体制已基本建成,此后进入体制完善时期;四是 2013 年中国共产党第十八届中央委员会第三次会议发布的《中共中央关于全面深化改革若干重大问题的决定》,确立了对包括市场经济体制在内的各个方面进行系统性改革的政策。

根据上述政策的内容及其出台的时点,可以相应将中国市场经济法律制度体系建设与发展的历程划分为四个阶段:一是 1978 年至 1992 年的前市场经济时期(或称"商品经济时期"),二是 1993 年至 2002 年的市场经济体制建设时期,三是 2003 年至 2012 年的市场经济体制完善时期,四是2013 年至今的市场经济体制全面深化改革时期。

1. 前市场经济时期

从 1978 年开始至 1992 年的前市场经济时期,是中国经济立法的起点。因应于改革开放和发展商品经济的需要,为了吸引外商投资,立法机关先后制定了《中外合资经营企业法》《中外合作经营企业法》《外商投资企业法》《经济合同法》《涉外经济合同法》《技术合同法》等法律法规;为了确立市场主体资格、企业构建市场准入与市场退出机制,立法机关先后制定了《企业破产法(试行)》《全民所有制工业企业法》等法律法规;为了规范企业(尤其是国有企业)的生产经营,立法机关先后制定了《企业国有资产产权登记管理办法》《国有资产评估管理办法》等法律文件;为了强化市场监管,立法机关先后制定了《会计法》《药品管理法》《广告管理条例》《工业产品质量责任条例》等法律法规。与此同时,立法机关遵循"民商合一"模式,制定《民法通则》作为民商事领域的基本法,初步确立了物权法、合同法、侵权法的基本规则,为市场交易提供了最基本的法律依据。

总的来看,在前市场经济时期,国家立法工作的重点已开始转移到经济建设领域,开始就企业经营、企业改制、产权保护、交易秩序、市场监管等问题进行专门立法,也进一步以法律法规的形式明确了平等、自愿、公平、等价有偿等私法理念和原则,逐步实现从"依靠政府行政命令和计划手段配置资源"到"允许市场主体依法通过交易活动配置资源"的过渡,为商品经济和后期市场经济体制的建设奠定了基础。正如有研究者指出的,"在中国经济改革的早期,法律体系的建立主要是为了寻求对以往仅靠意识形态进行社会控制的一种替代。在经济领域,法律最初是为了规范国有企业行为而建立起来的,其目的是改变计划经济通过命令给企业管理者施压的管理模式，以及鼓励国有企业提高运作效率。"①

当然，这一阶段的立法仍存在较多不足，市场经济法律制度体系尚未完全形成：一是已出台的各部法律法规或多或少仍有计划经济色彩，体现为强制法条文数量较多、任意法条文较少（包括《中外合资经营企业法》在内的公司企业法就是典型例子）。二是"不完备立法"的特点较明显，已出台的法律法规主要以"实用主义"为导向，其并不追求法律条文体系的完整性，而是以回应和解决现实问题为立足点（《经济合同法》《涉外经济合同法》《技术合同法》的立法模式就是典型例子）。三是发展市场经济所需要的很多法律法规（如《公司法》《证券法》《信托法》《保险法》《商业银行法》《反垄断法》《产品质量法》等）尚未出台，整体上还没有实现"有法可依"的法制建设目标。

2. 市场经济体制建设时期

单纯从数量来看，从 1993 年开始至 2002 年的市场经济体制建设时期，同时也是中国经济立法的"爆炸"时期。彼时，党和国家正式决定建立市场经济体制，并提出了一系列建设规划。《中共中央关于建立社会主义市场经济体制若干问题的决定》强调，"发挥市场机制在资源配置中的基础性作用，必须培育和发展市场体系"；其具体任务之一包括"着重发展生产要素市场"，"改革现有商品流通体系，进一步发展商品市场"；同时还要"发展金融市场、劳动力市场、房地产市场、技术市场和信息市场"，"创造平等竞争的环境，形成统一、开放、竞争、有序的大市场"。上述《决定》还明确指出，"社会主义市场经济体制的建立和完善，必须有完备的法制来规范和保障"；"法制建设的目标是：遵循宪法规定的原则，加快经济立法，进一步完善民商法律、刑事法律、有关国家机构和行政管理方面的法律，本世纪末初步建立适应社会主义市场经济的法律体系"。

为实现上述目标，全国人大及其常委会陆续制定了大量的经济法律制度和商事法律制度。第一，在市场主体法领域，当时立法机关面临两个现实问题：一方面是与国际接轨，培育现代企业形态，建立公司治理模式；另一方面是基于国内各地区之间经济发展不平衡的特点，以及基于前期计划经济时代的历史遗留影响，应当允许多种型态的市场主体同时存在。为此，立法机关出台了《公司法》《合伙企业法》《个人独资企业法》等市场主

---

① Donald Clarke, Peter Murrell and Susan Whiting. *The Role of Law in China's Economic Development*. In Thomas Rawski and Loren Brandt（eds）. *China's Great Economic Transformation*. Cambridge University Press（2008），p. 375.

体法律法规。第二,为了发展资本市场、金融市场,立法机关制定了《证券法》《信托法》《保险法》《商业银行法》等法律法规,基本搭建了金融监管的法律框架。第三,为了规范市场交易秩序、维护市场诚信,立法机关将《经济合同法》《涉外经济合同法》《技术合同法》整合为统一的《合同法》,并出台了《担保法》等与其密切相关的其他法律制度。第四,为了维护公平的市场竞争,立法机关制定了《反不正当竞争法》。由于当时《反垄断法》并未同步出台,因此一些涉及市场垄断法律规制的内容(如行政垄断等),也被安排在《反不正当竞争法》条文中。第五,为了加强对产品质量的监督管理,保护消费者权益,《产品质量法》《消费者权益保护法》等法律法规相继出台。第六,为了加强宏观调控,规范征税、纳税行为,国务院制定了《营业税暂行条例》《增值税暂行条例》《消费税暂行条例》等行政法规,初步构建了税收法律制度体系。

整体来看,在市场经济体制建设时期,涉及市场监管和宏观调控的若干法律制度已经建立,市场经济法制建设基本实现了"有法可依"。这一阶段尚未解决的问题是:第一,在已出台的法律法规中,强制法规范仍然较多,政府干预市场的色彩仍较为明显;第二,法律实施仍以公共实施为主,私人实施并未得到应有的重视;第三,"双轨制"甚至"多轨制"的立法模式仍然存在,比如公司企业法领域,适用于内资公司的《公司法》与适用于外资公司的《中外合资经营企业法》《中外合作经营企业法》《外资企业法》并存;在证券法领域,立法将"股权分置"①确立为上市公司股权结构的基本要求。

3. 市场经济体制完善时期

从 2003 开始至 2012 年,是市场经济体制完善时期。彼时,中国刚刚加入世界贸易组织(WTO)不久,需要进一步扩大开放,完善市场,减少政

---

① 20 世纪 90 年代初期,国家为了深化经济体制改革和培育证券市场,开始对企业实行股份制改造。根据相关规定(如《股份制企业试点办法》《股份有限公司规范意见》《深圳市股票发行与交易管理暂行办法》等),参与股份制改造的企业可以把拟发行的股份分为国家股、法人股、个人股(或称公众股)和外资股。其中,法人股的认购者必须是具有法人资格的企业、事业单位或社团法人,而自然人投资者只能购买个人股。法人股和个人股的权属凭证形式有明确区别,前者是"股权证",后者是"股票"。此外,国家股和法人股不能进入股票二级市场自由流通。这就是后来所谓的"股权分置机制"。从 2004 年开始,国家已启动对股权分置机制的改革。具体可参见:(1)国务院出台的《关于推进资本市场改革开放和稳定发展的若干意见》;(2)证监会发布的《关于上市公司股权分置改革试点有关问题的通知》;(3)证监会、国资委、财政部、中国人民银行、商务部联合发布的《关于上市公司股权分置改革的指导意见》;(4)证监会出台的《上市公司股权分置改革管理办法》;(5)上海证券交易所、深圳证券交易所、中国证券登记结算有限责任公司联合发布的《上市公司股权分置改革管理办法》,等等。

府干预。与此相应的,国内经济法领域、商法领域的相关立法亦面临修改,值得关注的要点是:

其一,立法机关对《公司法》进行了范围较大的修正,将诸多强制法规范改为任意法规范(体现为法条中更多的采用"股东另有约定除外"或"章程另有约定除外")。同时,为鼓励创业投资、风险投资和支持市场中介机构的发展,立法机关修改了《合伙企业法》,在普通合伙基础上增加了有限合伙、特殊的普通合伙等新型的合伙类型。

其二,立法机关出台了发展市场经济所必需的,但是前期尚未制定的一些法律制度,例如《物权法》《证券投资基金法》《企业国有资产法》《企业所得税法》《食品安全法》,由此填补了市场经济法律制度体系的一些漏洞。有必要指出的是,传统法学理论认为,物权法归属民商法领域,这是基本共识。但按照新制度经济学的观点,市场经济的展开需要以两种制度为基础:一是界定产权归属与流转的产权制度,二是保障交易进行的契约制度。在法律层面上,它们即表现为国家制定的财产法(物权法)和契约法(合同法)。[①] 这意味着,在考察和研究市场经济法律实践过程中,不能忽略《物权法》。

其三,考虑到《反不正当竞争法》的主要功能是规制市场竞争过程中企业实施的不道德竞争行为,但是对于利用市场优势地位限制其他企业进入市场或者利用不合理高价(低价)等手段排除市场竞争的行为,《反不正当竞争法》的规则能力有限。故此立法机关出台了《反垄断法》,旨在规制行政垄断行为以及滥用市场支配地位、经营者集中、价格垄断等常见的经济垄断行为。

其四,立法机关出台了《行政许可法》,对政府行政审批的权限、程序等问题进行明确规定。《行政许可法》虽属行政法范畴,但与市场经济法律实践关系紧密。事实上,市场监管法的很多内容即与行政许可有关。比如在设置了准入门槛的那些市场领域,市场主体资格的取得需要经过行政许可程序;取得市场主体资格的企业,其所从事的某些特殊行为可能也需要事先经过行政许可(比如制药企业研制新药等)。

---

① 可综合参见:(1) H. Demsets. Toward a Theory of Property Rights. *American Economic Review.* Vol. 57 (May. 1967), pp. 347-359. (2) James W. Hurst. *Law and Markets in United States History: Different Modes of Bargaining among Interests.* University of Wisconsin Press (1982), p. 37. (3) Sevtozar Pejovich and Enrico Colombatto. *Law, Informal Rules and Economic Performance.* Edward Elgar Publishing Inc. (2008), pp. 165.

4. 全面深化改革时期

本书把 2013 年开始至今定义为"市场经济体制全面深化改革时期"，其起点是中国共产党第十八届中央委员会第三次会议发布《中共中央关于全面深化改革若干重大问题的决定》。此一阶段的政策背景可从三个方面进行勾勒：一是在市场经济领域，中央决策者首次提出"市场应对资源配置起决定性作用"的论断，强调市场监管领域简政放权、推进市场监管机制改革（主要是指事前监管改为事中、事后监管，甚至直接取消监管措施）、降低企业制度性交易成本（或称"企业的守法成本"），推进行业自治自律和社会共同治理；二是在法治建设领域，提出全面依法治国，其路径是"坚持法治国家、法治政府、法治社会一体建设"，目标是实现"科学立法、严格执法、公正司法、全民守法"，这有别于 1978 年中国共产党第十一届中央委员会第三次全体会议发布的《公报》所提出的"有法可依、有法必依、执法必严、违法必究"的法制建设方针；三是在国家治理（社会治理）领域，提出全面提高国家治理能力和治理水平，强调应当"围绕推动高质量发展，建设现代化经济体系，调整优化政府机构职能，合理配置宏观管理部门职能，深入推进简政放权，完善市场监管和执法体制"，应当"强化事中事后监管，提高行政效率，全面提高政府效能"。

在此背景下，立法层面也出现了重大改革。这里所谓的"重大改革"，一方面是指在前期已基本实现"有法可依"基础上，整合原有一些法律制度，以统一立法甚至法典化方式出台新的法律，另一方面是指相关法律制度的修改并非"小修小补"，而是立法理念或制度基础的实质转变。首先，《民法典》的出台是新中国立法史上的一个里程碑。其实践意义不仅体现在系统整合了民商事法律制度，为民事生活和商事交易提供了详尽的规则指引，为民商事纠纷提供了裁判规则，而且对市场监管和法律实施也有重要意义。其次，立法机关完成了公司注册资本制度和商事登记制度的重大修改，取消了公司最低注册资本要求、取消了强制验资要求、取消了工商行政管理部门实质审查公司设立资料的要求，同时建立了异常经营名录制度。这既是民商法层面商主体法律制度的变化，也是市场监管法层面关于市场准入的事前监管向事中事后监管转变的体现。再次，在证券法领域，从创业板试点开始，实施多年的公司上市"审核制"被修改为"注册制"，与此同时，针对上市公司虚假陈述、内幕交易等违法行为的监管制度和处罚措施被进一步强化。从长期来看，这些改革被广泛视为有利于降低资本市场的准入门槛和制度性交易成本，可以鼓励更多公司公开发行股份，进而获得更强的资本实力和竞争优势。最后，立法机关出台了《外商投资法》，结束了外资领域《中外合资经营企业法》《中外合作经营企业法》《外资企业法》"三足鼎立、三分天下"的立法格局。在市场准入这一重要问题上，《外商投资法》同样采用了国家在市场监管领域广泛推行的"负面清单"制度。理论界和实务界普遍认为，《外商投资法》不是纯粹的外商投资的管理法，而是融合了促进、服务、管理等功能于一身的新立法。

事实上，立法机关近年来修改的市场经济法律制度还有不少（比如《反垄断法》《反不正当竞争法》《药品管理法》《消费者权益保护法》等）。整体来看，它们大多贯彻了"事前监管向事中事后监管转变"以及"由市场决定资源配置"等政策导向，体现了减少强制法规范、增加任意法规范以降低企业制度性交易成本的趋势。

（二）市场经济法律制度体系的基本特点

1. 强制变迁

制度变迁是指新制度替代旧制度的动态过程。有研究者从博弈论角度进一步指出，"根据内生性博弈规则制度论的观点，制度变迁可以理解为从一种均衡（序列）到另一种均衡（序列）的移动过程，其中伴随着参与人行动决策规则和他们对于制度共同认知表征（信念）的系统性变化"。[①] 按照推动制度变迁的主体及路径的不同，可以把制度变迁分为诱致性变迁和强制性变迁。前者是指由社会公众自发倡导、实施和推动的制度变革与更替，其路径是自下而上的，具有边际革命和增量调整的性质；后者则是指由政府行政命令或法律强行推动的制度变革与更替，其路径是由上而下的，具有激进改革、短期变化、存量革命的性质。

中国市场经济法律制度体系的建设与完善，主要遵循的是强制性制度变迁路径，理由如下。

第一，中国从计划经济到商品经济再到市场经济的转型过程，属于国家基本经济制度（或称"经济体制"）的变迁。在中国现有的政治体制背景下，此类重大制度变迁必然是由中央决策者决定之后，通过国家意志，以最高效力层次的政策引导、推进，而不是由社会公众由下至上的推动。据此，理论界和实务界的基本共识是，中国市场经济体制建设与发展所遵循的，是强制性制度变迁路径。在此背景下，由于市场经济法律制度体系本身就是市场经济体制的一个"子系统"，因此从应然角度看，市场经济体制建设与完善的过程，自然也应该是市场经济法律制度体系建设与完善的过程。

---

① ［日］青木昌彦：《比较制度分析》，周黎安译，238 页，上海，上海远东出版社，2001。

这决定了后者的形成也需遵循强制变迁路径。

第二，近代以来，中国法制建设主要秉承大陆法系传统，其鲜明特点是立法机关统一制定法律制度并强制推行法律实施。尽管改革开放至今四十多年，中国经济法、商法的一些制度的内容借鉴了英美法的立法例，但单纯就法律制度建构路径而言，市场经济法律制度体系归根到底还是遵循了大陆法系所惯常采用的由上至下的统一立法模式，而这种中央统一立法本身就是强制性制度变迁的体现。

第三，通过强制性变迁路径实现市场经济法律制度体系的建设与完善，是提高立法效率的客观要求。从理论上讲，强制性制度变迁和诱致性制度变迁两者之间并无绝对的优劣之分，若比较何者更有效率，必须结合具体个案的客观情形才能准确评价。在国家开始着手建立市场经济体制的初期，绝大多数的市场主体并不具备充分的自我生产市场经济法律制度的实践经验和专业知识。即便作为个体的某些市场主体具备这些知识和经验，他们要在短时间与其他市场主体取得共识并形成具有普适性的市场规则，也需要耗费巨大的信息传递成本和协商成本，而这种成本的高昂程度，足以导致市场主体在短期内无法实现这一目标。另一方面，尽管按照哈耶克的理念，社会秩序（当然也包括市场秩序）本质上是自生自发的，因此市场主体通过实践完全有可能自发形成市场经济活动所需要的规则——事实上，近代商法就是从民间性质的商人法发展而来——但问题是，通过实践去孕育和形成规则、制度与秩序，需要漫长的时间。这意味着，市场经济法制建设如果不采取强制变迁模式，将无法在短时间内形成现代市场经济法律规则并进而形成法治化的市场秩序。

2. 政策先导

政策与法律的关系是一个宏大的学术论题。有研究者指出，"究竟是制度决定政策，还是政策决定制度？这个问题一直是……政治学争论的热点。大家逐渐达成的共识是，其因果关系是相互的"。① 择其要者而言：一方面，国家政策可能影响法律的制定与实施，新政策出台可能催生新的立法、推动法律修改，或者导致法律实施机制发生变化；另一方面，政策的具体内容、制定程序与实施机制受制于法律约束，违反法律强制性规定的政策不具正当性、合法性。

从实践来看，在中国市场经济法律制度体系建设与完善过程中，国家

---

① ［美］马克·艾伦·艾斯纳：《规制政治的转轨》，尹灿译，9 页，北京，中国人民大学出版社，2015。

政策（甚至行政决定）经常发挥着重要的先导作用，其中有些政策甚至直接成为促成新立法出台、导致现行法律被修改，或者改变法律实施机制的推动力。从宏观层面观察——正如前文已经论述的——无论是 1978 至 1992 年间涉及商品经济的法律法规的出现，以及 1993 至 2002 期间经济立法数量的激增，还是 2003 至 2012 年间市场经济立法的完善，或者 2012 年之后至今市场经济法律法规的深化改革，其背后都有国家重大政策的先期指引。从微观层面分析，近几年很多重要法律法规的出台或修改，也都体现了政策导引的特点。

一是公司法的改革。2013 年 12 月 28 日，十二届全国人民代表大会常务委员会第六次会议审议通过《公司法》修正案，决定对公司资本制度进行修改，其内容包括取消设立公司最低注册资本要求，建立出资认缴制（取消设立公司时首期必须出资 20% 及剩余注册资本必须在 2 年内出资到位的要求），取消公司设立时强制提交验资报告的要求，取消货币出资比例要求，取消企业年检制度并建立年报制度，等等。有必要指出的是，早在全国人大常委会决定审议表决之前，国务院常务会议已于 2013 年 10 月 25 日率先就公司资本制度的改革作出决定，明确了五项改革内容，即放宽注册资本登记条件、将企业年检制度改为年度报告制度、放宽市场主体住所登记条件、大力推进企业诚信制度建设、推进注册资本由实缴登记制改为认缴登记制。对此，有研究者认为，"国务院提出的这些意见堪称公司法修订建议稿"。[1]

二是证券法的改革。2019 年 12 月 28 日，十三届全国人民代表大会常务委员会第十五次会议经表决通过《证券法》修正案，决定修改证券发行等制度，内容包括：建立证券发行注册制度、调整证券发行程序、提高证券违法违规成本、强化信息披露要求、完善证券交易制度、取消部分行政许可、强化中介机构法律职责、扩大证券法的适用范围等。在上述内容中，证券发行从"审核制"改为"注册制"是最受关注的问题。但事实上，早在 2013 年 11 月 12 日，中国共产党第十八届中央委员会第三次全体会议作出的《中共中央关于全面深化改革若干重大问题的决定》即明确提出"加快完善现代市场体系"的任务，其中第 12 项的内容进一步要求，应当"健全多层次资本市场体系，推进股票发行注册制改革，多渠道推动股权融资，发展并规范债券市场，提高直接融资比重"。

三是自贸区的法制创新。2013 年 8 月，国家决定设立"中国（上海）自

---

[1]　周芬棉：《国务院意见堪称公司法修改建议稿》，载《法制日报》，2013 年 10 月 30 日，第 006 版。

由贸易试验区"。① 此后,国家又在广东、天津、福建、辽宁、浙江、河南、湖北、重庆、四川、陕西、海南增设了 20 个自贸区。其中,海南自贸区区域遍及全岛。在上述过程中,围绕各地自贸区的建设,国务院出台了多个总体方案,各地政府也相应出台了多个具体实施方案。以此为基础,一些旨在支持和规范自贸区建设的立法逐步出台。2014 年 7 月,上海市人大常委会出台《中国(上海)自由贸易试验区条例》,这是涉及自贸区的第一部地方立法。2021 年 6 月,全国人大常委会出台《海南自由贸易港法》,这是我国制定的第一部自由贸易区(港)的法律。从内容看,无论是国家法律还是地方立法,都充分体现了国家前期出台的相关政策的核心内容。例如,2020 年 6 月中共中央、国务院出台的《海南自由贸易港建设总体方案》的制度设计第(一)项提出"贸易自由便利",其具体要求是"在实现有效监管的前提下,建设全岛封关运作的海关监管特殊区域"。对货物贸易,实行以"零关税"为基本特征的自由化便利化制度安排。对服务贸易,实行以"既准入又准营"为基本特征的自由化便利化政策举措。与此对应的,《海南自由贸易港法》第二章(第 11 条至第 17 条)亦专门围绕"贸易自由便利"设计条文,规定"海南自由贸易港实行投资自由化便利化政策,全面推行极简审批投资制度,完善投资促进和投资保护制度,强化产权保护,保障公平竞争,营造公开、透明、可预期的投资环境。海南自由贸易港全面放开投资准入,涉及国家安全、社会稳定、生态保护红线、重大公共利益等国家实行准入管理的领域除外"。

3. 试点立法

改革开放以来,经济体制改革是时代发展主旋律。遵循中央确定的渐进式改革(俗称"摸着石头过河")的思路,在整体采用强制性制度变迁的宏观背景下,允许地方试点立法,是激励法制创新的一个重要方法,②其优点是可以有效控制试错成本。

市场经济法制领域有很多通过地方立法实现国家法制创新的例子。早期的比如,为了鼓励创业投资,北京市 2000 年出台的《中关村科技园区

---

① 彼时上海自贸区涵盖四个片区:外高桥保税区、外高桥保税物流园区、洋山保税港区和上海浦东机场综合保税区,总面积 28.78 平方公里。

② 对于中国改革开放当中中央与地方的关系,曾有学者指出,改革开放的过程也是中央对地方放权的过程,这一结果使得地方政府可以设计和试验符合当地实际情况的经济治理结构(governance structures)。这里所谓的经济治理结构,由正式制度、非正式制度以及两者的合作机制(co-ordinating mechanisms)组成,其形式在广义上即包括了地方商事立法。参见 Barbara Krug and Hans Hendrischke. Institution Building and Change in China. *Erim Report Series Research in Managemen*, ERS-2006-008-ORG,(Jan. 2006).

条例》(已废止①)在传统的普通合伙模式的基础上,增设了有限合伙的形式。该条例第 25 条规定:"风险投资机构可以采取有限合伙形式。有限合伙的合伙人由有限合伙人和普通合伙人组成。投资人为有限合伙人,以其出资额为限承担有限责任;资金管理者为普通合伙人,承担无限责任。有限合伙的合伙人应当签订书面合同。合伙人的出资比例、分配关系、经营管理权限以及其他权利义务关系,由合伙人在合同中约定。有限合伙的所得税由合伙人分别缴纳。属于自然人的合伙人,其投资所得缴纳个人所得税;属于法人的合伙人,其投资所得缴纳企业所得税"。当时,全国人大制定的《合伙企业法》所规定的合伙的形式,仍然只有普通合伙一种。这一状况一直持续到 2006 年《合伙企业法》修改,全国人大常委会才将有限合伙写入法律条文。

在商事登记制度改革问题上,2012 年 3 月,原国家工商总局印发《关于支持广东加快转型升级、建设幸福广东的意见》(工商办字〔2012〕38号),为广东试点开展商事登记制度改革提供了政策依据。该意见共 32条,其中 19 条涉及企业注册登记制度改革。随后,深圳市人大常委会于2012 年 11 月制定了《深圳经济特区商事登记若干规定》,与此同时,珠海市人大常务会出台了《珠海经济特区商事登记条例》。这两部地方立法有诸多创新之处,例如明确了商事登记、商事主体等基本概念;规定申请人须为其提交的商事登记申请材料的真实性负责,工商行政管理部门仅对申请人提交的材料进行形式审查;规定对有限公司实行注册资本认缴制度,申请人设立有限责任公司时无须按当时尚未修改的《公司法》的规定实缴注册资本,也无须提交验资证明文件,等等。这些地方立法的试点创新举措,后来在修订《公司法》和制定《市场主体登记管理条例》时,几乎都被立法机关采纳了。

地方立法创新的例子还有很多。例如 2020 年深圳市出台了《深圳经济特区个人破产条例》,这是全国首部涉及自然人个人破产的创新立法,有理由相信,它将为后续全国个人破产立法提供重要的实践经验。当然,并非所有地方试点立法最终都能上升为全国层面的立法,比如深圳市 1999年出台的《深圳经济特区商事条例》采用"商事一般法"模式,对商法的重要概念及基本规则作出了示范性规定。尽管这种立法思路和模式在理论

---

①　2010 年 12 月 23 日北京市人大常委会出台的《中关村国家自主创新示范区条例》第 68 条规定,"本条例自公布之日起施行。2000 年 12 月 8 日北京市第十一届人民代表大会常务委员会第二十三次会议通过的《中关村科技园区条例》同时废止"。

界得到了诸多赞同,但国家立法机关并未加以推广。相反的是,2013 年 12 月深圳市人大常委会决定废止该条例。

4. 法律移植

现代市场经济不是国与国之间相互封闭的内部活动,国际贸易客观上要求各国之间的法律制度应当日渐趋同。当然,趋同并非绝对的一致。对于实行市场经济的国家而言,其在交易技术规则(主要指商法)层面不应存在实质性差异,在市场监管理念与规则(主要是指经济法)层面应有一定的共识(比如由市场决定资源配置、政府对市场的干预应保持克制、产权保护是激励投资的重要措施,等等),否则会造成巨大的交易成本。

根据《中共中央关于建立社会主义市场经济体制若干问题的决定》,中央决策者所规划的中国市场经济体制的建设,是一项短期内必须完成的政治任务。在此背景下,立法机关必须快速建构相对完整的市场经济法律制度体系,为市场交易、市场监管、宏观调控等行为提供规则指引。然而必须承认的是,在发展市场经济问题上,中国是后发国家。中国历史上确实缺少可以形成现代经济法制度和商法制度的充足的本土资源,[①]立法机关无法单纯通过本土"法制资源"的传承、开发和利用来实现法治建设目标。

中国近现代的法制传统整体上被认为归属于大陆法系,这或许是因为中国一直采用制定法而非判例法,也可能与清末民初以来,中国很多立法以德国、日本的立法为蓝本的事实有关。但就经济法、商法而言,四十多年来,中国很多涉及市场经济的立法却体现出大陆法系和英美法系相融合的特点。例如,公司法中独立董事制度与监事制度并存,合同法领域预期违约制度与不安抗辩权制度并存等事实,都是例证。另外,立法机关制定的《民法典》具有典型的大陆法的特点,但自 20 世纪 90 年代以来,类似证券法、信托法、公司法、合伙企业法、反垄断法这些法律制度,对英美法的借鉴似乎更多,它们共存于中国市场经济法律制度体系之中。

5. 双轨模式

中国特色的经济体制改革是一场有别于传统西方国家历史经验的产权制度的重大变革,其并没有现成的制度样本和经验模式可以复制。为了

---

① "法制(法治)本土资源"本身是一个充满争议的问题,甚至有不少研究者认为它是一个"伪命题"。理由在于,中国历史上并不存在适应于市场经济发展需要的法制本土资源。不过笔者认为,不应将"本土资源"这一概念强行与历史绑定,即不能认为:历史上没有,则当下也没有,或者以后也不会有。因为,即便我们认同中国历史上不存在适应于市场经济发展需要的法制(法治)本土资源,也并不妨碍我们积极探讨如何在当下开始创建和积累本土资源,或者探讨改革开放近四十年来市场经济法制(法治)建设积累下来的法律实践经验。

减少改革阻力以及防止制度突变带来的社会风险,国家选择以渐进式的制度变迁作为基本路径,以"试点—推广"和"试错—纠正"作为推进改革的主要方法,以及以"差异并存、逐步统一"(俗称"双轨制")作为过渡时期制度安排的具体模式。实践证明——特别是与苏联等国家采取的"休克式疗法"相比——这种渐进式的策略对于及时纠正改革过程中出现的各种"错误探索"显然具有重要作用。

　　"双轨制"是中国经济体制改革过程中的特殊现象,其最初产生于 20 世纪 80 年代"商品价格机制改革"的需要,意指一定时期内针对商品的政府定价机制与市场定价机制的差异并存。此后随着中国渐进式改革的推进,"双轨制"模式被进一步运用到其他经济领域。广义上,例如公司企业法领域的内资公司立法与外资公司立法并存、企业间借贷与普通自然人借贷的区分监管、证券市场的"股权分置机制"、国有土地使用权划拨和出让的区分机制等,在不同程度都体现了"双轨制"的制度设计原理。因此,后期各个学科的理论研究通常是从广义的角度理解"双轨制"概念,将其含义界定为"针对一个本质相同的实践问题并存两种制度"。本书从广义上使用"双轨制"这一概念。

　　关于中国经济改革在制度(包括法律)层面上的经验和特点,以往理论界已有诸多探讨,①不必赘述。需要强调的是,虽然渐进式改革策略卓有成效,而"双轨制"与社会转型期中国国情有一定的契合性,它在一定程度上缓解了改革可能遭遇的阻力;但另一方面,实践也表明,"双轨制"立法往往会造成法律行为价格的差异化,如果相应的法律监督机制不完善(这是很重要的一个前提条件),那么这种制度之间的差价通常又会导致不同定价机制之间出现可"寻租"的空间,成为诱使市场主体采用法律规避行为谋取不法利益的激励因素。

　　例如在改革初期,由于国有企业和私营企业在市场地位和法律权利等诸多方面都存在制度性的不平等,诱发了"红帽子"企业的大量诞生。又比如,在"股权分置改革"实行之前,证券市场当中的"法人股个人持有"等

①　仅就法学领域而言,可参见:(1)张建伟:《变法模式与政治稳定性:中国经验及其法律经济学含义》,载《中国社会科学》,2003(1);(2)周林彬、黄健梅:《法律在中国经济增长中的作用:基于改革的实践》,载《学习与探索》,2010(3);(3)周林彬、陈胜蓝:《商事审判与中国经济发展相关性的实证分析》,载《中山大学法律评论》(第 8 卷,第 2 辑),北京,法律出版社,2010;(4)Franklin Allen, Jun Qian, Meijun Qian. Law, Finance, and Economic Growth in China. *Journal of Financial Economics*. Vol. 77, No. 1 (Jul. 2005), pp. 57-116;(5)Donald C. Clarke. Economic Development and the Rights Hypothesis:The China Problem. *American Journal of Comparative Law*. Vol. 51, No. 1 (Win. 2003), pp. 89-111.

问题就是由于"股权分置机制"这种"双轨制"立法造成的。① 对于这种现象,如果单纯从法律规范分析层面来理解,它或许应当受到否定评价;但如果从经济规律角度分析,它却具有一定的必然性甚至合理性,因为这是市场自我演进的结果,也是市场内部力量对那些不符合效率的资源配置机制的一种自我矫正。

二、市场经济法律实施机制的立法构造

(一)构造法律实施机制的法律实施规则

前文指出,法律实施机制的内涵十分宽泛,广义上它可涵盖法律条文设计、国家机构设置、财政资金投入、专业人才聘用、科学技术改进、社会组织建设、法律文化宣传等诸多内容。为聚焦主题,本书主要从原理和规范两个层面研究法律实施的激励机制,即探讨如何通过法律规则、政策措施或合同条款的设计来激励市场主体主动遵守或实施法律。此过程可能论及现行法律制度、法律规则的修改,也可能论及新制度、新规则的建立。至于"法律实施机制"这一概念可能涉及的其他范畴,如国家应如何设置法律实施机构、应如何配置法律实施的公共财政投入、应如何提高执法人员的法律职业素质、应如何改进法律实施的科学技术等问题,本书暂不作深入讨论。简言之,本书将以规则、制度为中心——更具体而言,是以"法律实施规则"为对象,结合法学、经济学相关理论,分析法律实施机制的构成及运作原理。

所谓"法律实施规则"是指,立法机关制定的,专门用于指引或规范法律实体规则适用程序的法律规则,也可将其称为"关于法律适用的规则"。广义上,这类规则既包括专门的程序法(如与法律实施有关的诉讼法规则),也包括那些涉及权利规则、义务规则或责任规则适用问题的法律规则。

经由立法途径构造法律实施机制,是实证意义上的一种常态。实践表明,法律经立法机关制定后,有多种实施途径。某些法律可以依靠(甚至必须依靠)公权机关(司法审判、行政执法)强制实施——我们称之为法律的公共实施,但也有一些法律主要依靠市场主体或社会公众自我实施——我们称之为法律的私人实施。公权机关的实施对象并不仅涉及公法(如行政机关适用行政处罚法处罚违法企业),也可能涉及私法(如法院适用民商

① 参见董淳锷:《面对"历史遗留问题"的法律宽容:以"法人股个人持有"现象及其诉讼纠纷为分析样本》,载《法学家》,2011(4)。

事法律解决诉讼纠纷）；当然，可由市场主体或社会公众私人实施的对象，也不仅涉及私法（如当事人依据合同法订立合同），还可能涉及公法（如对刑法、行政法的遵守，本身可视为公民实施法律的体现）。有必要指出的是，无论公共实施还是私人实施，任何一种法律实施机制不同程度上都需以立法为支撑。哪怕针对市场主体或社会公众适用私法性质的实体法解决私人之间纠纷的情况，立法机关亦为其制定了民事诉讼法、仲裁法或调解规则①等程序法，以此确保相关实体法得以有序适用，而不是将私人纠纷完全留给私人通过法外机制解决。

就此而言，立法机关制定的法律实施规则，是法律实施机制最基本也是最重要的构成要素。通过立法制定法律实施规则、构造法律实施机制的依据，可从以下两方面解读。

一是为了规范公权力的行使，确保法律实施的公正性。法律的公共实施（司法、执法等）涉及公权力行使和公共资源配置，因此需要通过立法（尤其是强制法规范）设定公权机关适用法律的权限、程序和责任，以防止公权力被滥用，维护社会公共利益。在法律私人实施情形下，如果私人通过民事诉讼程序或行政复议、行政裁决、行政诉讼等程序寻求纠纷解决，此一程序依然会触发公权力的行使（法院审判和行政机关复议），因此也有必要将其纳入立法范畴，理由与公共实施类似。

二是为了统一法律实施的程序和标准，节约法律实施成本。在私人启动诉讼程序或行政程序的情况下，立法显然有必要规定一套统一的操作程序和标准，以确保维护法律权威。当然，法律私人实施可以（但并非必须）借助公权机关。如私人选择民间调解方式解决纠纷，或者商会、行业协会等社会组织依法开展行业自治自律，就不必公权机关介入。对于这种纯粹的法律私人实施，立法对其实施程序和适用标准也有相应规定，不过此类立法往往是任意性而非强制性的，其目的是给法律私人实施提供指引和建议，或者说提供一种示范意义上的程序法，以免社会公众每次实施法律都需要花费大量成本去协商建立一套适用规则。

总结上述分析，需揭示的要点是：某些法律规则，为另外一些法律规则规定了实施程序，或者说，绝大多数法律规则是在立法设定的程序中实施的。有研究者将此称为"法律的自我实现"。"所谓法律的自我实现机制，就是法律体系本身具有的法律执行的制度和机制，不需要通过其他的规范

---

① 如2020年广东省高级人民法院与广东省司法厅联合出台《广东自贸区跨境商事纠纷调解规则》。

性体系(例如政治、宗教、道德等)来执行法律。法律的自我实现机制对法律的自主性和有效性是非常重要的,它包括(相对)独立于政治过程以外的公共执法体制和有效的私人执法体制"。①

(二)法律实施规则的立法模式

1.通过专门的程序法设定法律实施程序

程序法是法律实施的重要依据,其包括诉讼法、仲裁法以及相关的法律法规、司法解释。在民法、刑法、行政法领域,立法机关分别制定了民事诉讼法、刑事诉讼法和行政诉讼法,并设定了相应的诉讼程序。不过,对于与市场经济活动密切相关的经济法,立法并未专门设置直接对应的"经济诉讼法",而是将经济法规则的适用分解到民事诉讼、行政诉讼甚至刑事诉讼的程序中。

理论通说认为,经济法是市场经济调制法。所谓"调制",是宏观调控和市场规制的合称。在此意义上,经济法的调整对象被界定为行政机关在实施宏观调控行为和市场监管行为过程中所发生的行政机关与被调制主体之间的关系(这种关系通常被称为纵向关系)。从规范分析意义上看,将经济法界定为市场经济调制法有助于阐释经济法与行政法的区别,以及明确经济法与民商法的区别。不过,不可忽略的一个问题是,如果我们从更深层次理解经济法的地位,认为经济法本位是社会公共利益,以及认为经济法的重要功能之一是维护市场秩序,那么对于市场主体破坏市场秩序、损害其他主体利益的行为,经济法亦应予以规制。而事实上,一直以来,在那些被公认为归属于经济法范畴的法律制度中,也确实有不少条文的立法目的是直接调整市场主体之间的关系(而非监管者和市场主体之间的关系)。典型的比如《反垄断法》《反不正当竞争法》《证券法》《城市房地产管理法》等法律,它们所调整的对象就包括了行政机关与市场主体之间的纵向关系,以及不同市场主体之间的横向关系。

经济法调整对象的特殊性在程序法上的"映射"主要体现为:(1)涉及纵向关系的法律纠纷,主要通过行政复议或行政诉讼程序解决。例如《证券法》第223条规定,"当事人对证券监督管理机构或者国务院授权的部门的处罚决定不服的,可以依法申请行政复议,或者依法直接向人民法院提起诉讼"。这意味着,如果当事人对证券监督管理机构或者国务院授权的部门提起复议或诉讼,其后续程序必然需要适用《行政复议法》或《行政诉

---

① 李波:《公共执法与私人执法的比较经济研究》,23页,北京,北京大学出版社,2008。

讼法》。在此情况下，《行政复议法》或《行政诉讼法》是辅助《证券法》实施的程序法依据。（2）涉及横向关系的法律纠纷，主要通过民事诉讼程序解决。如《证券法》第 93 条规定，"投资者保护机构对损害投资者利益的行为，可以依法支持投资者向人民法院提起诉讼"。这意味着，如果投资者或投资者保护机构对证券市场的侵权人提起诉讼，其后续程序必然需要适用《民事诉讼法》。在此情况下，《民事诉讼法》亦是辅助《证券法》实施的程序法依据。

2. 在同一部法律中同时规定法律的实体规则和实施规则

法律实施不仅体现为解决纠纷。例如在市场监管领域，行政执法也是法律实施的重要内容。对于市场监管（或者说市场领域的行政执法）的程序问题，行政法领域已有不少基本法性质的立法，如《行政强制法》《行政处罚法》等，但具体到特定行业或特定市场领域的监管与执法，仍有相当多的程序规则设置在经济法的法律法规中。例如，《土地管理法》对土地开发、转让监管管理的规定，《商业银行法》对银行经营行为监督管理的规定，《建筑法》对建筑工程监督管理的规定，《企业国有资产管理法》对国有资产监督管理的规定，等等。上述所称的"监督管理的规定"，是指程序规则（而非实体规则）意义上的规定，即立法规定了监管部门如何实施法律、依法开展监管。

简言之，虽然经济法整体上属于实体法，但在经济法的很多法律法规中，立法者并不仅仅规定实体法规则，同时还设置了实体法的实施规则（或称程序法意义上的规则）。以《反垄断法》为例，《反垄断法》共 70 条，除去附则（3 条），属于实体法规范的，主要是总则（15 条）、垄断协议（6 条）、滥用市场支配地位（3 条）、经营者集中（14 条）、滥用行政权力排除限制竞争（7 条）等方面的规定，共计 45 条；属于实施规则的，主要是"对涉嫌垄断行为调查"的规定（10 条）和涉及法律责任的规定（12 条），共计 22 条。"对涉嫌垄断行为调查"的规定包括几方面内容：一是对垄断行为的举报、调查；二是反垄断机构调查涉嫌垄断行为可以采取的措施；三是对执法人员及其身份的要求；四是执法人员的保密义务；五是被监管者的配合义务；六是被监管者的合理抗辩权；七是调查结论的核实与公布；八是反垄断调查的中止与终止。对涉嫌垄断行为调查，本质上是反垄断机构依据《反垄断法》对市场主体实施监督管理，因此可以认为，《反垄断法》第六章关于"对涉嫌垄断行为调查"的规定实际上是一种程序性规定，其设定的是《反垄断法》的实施规则，是《反垄断法》实施机制的重要构成。

再考察一下《消费者权益保护法》的规定。《消费者权益保护法》旨在规范经营者的经营行为,保护消费者的合法权益,维护社会经济秩序,其采取的是"非对等性保护"(对消费者倾斜保护)的立法理念。该法第二章(第 7 条至第 15 条)专门规定了消费者权利,第三章(第 16 条至第 29 条)则专门规定了经营者义务,这两章的条文具有浓厚的实体法色彩。但除此之外,《消费者权益保护法》也有一些条文属于实施规则的范畴。典型的比如,该法第 39 条规定,"消费者和经营者发生消费者权益争议的,可以通过下列途径解决:(1)与经营者协商和解;(2)请求消费者协会或者依法成立的其他调解组织调解;(3)向有关行政部门投诉;(4)根据与经营者达成的仲裁协议提请仲裁机构仲裁;(5)向人民法院提起诉讼"。这一条文所规定的,实质上是消费者和经营者如何依据《消费者权益保护法》的实体规则解决法律纠纷的问题。

3. 为法律配置专门的法律实施条例

法律由全国人民代表大会或全国人民代表大会常务委员会制定。为了推动法律实施,国务院可以通过行政法规的形式制定法律实施条例。[①]在市场经济法律制度体系中,以经济法为例,据中国人大网统计公布,截至 2022 年 9 月 2 日,全国人民代表大会及其常务委员会制定的法律共有 293 件,其中归属经济法领域的有 82 件(标记为集合 A),占比 27.99%。[②] 另据中国政府网(国务院官方网站)信息显示,截至 2022 年 9 月 2 日,以"标题含实施条例"为检索方法,在国务院行政法规数据库检索,可查得国务院制定的法律实施条例共计 32 部(标记为集合 B)。若严格按照全国人大常委会定义的"经济法"的范畴为准,计算 A∩B 的数值,答案是 15(部)。[③]

除了这 15 件标准意义上的经济法实施条例之外,国务院还为《食品安全法》《药品管理法》《土地管理法》《招标投标法》《矿山安全法》《劳动合同法》分别制定了实施条例。按全国人大常委会的分类方法,这六部法律分别属于行政法、行政法、行政法、民商法、社会法、社会法;但如果按传统

---

①　根据《立法法》第 65 条第 2 款第(1)项的规定,"为执行法律的规定需要制定行政法规的事项",国务院可以制定行政法规。

②　数据来源:中国人大网 http://www.npc.gov.cn/npc/c30834/202209/1ffa180b336247069bf8b42eb1f337a3.shtml。最后访问日期:2022 年 11 月 18 日。

③　这 15 部经济法实施条例是:《中华人民共和国外商投资法实施条例》《中华人民共和国环境保护税法实施条例》《中华人民共和国统计法实施条例》《中华人民共和国政府采购法实施条例》《中华人民共和国车船税法实施条例》《中华人民共和国企业所得税法实施条例》《中华人民共和国进出口商品检验法实施条例》《中华人民共和国森林法实施条例》《中华人民共和国审计法实施条例》《中华人民共和国烟草专卖法实施条例》《中华人民共和国进出境动植物检疫法实施条例》《中华人民共和国预算法实施条例》《中华人民共和国个人所得税法实施条例》《中华人民共和国水土保持法实施条例》《中华人民共和国标准化法实施条例》。

经济法理论研究的观点，上述这六部法律也经常被归入广义上经济法的范畴，或者至少与经济法有密切关系，因为它们也涉及市场监管或者生产经营活动中的公共利益问题。故此，如果加上这六部法律实施条例，那么国务院制定的具有行政法规性质的 32 部法律实施条例中，有近三分之二属于经济法领域的实施条例。

工具意义上的"实施条例"对经济法实施的作用主要体现在以下几方面。

一是解释法律概念。以《外商投资法实施条例》为例，其第 3 条解释了《外商投资法》第 2 条第 2 款第（1）项、第（3）项所称的"其他投资者"，认为该概念"包括中国的自然人在内"；第 10 条解释了《外商投资法》第 13 条所称的"特殊经济区域"，认为该概念是指"经国家批准设立、实行更大力度的对外开放政策措施的特定区域"；第 27 条解释了《外商投资法》第 25 条所称的"政策承诺"，认为该概念是指"地方各级人民政府及其有关部门在法定权限内，就外国投资者、外商投资企业在本地区投资所适用的支持政策、享受的优惠待遇和便利条件等作出的书面承诺"。

二是细化法律的一般规定或原则性规定。例如，根据《统计法》第 37 条第（4）项规定，如果地方人民政府、政府统计机构或者有关部门、单位的负责人"对本地方、本部门、本单位发生的严重统计违法行为失察"，则应当"由任免机关或者监察机关依法给予处分，并由县级以上人民政府统计机构予以通报"。《统计法实施条例》第 40 条进一步细化了《统计法》第 37 条第（4）项所称的"对严重统计违法行为失察"的具体情形，包括：（1）本地方、本部门、本单位大面积发生或者连续发生统计造假、弄虚作假；（2）本地方、本部门、本单位统计数据严重失实，应当发现而未发现；（3）发现本地方、本部门、本单位统计数据严重失实不予纠正。

三是规定相关法律事项的具体履行程序。比如，根据《药品管理法》第 74 条规定，"医疗机构配制制剂，应当经所在地省、自治区、直辖市人民政府药品监督管理部门批准，取得医疗机构制剂许可证。无医疗机构制剂许可证的，不得配制制剂。医疗机构制剂许可证应当标明有效期，到期重新审查发证"。但《药品管理法》本身并未进一步规定《医疗机构制剂许可证》如何取得。《药品管理法实施条例》第 20 条、第 21 条、第 22 条补充规定了《医疗机构制剂许可证》申领流程：（1）医疗机构设立制剂室，应当向所在地省、自治区、直辖市人民政府卫生行政部门提出申请，经审核同意后，报同级人民政府药品监督管理部门审批；省、自治区、直辖市人民政府药品监督管理部门验收合格的，予以批准，发给《医疗机构制剂许可证》。

（2）省、自治区、直辖市人民政府卫生行政部门和药品监督管理部门应当在各自收到申请之日起 30 个工作日内，作出是否同意或者批准的决定。（3）医疗机构变更《医疗机构制剂许可证》许可事项的，应当在许可事项发生变更 30 日前，依照前述规定向原审核、批准机关申请《医疗机构制剂许可证》变更登记；未经批准，不得变更许可事项。原审核、批准机关应当在各自收到申请之日起 15 个工作日内作出决定。（4）医疗机构新增配制剂型或者改变配制场所的，应当经所在地省、自治区、直辖市人民政府药品监督管理部门验收合格后，依照前款规定办理《医疗机构制剂许可证》变更登记。（5）《医疗机构制剂许可证》有效期为 5 年。有效期届满，需要继续配制制剂的，医疗机构应当在许可证有效期届满前 6 个月，按照国务院药品监督管理部门的规定申请换发《医疗机构制剂许可证》。

四是对法律规定的缺省事项进行补充规定。例如，根据《土地管理法》第 68 条，县级以上人民政府自然资源主管部门履行监督检查职责时，有权要求被检查的单位或者个人提供有关土地权利的文件和资料，进行查阅或者予以复制；或者要求被检查的单位或者个人就有关土地权利的问题作出说明；或者进入被检查单位或者个人非法占用的土地现场进行勘测；或者责令非法占用土地的单位或者个人停止违反土地管理法律、法规的行为。行政机关认为，上述措施尚不全面，为此通过《土地管理法实施条例》作出了补充规定。该《条例》第 52 条规定，自然资源主管部门、农业农村主管部门按照职责分工进行监督检查时，除采取《土地管理法》第 68 条规定的措施外，还可以采取下列措施：（1）询问违法案件的当事人、嫌疑人和证人；（2）进入被检查单位或者个人非法占用的土地现场进行拍照、摄像；（3）责令当事人停止正在进行的土地违法行为；（4）对涉嫌土地违法的单位或者个人，停止办理有关土地审批、登记手续；（5）责令违法嫌疑人在调查期间不得变卖、转移与案件有关的财物；（6）对拒不停止违反土地管理法律、法规行为的，可以采取查封、扣押施工设备和材料等方式制止。

4. 通过司法政策、司法解释或其他司法文件规定法律实施问题

司法审判是法律实施（法律适用）的重要途径之一。早在 2011 年，"为适应中国特色社会主义法律体系形成后人民法院面临的新形势、新任务和新要求，正确履行宪法法律赋予的神圣职责，切实维护宪法法律尊严"，最高人民法院专门出台《关于人民法院加强法律实施工作的意见》，其依据是，"中国特色社会主义法律体系形成后，总体上解决了有法可依的问题，而坚持有法必依、执法必严、违法必究，进一步强化法律实施的要求将更加突出和紧迫"。

多年来，最高人民法院经常通过司法政策、司法解释、司法指导意见、审判工作会议纪要甚至书面接受媒体采访等形式，对各级法院的审判工作作出指导。其中，司法解释的地位无疑最为重要。从法律文件的形式来看，根据《最高人民法院关于司法解释工作的规定》，司法解释分为"解释""规定""批复"和"决定"四种：(1)对在审判工作中如何具体应用某一法律或者对某一类案件、某一类问题如何应用法律制定的司法解释，采用"解释"的形式；(2)根据立法精神对审判工作中需要制定的规范、意见等司法解释，采用"规定"的形式；(3)对高级人民法院、解放军军事法院就审判工作中具体应用法律问题的请示制定的司法解释，采用"批复"的形式；(4)修改或者废止司法解释，采用"决定"的形式。

有必要指出的是，从内容和功能来看，最高法院的司法解释并不限于对全国人大及其常委会制定的法律概念或法律条文的含义作出阐释，有的司法解释也可能对法律制度的适用程序、适用标准等问题作出规定。这些规定属于广义上法律实施规则的类型之一，是构成广义上法律实施机制的重要基础。

比如在证券法领域，对于投资者提起证券民事赔偿诉讼的问题，2019年之前的《证券法》并未专门规定特殊的诉讼制度。相反，最高法院曾于2002年和2003年出台了《关于受理证券市场因虚假陈述引发的民事侵权纠纷案件有关问题的通知》和《关于审理证券市场因虚假陈述引发的民事赔偿案件的若干规定》，要求投资者对商事公司虚假陈述提起的民事赔偿诉讼，应以行政机关的行政处罚决定或人民法院的刑事裁判为前置条件。这一规定一直持续适用到2015年才被废止——彼时，最高法院是以《关于当前商事审判工作中的若干具体问题》这种非司法解释性质的法律文件的形式提出了制度改革的决定。① 这意味着，在2015年之前相当长的一段时间内，如果上市公司存在虚假陈述等侵权行为，投资者通过民事诉讼程序寻求赔偿的难度很大。在当时的制度环境下，投资者并非没有权利起诉，而是由投资者个人对上市公司提起民事赔偿诉讼的成本太高。

2019修订的《证券法》第95条新设了投资人代表诉讼制度。根据其规定，投资者提起虚假陈述等证券民事赔偿诉讼时，诉讼标的是同一种类，且当事人一方人数众多的，可以依法推选代表人进行诉讼。对按照前款规

---

① 2015年12月24日，最高人民法院在《关于当前商事审判工作中的若干具体问题》的文件中指出，"根据立案登记司法解释规定，因虚假陈述、内幕交易和市场操纵行为引发的民事赔偿案件，立案受理时不再以监管部门的行政处罚和生效的刑事判决认定为前置条件"。

定提起的诉讼，可能存在有相同诉讼请求的其他众多投资者的，人民法院可以发出公告，说明该诉讼请求的案件情况，通知投资者在一定期间向人民法院登记。人民法院作出的判决、裁定，对参加登记的投资者发生效力。投资者保护机构受 50 名以上投资者委托，可以作为代表人参加诉讼，并为经证券登记结算机构确认的权利人依照前款规定向人民法院登记，但投资者明确表示不愿意参加该诉讼的除外。

代表人诉讼不要求投资者提起民事诉讼必须以被告的行政处罚或刑事判决为前提，同时赋予投资者保护机构原告资格，解决了投资者个人能力不足和"搭便车"的集体行动悖论问题，属于典型的法律实施激励机制。它所要鼓励和支持的，是证券投资者积极适用证券法、公司法等法律所规定的，具有实体法性质的权利规则和权利救济规则。由于代表人诉讼在中国尚属新设制度——有研究者将其称为"中国版的集团诉讼"——因此，为了确保制度得以准确实施，最高法院以司法解释的形式，专门出台了《最高人民法院关于证券纠纷代表人诉讼若干问题的规定》。该规定以"进一步完善证券集体诉讼制度，便利投资者提起和参加诉讼，降低投资者维权成本，保护投资者合法权益，有效惩治资本市场违法违规行为，维护资本市场健康稳定发展"为宗旨，①界定了"证券纠纷代表人诉讼"的概念，将其区分为"加入型的普通代表人诉讼"（即依据《民事诉讼法》第 53 条、第 54 条和《证券法》第 95 条第 1 款、第 2 款规定提起的诉讼），和"声明退出制的特别代表人诉讼"（即依据《证券法》第 95 条第 3 款规定提起的诉讼），同时系统规定了代表人诉讼中的立案登记、先行审查、代表人选定、调解协议确认、诉讼审理与判决、上诉制度、效力扩张、执行与分配等各项重要操作流程内容，也规定了特别代表人诉讼的集中管辖、启动程序、权利登记、投保机构诉讼义务、当事人声明退出、诉讼费用、财产保全等重要问题。这是司法机关推动法律实施的典型例子。

5. 通过地方立法规定法律实施规则

根据《立法法》第 72 条、第 82 条规定，省、自治区、直辖市的人民代表大会及其常务委员会，以及设区的市的人民代表大会及其常务委员会②可以制定地方性法规；省、自治区、直辖市和设区的市、自治州的人民政府，以

---

① 参见《最高人民法院关于证券纠纷代表人诉讼若干问题的规定》正文第一段。

② 《立法法》第72条规定，设区的市的人民代表大会及其常务委会制定地方法规的事项主要集中在城乡建设与管理、环境保护、历史文化保护等方面。

及设区的市、自治州的人民政府①可以制定地方规章。其中，需要制定地方法规的情形之一是"为执行法律、行政法规的规定"，需要制定地方规章的情形之一则是"为执行法律、行政法规、地方性法规的规定需要制定规章的事项"。

在市场经济法制领域，有立法权的地方人大、地方人大常委会以及地方政府专门制定法律实施细则的情况并不鲜见。以《消费者权益保护法》为例，截至目前，北京、广东、天津、浙江、江西、山东、福建等省、市、区的人大常委会都制定了"实施《消费者权益保护法》办法"。② 此外，针对《反不正当竞争法》《产品质量法》《价格法》《政府采购法》《招标投标法》《标准化法》《食品安全法》《广告法》《循环经济促进法》等法律，多个省、市、区的人大常委会也相应制定了"实施办法"。

从内容来看，地方立法机关制定的"实施办法"，既包括实体法规则，也包括程序法意义上的实施规则。例如，《山东省实施〈中华人民共和国产品质量法〉办法》第二章（第7条至第18条）的12个条文，即全部是关于监督检查问题的实施规则，其详细规定了监管部门开展产品质量监督检查的工作规划、监督检查的重点产品、监督检查的方式、监督检查的间隔期限、执法人员的工作规范、判定产品质量的标准、检查检验结果的告知与公示、检验机构及其工作人员的资质资格、被检查对象的配合义务等内容。

再以《政府采购法》为例。《政府采购法》第四章规定了"政府采购程序"（第33条至第42条），但其仅设置了10个条文。考虑到采购程序是否公正、透明本身是政府采购法的核心问题，因此一些地方立法在制定实施细则时，重点扩充和细化了采购程序的法律条文。例如广东省人大常委会制定的《广东省实施〈中华人民共和国政府采购法〉办法》，其第三章（第22条至第53条）即以32个条文翔实规定了政府采购的若干重要细节。除此之外，青海省、海南省也都制定了类似的关于政府采购法的实施办法。

（三）通过实施规则构造实施机制的路径

上文归纳了法律实施规则的立法模式，其论述的是立法形式意义上的问题。下文将从法律条文内容以及不同法律条文之间关系的角度，重点论

---

① 《立法法》第82条规定，设区的市的人民政府制定地方规章的事项主要集中在城乡建设与管理、环境保护、历史文化保护等方面。

② 上海市和重庆市的人大常委会没有采用"实施《消费者权益保护法》办法"的立法模式，而是单独制定了地方法规性质的《消费者权益保护条例》。

述法律实施规则如何构造法律实施机制。如前所述,立法机关可以制定专门的程序法、法律实施条例以及与法律实施有关的司法解释或地方立法,此外也可能在一部实体法性质的法律中同时规定一些法律实施规则,以此推动法律实体规则的实施。为了进一步分析法律实体规则与实施规则之间的内在逻辑关系,论证实施规则如何构造实施机制,下文将提出"显性路径"和"隐性路径"两个概念。其中,隐性路径是本书重点讨论的问题。

　　显性路径是指通过立法明确地、直截了当地规定法律实施(适用)的主体、对象、程序、期限及相关法律责任等内容,以此作为法律实体规则实施(适用)的程序性依据。前文论及法律实施规则立法模式的那些内容,基本上都体现了法律实施规则构造法律实施机制的显性路径。

　　综合立法实践来看,通过显性路径规定的法律实施规则至少包括以下多种类型:一是规定法律实施的主体。① 二是规定法律实施的对象。② 三是规定法律实施的方法。③ 四是规定法律实施的流程。④ 五是规定法律实施的期限。⑤ 六是规定法律实施的责任(包括责任的减轻、豁免)与惩罚。⑥ 七是规定对法律实施的鼓励、支持和奖励。⑦

　　与显性路径有所不同,隐性路径是指,在市场经济法律制度体系中,立法机关规定的一些法律条文表面上具有实体法性质,或者说,是以实体法形式呈现——其界定了相关主体的权利义务,但这些条文的立法目的并不只是界定权利义务,同时还可以实质影响其他实体法规则的适用(实施)。此处所称的实质影响,主要体现为对其他实体法规则适用的引导、鼓励、支持,或者限制、约束。

　　我们可以以《公司法》规定的有限责任公司股东出资制度为例,解释隐性路径问题。我国《公司法》对有限责任公司股东出资的规定,经历了从"设定最低出资标准 + 要求全额实缴"(1993 年《公司法》),到"适度降低最低出资标准 + 允许分期缴纳出资"(2005 年《公司法》),再到"取消最低出资标准 + 允许认缴"(2014 年《公司法》)的制度变迁历程。现行《公司法》第 26 条规定,"有限责任公司的注册资本为在公司登记机关登记的

---

①　例见《商业银行法》第 62 条。
②　例见《外商投资法》第 2 条。
③　例见《广东省市场监管条例》第 28 条。
④　例见《土地管理法》第 47 条。
⑤　例见《审计法》第 40 条。
⑥　例见《禁止滥用市场支配地位行为暂行规定》第 37 条。
⑦　例见《疫苗管理法》第 63 条。

全体股东认缴的出资额",该法第 28 条规定同时规定,"股东应当按期足额缴纳公司章程中规定的各自所认缴的出资额"。据此,理论上有限责任公司的股东可以选择设立"一元公司"。

　　这种宽松的股东出资制度有利于降低市场准入门槛,鼓励大众创业,营造便利化的营商环境。但实务界有所担忧的是,如果有限责任公司的股东认缴出资后怠于履行实缴义务,此时对于公司债权人的权利是否构成重要威胁? 为解决这一问题,《公司法》第 199 条进一步规定,"公司的发起人、股东虚假出资,未交付或者未按期交付作为出资的货币或者非货币财产的,由公司登记机关责令改正,处以虚假出资金额百分之五以上百分之十五以下的罚款"。此条文旨在建立一种惩罚措施,通过追究"未交付或者未按期交付出资"的法律责任,迫使股东(发起人)及时缴纳出资。但进一步的问题是,如果股东在设立公司时即通过章程等法律文件约定漫长的出资缴纳期限,此时《公司法》第 199 条的规定能否有效发挥督促股东出资的作用? 理论界和实务界对此仍有担忧。①

　　值得关注的是,《公司法》第 34 条规定,"股东按照实缴的出资比例分取红利;公司新增资本时,股东有权优先按照实缴的出资比例认缴出资。但是,全体股东约定不按照出资比例分取红利或者不按照出资比例优先认缴出资的除外"。这一条文从表面上看是在规定股东的分红权和新股优先认购权——按传统理论,这显然是实体法层面的问题——然而,如果将第 34 条与第 26 条、第 28 条放置在一起,可以清晰看出,第 34 条实际上为第 26 条、第 28 条立法目的的实现提供了一种行为激励。换言之,《公司法》第 34 条一方面是以实体法性质的法律规范出现,但另一方面,它也是一种法律实施规则,可以促进第 26 条、第 28 条的实施。据此,可以将《公司法》第 34 条界定为"实体法规则构造法律实施机制"的一种隐性路径。

　　我们还可通过公司法、证券法关于董事(独立董事)、监事和高管人员职权履行的规定进一步解释隐性路径问题。《公司法》第 46 条、第 49 条、第 53 条分别规定了董事(会)、经理和监事(会)的基本职权。至于上市公司董事(独立董事)、监事和高管人员的职权范围和职权履行问题,《证券法》本身并未从一般法角度作更详尽规定。为了支持上市公司董事(独立

---

　　①　近年来有不少文献围绕股东出资能否加速到期、如何加速到期问题展开深入讨论。参见:(1)钱玉林:《股东出资加速到期的理论证成》,载《法学研究》,2020(6);(2)蒋大兴:《论股东出资义务之"加速到期"——认可"非破产加速"之功能价值》,载《社会科学》,2019(2);(3)刘铭卿:《股东出资义务加速到期研究》,载《政治与法律》,2019(4);(4)李建星:《法定加速到期的教义学构造》,载《法商研究》,2019(1)。

董事)、监事和高管人员积极履行职权,防止他们因担心判断失误导致公司和个人损失等原因而不敢作出决策,证监会专门制定了《证券公司治理准则》,发布了《关于加强社会公众股股东权益保护的若干规定》等法律文件,对董事(独立董事)、监事和高管人员履行职权的费用承担等问题作出规定。

例如,为了支持董事、独立董事勤勉履职,《证券公司治理准则》第28条以一般条款形式规定,"证券公司应当采取措施保障董事的知情权,为董事履行职责提供必要条件"。《关于加强社会公众股股东权益保护的若干规定》第2条第(3)项则明确指出,"重大关联交易、聘用或解聘会计师事务所,应由二分之一以上独立董事同意后,方可提交董事会讨论。经全体独立董事同意,独立董事可独立聘请外部审计机构和咨询机构,对公司的具体事项进行审计和咨询,相关费用由公司承担"。为了支持监事积极履行职权,《证券公司治理准则》第47条规定,"证券公司应当采取措施保障监事的知情权,为监事履行职责提供必要的条件"。第52条进一步规定,"证券公司监事会可要求公司董事、高级管理人员及其他相关人员出席监事会会议,回答问题。监事会可根据需要对公司财务情况、合规情况进行专项检查,必要时可聘请外部专业人士协助,其合理费用由证券公司承担。监事会对公司董事、高级管理人员履行职责的行为进行检查时,可以向董事、高级管理人员及公司其他人员了解情况,董事、高级管理人员及公司其他人员应当配合"。表面上看,上述条文规定的是独立董事有聘请外部审计的权利,以及监事有检查、调查的权利。但从另一个角度观察,这些规则、制度实际上是通过隐性路径,构成了鼓励、支持上市公司董事(独立董事)、监事和高管人员遵守和适用《公司法》第46条、第49条、第53条,勤勉履行各自职权的保障措施。这些措施,是公司法实施机制的组成部分。[①]

三、法律实施机制的主要类型

将对象类型化是社会科学研究的基本方法,其原理是通过确立一项抽象的、周延的区分标准,把诸多分散的研究对象进行归类,以便更加清晰地

---

① 除此之外,原银监会出台的《股份制商业银行独立董事和外部监事制度指引》第30条、第31条等规定,《信托公司治理指引》第33条、第39条、第48条、第50条、第53条等规定,以及原保监会出台的《保险公司董事会运作指引》第24条、第25条、第27条、第32条、第34条、第35条、第36条、第84条等规定,《保险公司独立董事管理暂行办法》第22条、第26条、第27条、第30条等规定,也都体现了以实体法规则构造法律实施机制的隐性路径。

理解研究对象，以及开展对更复杂的问题的分析。通过对现有法律制度的综合分析，以法律实施主体、实施方式、实施途径、实施方式为标准，分别可以把法律实施区分为公共实施与私人实施、集中实施与分散实施、强制实施与任意实施、惩罚实施与激励实施等类型。

（一）公共实施与私人实施

根据法律实施主体身份性质的不同，可以将法律实施分为公共实施和私人实施。具体到市场经济法律实践领域，公共实施主要表现为行政监管部门、检察机关依法开展市场监管、查处违法行为、维护市场秩序，或者法院依法审判案件、解决法律纠纷；私人实施主要体现为经营者依据法律制度开展生产经营活动，市场中介组织依据法律制度提供中介性的市场服务，或者消费者依据法律制度维护自身权益等。有研究者指出，"法律私人实施一般是事后实施，而公共实施则很注重事前实施，从而在一定程度上防止违法现象出现"。① 在理论层面，法律的公共实施与私人实施有明显区别，但在实践中，两者并非完全泾渭分明。事实上，法律的公共实施和私人实施经常汇集于同一个案。比如，企业 A 发现企业 B 侵犯其商业秘密，即聘请律师、收集证据并依据《反不正当竞争法》等法律法规向法院起诉，此过程是法律的私人实施；法院立案后，依法组织开庭，公开审理并作出判决，此过程则是法律的公共实施。

在"公共实施—私人实施"这一分析框架下，宏观调控法的实施模式与市场监管法的实施模式有较大区别。宏观调控是国家为预防和克服市场失灵所可能导致的整体经济失衡问题而采取的调节与控制，就其特点而言：一是制定宏观调控政策、实施宏观调控行为的主体只能是国家而不是市场主体，甚至也不是具体的市场监管部门；二是相比于市场监管，宏观调控对市场经济活动的影响以及对市场主体的行为引导和约束具有间接性而非直接性；三是基于宏观调控的抽象性（绝大多数宏观调控行为都不是体现为具体行政行为），以及由于宏观调控本身并未直接影响特定市场主体的具体权益，国家宏观调控行为几乎都不具有可诉性，市场主体或社会公众很难以原告资格，依据宏观调控法条文提起一项诉讼。这就决定了，宏观调控法的实施以公共实施模式为主，即主要由负责产业规划、预算调

①　Xu Chenggang and Pistor Katharina. Law Enforcement Under Incomplete Law：Theory and Evidence from Financial Market Regulation. *SSRN Electronic Journal*（Mar. 2003），DOI：10.2139/ssrn. 396141.

控、财政管理的行政部门实施宏观调控法律、落实国家经济政策。当然,如果我们愿意从广义上把市场主体遵守宏观调控法、遵循国家宏观调控政策开展经营这一守法过程也理解为宏观调控法的实施,那么在此宽泛视野下,宏观调控法的实施才有可能与市场主体产生关联关系。

与上述不同,市场监管法的实施所呈现出来的,是公共实施与私人实施并存并重的情景。市场监管法的公共实施主要是针对监管者而言。市场监管本质是公权力的强制行使,监管主体资格由立法确定,监管权力由立法赋予,监管内容及职能职责由立法明确,监管程序也由立法设定。在此基础上,市场监管部门依据市场监管法行使监管权的过程,具有典型的市场监管法公共实施特点。对于市场监管法的私人实施,须从两个层面理解。

其一,市场监管行为通常体现为具体行政行为(行政许可、行政强制、行政处罚等),而市场主体是市场监管的对象,或者说,是市场监管行政行为的相对人。根据行政法的基本原则和制度,法律必须为市场主体提供必要的权利救济途径,如申诉的权利、申请听证的权利、提起行政复议或行政诉讼的权利,等等。在此过程中,市场主体行使权利的依据一方面来自《行政许可法》《行政强制法》《行政处罚法》,另一方面则来自市场监管法领域的各个单行法。例如,《反垄断法》《证券法》《食品安全法》《药品管理法》等法律法规都有一定数量的条文规定,在相应的市场监管过程中,被监管对象享有哪些权利以及如何行使这些权利。在此情况下,市场主体依据市场监管法寻求权利救济的过程中,实际上就是市场监管法的私人实施。

其二,市场监管法具有"公"与"私"的双重性质。"公"的性质即上文所述的行政监管部门依据市场监管法行使监管权力的问题。在此意义上,市场监管法既是监管部门行使行政权力的法律依据,也是市场主体维护其在被监管过程中作为行政相对人的权利的法律依据。与上述不同的,"私"的性质则是指,相当一部分的市场监管法在规范行政监管权行使之外,也规定了大量法律条文,可供市场主体在相关民事诉讼程序中适用。比如根据《证券法》的规定,如果上市公司存在虚假陈述或内幕交易等损害证券投资者权益的行为,投资者可以提起民事诉讼要求上市公司赔偿损失;在反不正当竞争法领域,如果某企业存在虚假宣传、诋毁其他企业声誉或侵犯其他企业商业秘密的行为,则权利受损的企业可以依据《反不正当竞争法》提起民事诉讼,诉请侵权者赔偿损失。这些例子都是市场监管法私人实施的典型体现。有研究者指出,从市场主体的角度来看,影响商人们在"合同的法律强制"(依据制定法)以及"合同的法外强制"(依据自治规范)之间作出选择的因素是"在法律强制之外当事人之间协商以及达成约定所需要的交易成本"。①

(二)集中实施与分散实施

集中实施与分散实施的区分标准,是是否有相对统一的组织或机构专门负责某一部法律法规的实施。结合中国实践现状,与市场经济活动密切相关的法律的集中实施与分散实施可从两个层面理解。

首先,从公共实施与私人实施的比较来看,法律的公共实施通常是通过集中实施实现的,即国家设立有专门的行政执法部门和司法审判机关统一负责法律实施,其本质是公权力的集中行使,具有强制性,需遵循"法无授权即禁止"的规则。将公共实施理解为集中实施,有些情况下我们需要借助"组织系统"的概念。比如,根据《宪法》和《人民法院组织法》的规定,司法审判工作由最高人民法院和各地、各级人民法院负责。如果考虑到省市区各级法院的数量非常庞大,那么司法审判意义上的法律实施看起来似有分散实施的特点,但如果引入"法院系统"这一概念,我们有理由认为,司法审判意义上的法律实施的本质,是法院系统的集中实施。相对而言,法律私人实施通常属于真正的分散实施,主要表现为市场主体各自通过民事诉讼、仲裁或企业内部治理等途径适用法律。在分散实施的情况下,市场主体适用法律可能是自愿的(主要指对权利规则的适用以及对权利的享有),也可能是"被强制"的(主要是指对义务规则的遵守以及对义务的履行)。但无论是权利规则的适用还是义务规则的适用,法律私人实施一般都取决于市场主体之间分散式的个体行动(而非集体行动)决策。

其次,如果进一步细分,公共实施内部也可再区分出集中实施和分散实施两种情况。比如市场监管领域,在国家实行"大部制"改革之前,工商行政管理、食品药品监督管理、产品质量监督管理和检验检疫、价格监督检查与反垄断执法、经营者集中反垄断执法、反垄断综合协调及政策研究等方面的法律实施工作,分别由原国家工商行政管理总局、国家食品药品监督管理总局、国家质量监督检验检疫总局、国家发展和改革委员会、商务部和国务院反垄断委员会(办公室)负责,这是市场监管法分散实施的体现。2018 年 4 月,根据十三届全国人民代表大会第一次会议批准的国务院机构改革方案,国家市场监督管理总局正式成立,上述涉及市场监管的各项

---

① 　Lisa Bernstein. Opting Out of the Legal System: Extralegal Contractual Relations in the Diamond Industry. *The Journal of Legal Studies*. Vol. 21 (Jan. 1992), pp. 115-157.

工作及相应的法律实施,自彼时开始统一由国家市场监督管理总局负责,这是市场监管法集中实施的体现。上述从分散实施到集中实施的转变,在《反垄断法》实施问题上体现最为明显(详见图2)。

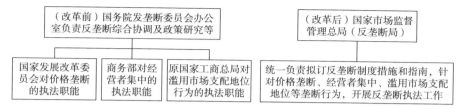

图2　国家市场监督管理总局成立后,《反垄断法》从分散实施改变为集中实施

　　与反垄断法情况类似,在金融法领域,法律的公共实施(主要是指金融监管)也可能存在集中实施与分散实施之分。金融行业的经营模式历来有混业经营和分业经营两种类型。前者是指银行、保险、证券等金融企业的经营业务互相交叉、融合,某一类金融企业除经营自身主营业务之外,一定程度上还可以同时经营其他类型的金融业务;后者则是指严格区分银行、保险、证券等金融业务的经营资格,每一类业务只能由一类金融企业经营。

　　从长期来看,国家对混业经营与分业经营的模式选择是动态调整的。在20世纪90年代资本市场初步建立的时候,由于当时监管经验的欠缺、政策导向不明确以及相应的立法尚未完善,金融企业大多处于混业经营状态,由此导致了资金放贷不规范等问题。1995年之后,国家先后制定了《人民银行法》《商业银行法》《证券法》,以此为起点,开始确立金融领域分业经营模式。与此相关的,银行、保险、证券三大领域的监管部门,也从早期由中国人民银行统一监管逐步改为分别由中国银行业监督管理委员会(以下简称银监会)、中国保险监督管理委员会(以下简称保监会)和中国证券监督管理委员会(以下简称证监会)负责。在此过程中,金融法律法规和相关金融政策的实施体现了从集中实施到分散实施的变化。

　　2018年3月,根据十三届全国人民代表大会第一次会议批准的国务院机构改革方案,国务院将银监会和保监会合并,组建了中国银行保险监督管理委员会(以下简称银保监会);同时将原银监会拟订银行业重要法律法规草案的职责和保监会拟订保险业重要法律法规草案的职责划入中国人民银行。据此,至少在银行业和保险业,法律法规和相关监管政策的实施又重新呈现出分散实施向集中实施的转变。在改革监管机构的同时,或许是为了增强国内金融企业的国际竞争力和影响力,国家关于金融企业分业经营的政策导向似乎也有所松动。2020年7月,资本市场盛传监管部门将试点改革向银行颁发从事证券业务的许可证（证券牌照），证监会对此并未否定，而是回应称"正在讨论中"。随后，2020 年 8 月，证监会发布通知，就《证券公司租用第三方网络平台开展证券业务活动管理规定（试行）》草案公开征求意见。该《规定》第 5 条第（3）项要求，"证券公司租用商业银行、保险公司的网络平台开展证券业务活动的，证券公司与相关商业银行、保险公司应当存在股权控制关系，或者由同一金融控股公司控制。金融控股公司的认定应当符合中国人民银行的有关规定"。

2023 年 3 月，第十四届全国人民代表大会第一次会议审议批准了国务院关于提请审议国务院机构改革方案的议案，决定在中国银行保险监督管理委员会的基础上组建金融监督管理总局，统一负责除证券业之外的金融业监管，强化机构监管、行为监管、功能监管、穿透式监管、持续监管，统筹负责金融消费者权益保护，加强风险管理和防范处置，依法查处违法违规行为，同时将中国人民银行对金融控股公司等金融集团的日常监管职责、有关金融消费者保护职责，中国证券监督管理委员会的投资者保护职责划入国家金融监督管理总局。此外，国家还将证监会调整为国务院直属机构，并建立以中央金融管理部门地方派出机构为主的地方金融监管体制，统筹优化中央金融管理部门地方派出机构设置和力量配备。至此，金融法从分散实施到集中实施的趋势进一步强化。

（三）强制实施与任意实施

按照某项法律的实施是否具备法定强制性，可将法律的实施区分为强制实施与任意实施。通常情况下，任意实施主要由市场主体通过私人实施实现；而强制实施则有两种情况，其既可能由公权机关通过公共实施途径实现，也可能由市场主体通过私人实施途径实现。

其一，就公共实施而言，市场监管法中涉及监管部门履行监管职责的那些规定，就是典型的强制实施的对象。比如《证券法》第 178 条规定，国务院证券监督管理机构依法对证券市场实行监督管理，维护证券市场秩序，保障其合法运行。相关的，该法第 179 条至第 182 条进一步细化规定了国务院证券监督管理机构应如何实行监督管理。这些条文都是以公共实施实现强制实施的体现。

其二，就私人实施而言，市场监管法也有很多内容规定了市场主体"应当如何行为"或者"不得如何行为"。对于市场主体而言，这些规定必须得到强制实施（市场主体必须遵守），但这种情况下的强制实施并不依赖于公权机关，而是由市场主体通过私人实施实现。比如《产品质量法》第 29

条至第 32 条分别规定,生产者不得生产国家明令淘汰的产品、不得伪造产地,不得伪造或者冒用他人的厂名、厂址,不得伪造或者冒用认证标志等质量标志,不得掺杂、掺假,不得以假充真、以次充好,不得以不合格产品冒充合格产品。如果生产者遵循上述规定从事生产经营,则其行为是"以私人实施实现强制实施"的体现。

与实施途径相关的问题是,法律强制实施和任意实施所可能导致的法律后果并不相同。在应当强制实施而未实施的情况下,将会产生法律责任,但在任意实施的情况下,"法律是否被实施"本身并不是判断"相关主体是否需要承担法律责任"的必然标准。其中,对应于上文分析的"通过公共实施实现强制实施"的问题,强制实施所可能导致的法律责任也有两种情况。

第一,有一些法律制度,按其属性必须由公共机关强制实施,因此对于有法律实施法定职责的公权机关,如其怠于适法履责,则可能构成行政不作为甚至构成刑法意义上的渎职行为。比如《反垄断法》第 44 条规定,"反垄断执法机构对涉嫌垄断行为调查核实后,认为构成垄断行为的,应当依法作出处理决定,并可以向社会公布"。该法第 54 条进一步规定,"反垄断执法机构工作人员滥用职权、玩忽职守、徇私舞弊或者泄露执法过程中知悉的商业秘密,构成犯罪的,依法追究刑事责任;尚不构成犯罪的,依法给予处分"。

第二,有一些法律实施,按其属性必须由市场主体自行遵守,因此对于该法律适用范围内的市场主体,如其未遵守法律、履行义务,则需承担相应的法律责任。比如《商业银行法》第 61 条规定,"商业银行应当按照规定向国务院银行业监督管理机构、中国人民银行报送资产负债表、利润表以及其他财务会计、统计报表和资料"。该法第 75 条进一步规定,商业银行"提供虚假的或者隐瞒重要事实的财务会计报告、报表和统计报表的","由国务院银行业监督管理机构责令改正,并处 20 万元以上 50 万元以下罚款;情节特别严重或者逾期不改正的,可以责令停业整顿或者吊销其经营许可证;构成犯罪的,依法追究刑事责任"。

法律强制实施与任意实施的成本不同。一般情况下,强制实施需要耗费更多的公共资源。这种公共资源通常是以财政支出为基础的。比如,需要建立专门的法律实施机构,聘用专门的工作人员并支付其工作报酬,设置办公场所和相关的设施设备,等等;另外,法律实施的公共机构在每次监督检查和执法过程中,还需要耗费不少成本。有必要指出的是,在此强调法律强制实施需要耗费相对多的公共资源,并不意味着法律的任意实施就不需要耗费成本,只不过在大多数任意实施的情况下,法律实施的成本由私人承担了。比如《消费者权益保护法》第 40 条规定,"消费者或者其他受害人因商品缺陷造成人身、财产损害的，可以向销售者要求赔偿，也可以向生产者要求赔偿"。此条文赋予消费者侵权损害赔偿请求权，但消费者是否行使这一请求权，完全取决于他的个人决策。换言之，这是法律任意实施的问题。如果消费者最终决定通过民事诉讼行使这一权利，那么他就需要自行承担相应的权利救济成本。事实上，这种成本并不低廉，因此实践中消费者遭遇经营者侵权之后选择忍气吞声、放弃权利救济的情况并不少见，也因此，立法机关才会在《消费者权益保护法》中规定公益诉讼制度。

（四）惩罚实施与激励实施

惩罚实施也可称为威慑实施，它是指通过法律责任的追究形成惩罚与威慑，由此促使市场主体不得不遵守和适用法律规则。激励实施，亦即本书所定义的核心概念，具体是指通过正向激励或责任减免等措施促使市场主体主动遵守和适用法律规则。

惩罚实施与激励实施是本书的重点研究对象，如何处理两者的关系（尤其是如何强化激励实施机制的功能）亦是本书主要论题，后文第四章对此将有专门论述。考虑在现有的法律制度框架下，惩罚型实施是已被广泛运用的法律实施机制，而激励型实施在某些法律法规中也有一定的体现（尽管这种实施机制仍不完善），因此从实证研究的客观性、逻辑分析的周延性和理论论述的体系性角度考虑，在考察法律实施现状时，有必要将惩罚型实施机制和激励型实施机制也归纳至此，并结合上文已提及的其他类型的法律实施机制，对惩罚与激励的实践特点先作必要的简述。

惩罚型实施机制的运作基础具有综合性——其既可能依托于公共实施，也可能依托于私人实施；既可能是集中实施模式，也可能是分散实施模式；既可能是强制实施性质的，也可能是任意实施性质的。

立法目的的实现需以国家强制力为保障，而这种强制力的体现，归根到底是以法律责任的追究作为主要的威慑手段。法律责任体系中，民事责任、刑事责任、行政责任是传统的三种基本类型。在经济法领域，立法未赋予其独立责任形态，而是将其责任分解到民事责任、行政（法）责任和刑事责任范畴，所涉及的诉讼机制也相应依赖于传统的民事诉讼、行政诉讼和刑事诉讼。

刑事责任和行政（法）责任是典型的公法意义上的责任，相关违法事实的认定、法律责任的追究以及惩罚措施的执行需依赖于公共实施机制，且具有强制实施和集中实施的性质。与此不同的是，民事诉讼以"不告不理"为基本原则。据此，民事责任的追究通常取决于权利人的意思自治。只有在权利人启动权利救济程序的情况下，惩罚型实施机制才有实际运作的可能性。需要强调的是，民事责任的追究不仅可以通过民事诉讼程序实现，也可以通过非诉讼性质的多元纠纷解决机制（如调解或合法的私力救济）实现。比如企业 A 诋毁企业 B 的商誉，存在不正当竞争行为，企业 B 向企业 A 发去律师函，要求其停止侵权行为、赔礼道歉并赔偿损失，否则将提起诉讼并通过媒体公开报道。在证据充分的情况下，企业 A 为了降低纠纷解决成本，决定接受企业 B 的要求，主动承担各种民事法律责任。上述分析表明，涉及民事责任的惩罚型实施同时也具有任意实施、分散实施的性质。

法律实施的激励机制可能以公共实施或私人实施，以及集中实施或分散实施作为运作基础。比如，市场监管部门为了提高市场监管法律法规的实施效率、及时发现和查处市场违法行为，可以建立"吹哨人制度"，规定内部人依法举报违法行为且查证属实的，由监管部门统一给予经济奖励。这种激励机制即具有公共实施、集中实施的性质。再比如，很多公司为了督促高管人员遵守公司法和公司章程、鼓励高管人员勤勉尽责，通常会建立"高管股票期权""公司业绩分成奖励"等激励机制，此种机制即具有私人实施、分散实施的性质。

有必要讨论一下激励实施与强制实施、任意实施的关系。在法律实施激励机制的结构中，提供激励措施的主体有两种类型：一是公权机关，二是私人性质的市场主体。比如上文提及的两个例子，为社会公众提供举报奖励的市场监管部门是公权机关，而为守法尽职的高管人员提供激励的公司则是私人主体。与此相对应的，法律实施激励机制所针对的对象（或者说被激励的主体），广义上也包括公权机关和市场主体。

不过，针对公权机关的激励措施和针对市场主体的激励措施存在较大不同。对于有监管、执法或司法职责的公权机关而言，严格执法、公正司法、准确适用法律是其不得拒绝的法定义务（或称法定职责）。很多法律法规都专门对监管部门实施法律的程序作出规定，明确要求监管部门不得滥用权力，也不得偷懒卸责，否则需要承担公法层面的法律责任。当然，国家也建立了系统的监督、考核和奖励机制，用以奖励在实施法律和勤勉履职工作中表现优秀的公权机关及其工作人员，但是鉴于公权机关实施法律的行为本质是行使公权力，因此相应的激励以荣誉表彰、职务晋升等措施为主，而直接的经济奖励、物质奖励则较为少见。与此不同的是，在法律实施问题上，针对市场主体的激励措施的类型相对要丰富得多，比如金钱利益或者其他物质利益的直接奖励、相关权益的优先享有、市场主体资格资质的获取或升级、法律义务或责任的减免等，都是可选择的激励措施。简言之，在法律实施问题上，针对公权机关的激励措施数量较少，且其行政色彩较浓厚，而针对市场主体的激励措施数量较多，且其经济色彩或者说市场化色彩更为浓厚。

对于被激励的主体而言，接受激励是其权利而非义务。基于"权利可以放弃"的私法规则，被激励的主体有权放弃享受激励机制所带来的权益。但对于提供激励的主体而言，可能需要分情况讨论。在私人主体这一层面上，立法几乎不会强制规定某一私人主体必须为其他主体提供法律实施的激励机制。故此，实践中私人主体建立法律实施激励机制通常是任意性的，或者说，此类实施机制通常是市场主体意思自治的结果。在此情形下，激励的提供者与接受者之间往往构成一种合同关系。典型的比如上文提到的，公司为促使高管人员遵守公司法和公司章程而建立的激励机制，就是公司与其高管人员约定一致的结果。但是在公权机关的层面上，由于立法在某些领域设置了法定激励机制，且规定公权机关是此类激励的提供者，在此情形下，依法执行激励机制是公权机关的法定义务。换言之，此类激励机制具有强制性。如果市场主体履行了激励机制所要求履行的义务，那么市场主体就有权利要求公权机关依法向其提供奖励，否则可以通过行政复议或行政诉讼等程序寻求救济。

四、法律实施机制的改革趋势

关于法律实施机制的改革，可以从不同角度观察和解读。作为与本书论题紧密相关的一个重要背景，下文主要讨论市场监管改革中的"事前监管向事中事后监管转变"问题。近年来，国家出台的若干重要政策以及修改的多部法律，有不少内容是推进市场领域事前监管向事中事后监管转变的。事实上，这一改革趋势并非中国独有。有研究者指出，在事前和事后法律回应之间进行选择，已经成为经济性和社会性规制中永恒的主题。[①]由此产生的相应变化是，市场监管领域的一些法律制度实现了从公共实施到私人实施、从集中实施到分散实施、从强制实施到任意实施以及从惩罚实施到激励实施的转变。

（一）事前监管、事中监管与事后监管的法律构造

在探讨市场监管资源如何优化配置之前，有必要对"事前监管""事中监管"和"事后监管"的基本含义及相关法律规定进行类型化分析。应该

---

① ［英］罗伯特·鲍德温、马丁·凯夫、马丁·洛奇编：《牛津规制手册》，宋华琳等译，31页，上海，上海三联书店，2017。

指出,虽然"事前监管""事中监管"和"事后监管"经常出现在有关市场监管的政策及理论文献中,但它们并未出现在法律条文中,并非规范的立法概念。故此,法律意义上的"事前监管""事中监管"和"事后监管",更多地是从法理角度描述它们的内涵与特点。

1. 事前监管

结合相关法律、政策和文献看,事前监管有两种含义。第一种是指市场监管部门根据立法规定的实体标准(如最低注册资本、特许营业资格、特殊人才资质等)及程序要求(包括审批、许可等),审查并决定是否授予申请人以市场主体资格或相关从业资格。其中,按照商法理论的观点,市场主体资格(即经营者资格)由商主体资格和营业资格两方面构成,前者的获得以经营者取得营业执照为准,后者的获得以经营者取得特定的生产经营许可证为准。这一语境下的事前监管实际上就是市场准入问题,可简称为"市场主体资格的事前监管"。①

市场准入事前监管的设置主要基于三种目的:一是对于国家产业政策明令淘汰和限制的产品、技术、工艺、设备及行为,禁止市场主体进入;二是在允许进入的某些行业,监管部门对申请进入者的经营能力进行事前考查以便排除"滥竽充数者"和"潜在欺诈者",其一般是通过事先设定较高标准并结合核准机制来实现,但对申请进入者数量不做限制;三是在某些行业(如自然垄断行业),监管部门不仅要考虑准入者的经营能力,同时还需控制准入者的数量,这种情况下的监管一般通过特殊个案审批机制来实现。

除此之外,在另外一些情况下,事前监管也可能被用以指称市场监管部门根据立法规定的实体标准(如参与不同市场业务需要的不同的资质要求)及程序要求(包括审批、许可、检验、评估、审查等),审查并决定是否允许申请人实施特定的某种市场行为。这是事前监管的第二种含义,可简称为"特定市场行为的事前监管"。

综合而言,市场领域的事前监管至少包括以下措施:一是设定负面清单,即对禁止准入事项,市场主体不得进入,行政机关不予审批、核准,不得办理有关手续;对许可准入事项,由市场主体提出申请,行政机关依法作出是否予以准入的决定;对市场准入负面清单以外的行业、领域、业务等,各

---

① 按照《反垄断法》《反不正当竞争法》《消费者权益保护法》《价格法》等立法规定,申请人获得市场主体资格之后一般被统称为"经营者",它泛指在市场领域从事商品生产、销售或提供营利性服务的法人、其他经济组织和自然人。本书遵循立法习惯,沿用这一概念。

类市场主体皆可平等进入。① 二是设定准入标准,即对特殊行业经营者进入市场设定最低注册资本(实缴)要求,符合条件者可准予商事登记,② 或者对特殊行业经营者进入市场设定专业人才数量要求,符合条件者可准予申请商事登记。③ 三是特殊资格许可,即对特殊行业的经营者进入市场设定前置许可程序,对符合条件者颁发许可证。④ 四是资质、资格认证,即对特殊行业的经营者设定资质、资格前置认定程序,对符合条件者颁发资格证书或认证证书;⑤或者对特殊领域的经营者设定不同等级的资质标准,每一等级的资质标准对应不同的业务范围,符合条件者可申请不断提高资质认证以便扩大业务范围。⑥ 五是特殊事项审批,即对对特殊行业每一类产品的生产设定事前审批程序,经审核同意者可获得准予生产产品的批文。⑦

2. 事中监管

尽管相关政策文件经常把事中监管和事后监管合称为事中事后监管,以此作为与事前监管相比照的一个概念,但实际上,无论从理论分析角度还是实证分析角度,事中监管和事后监管都各有其含义。

事中监管通常是指市场监管部门根据立法规定的实体标准(如安全标准、卫生标准、质量标准等)及程序要求(主要指特殊事项的审批和许可等),对已获准进入市场的经营者所从事的生产经营活动的过程进行监督管理。事中监管的客体广泛涉及经营者的信息真实性、行为合法性、价格合理性、设备安全性、过程规范性、质量合格性等多个方面,其方式一般表现为抽查。例如,国务院办公厅出台的《关于推广随机抽查规范事中事后监管的通知》指出,推进市场监管改革工作的总体要求之一就是在事中事后监管领域建立健全随机抽查机制,形成统一的市场监管信息平台,探索推进跨部门跨行业联合随机抽查。

综合而言,市场领域的事中监管至少包括以下措施:一是场所设施检查,即对经营者场所、环境、设施、设备及生产经营的管理流程等进行检查。⑧ 二是经营信息核实,即对经营者公示的信息的真实性进行抽查、核

---

① 参见《外商投资法》第 4 条和《外商投资准入特别管理措施(负面清单)(2019 年版)》。
② 参见《保险法》第 69 条。
③ 参见《城市房地产开发经营管理条例》第 5 条。
④ 参见《烟草专卖法》第 3 条、第 6 条。
⑤ 参见《证券发行上市保荐业务管理办法》第 3 条。
⑥ 参见《房地产开发企业资质管理规定》第 18 条。
⑦ 参见《药品管理法》第 29 条。
⑧ 参见《安全生产法》第 59 条。

实。① 三是经营信息备案，即对经营者生产过程的重要信息实行强制记录并要求在较长期限内完整保存。② 四是市场价格检测，即对某些重要的商品或服务的价格进行实时检测，必要时进行价格干预。③ 五是行为实时监督，即对某些特殊行业的生产行为的全过程进行实时监督，发现问题及时纠正。④ 六是内容强制审查，即对经营者实施特定的某种市场行为进一步设定内容审查程序。⑤ 七是资产强制评估，即对经营者实施特定的某种市场行为进一步设定评估程序。⑥

3. 事后监管

相比于事前监管和事中监管，事后监管的内涵更为复杂。首先，如果把事前监管的"事前"理解为经营者进入市场之前，把事中监管的"事中"理解为经营者生产经营的过程，那么按此逻辑，事后监管应是指经营者某项生产经营行为实施完毕时（包括即将完毕），市场监管部门针对经营者生产经营行为的结果是否具备合法性所进行的监管活动（此含义可简述为"结果监管"）。但实际上除此之外，事后监管有时也被笼统理解为市场监管部门对经营者的违法行为进行查处并追究责任。

从法律责任角度界定事后监管的含义，应厘清一个问题：法律责任是立法机关为了确保法律义务得以履行而专门设置的保障措施。而无论事前监管、事中监管还是事后监管，监管通常都表现为市场监管部门为经营者设定义务。不管在事前、事中还是事后监管环节，经营者一旦违反相关义务，都应承担法律责任。可见，法律责任机制并不专属于事后监管，事前监管和事中监管也需要有法律责任制度的配套支持；事后监管也不完全等同于法律责任机制，法律责任制度只是事后监管的常用措施之一。对于那些因事前监管和事中监管而引发的法律责任的追究，不宜将其纳入事后监管的范畴，也不能简单地把市场监管部门对经营者的"究责"一概视为事后监管。

综合来看，市场领域的事后监管至少包括以下几种具体措施：一是产品质量检验，即对经营者最终生产成果的质量进行强制检验。⑦ 二是产品质量抽查，即对经营者最终生产成果的质量进行抽查。⑧ 三是产品质量验

---

① 参见《企业信息公示暂行条例》第 14 条。
② 参见《缺陷汽车产品召回管理条例》第 9 条、第 11 条。
③ 参见《价格法》第 28 条、第 30 条。
④ 参见《建筑法》第 32 条。
⑤ 参见《音像制品管理条例》第 28 条。
⑥ 参见《企业国有资产法》第 47 条。
⑦ 参见《药品管理法》第 47 条。
⑧ 参见《产品质量法》第 15 条。

收,即对经营者最终生产成果的质量进行强制验收。① 四是经营信息规制,即对经营者生产经营异常行为进行信息公示。② 五是强制市场退出,即对停业或未开业超过一定时间的经营者强制其退市。③ 六是追究法律责任,包括民事责任、④行政责任、⑤刑事责任。⑥

(二)事前监管向事中事后监管转变的改革背景

事前监管向事中事后监管转变的改革趋势是在中央提出全面深化改革历史背景下展开的,其目的是更好发挥市场在资源配置中的决定性作用,降低市场主体的制度性交易成本(或称"守法成本"),完善法治化营商环境。2013 年,中国共产党第十八届中央委员会第三次全体会议通过的《关于全面深化改革若干重大问题的决定》对"市场"的地位作出新阐述,⑦强调应当发挥市场在资源配置中的决定性作用,改革市场监管体系。为落实《决定》精神,国务院相继出台了《关于促进市场公平竞争维护市场正常秩序的若干意见》《关于推进国内贸易流通现代化建设法治化营商环境的意见》和《"十三五"市场监管规划》等文件,提出"加快形成权责明确、公平公正、透明高效、法治保障的市场监管格局";"进一步简政放权,加强事中事后监管,推进放管结合、优化服务";"坚持简约监管";"到 2020 年建成体制比较成熟、制度更加定型的市场监管体系",基本形成"宽松便捷的市场准入环境"。与此配套的,为了"整合监管资源,更新监管理念,创新监管方式,提高监管效能",⑧2018 年 3 月,国务院根据中共中央印发的《深化党和国家机构改革方案》组建了国家市场监督管理总局。2013 年至今,国务院已多次公布目录,累计取消数百项事前审批(许可),其中相当一部分

---

① 参见《建筑法》第 61 条。

② 参见《企业经营异常名录管理暂行办法》第 2 条。

③ 参见《公司登记管理条例》第 68 条。

④ 参见《消费者权益保护法》第 52 条。

⑤ 参见《环境保护法》第 60 条。

⑥ 参见《证券法》第 231 条。

⑦ 对于如何认识"市场"和"市场经济"的地位,以及"市场与政府的关系"这些问题,近二十年来党中央相关政策的表述是:(1)1992 年,中国共产党第十四次全体代表大会提出我国经济体制改革的目标是建立社会主义市场经济体制,同时提出要"使市场在国家宏观调控下对资源配置起基础性作用";(2)1997 年,中国共产党第十五次全体代表大会提出"使市场在国家宏观调控下对资源配置起基础性作用";(3)2002 年,中国共产党第十六次全体代表大会提出"在更大程度上发挥市场在资源配置中的基础性作用";(4)2007 年,中国共产党第十七次全体代表大会提出"从制度上更好发挥市场在资源配置中的基础性作用";(5)2012 年,中国共产党第十八次全体代表大会提出"更大程度更广范围发挥市场在资源配置中的基础性作用"。

⑧ 参见张茅:《着力推动市场监管改革创新》,载《学习时报》,2018 年 5 月 2 日第 A2 版。

直接或间接与市场监管有关;而立法机关在过去几年间对部分市场监管法律法规作出的修改,亦不同程度体现了"事前监管向事中事后监管转变"的趋势。2021 年 3 月 11 日,十三届全国人大四次会议表决通过了关于《国民经济和社会发展第十四个五年规划和 2035 年远景目标纲要》的决议。《纲要》提出,"加快转变政府职能,建设职责明确、依法行政的政府治理体系,创新和完善宏观调控,提高政府治理效能"。①

推进上述一系列改革的原因主要在于,此前多年以来中国的营商环境确实存在准入门槛太高、行政审批(尤其事前审批)繁多、企业守法成本较高、市场退出途径不畅等问题。这些问题是相关主体进入市场时首先需要面对的显而易见的困难。对此,不少市场主体及专业研究者早已提出建议,上述问题应是市场监管体系改革的重点对象。为了回应这一实践需求,近年来立法机关陆续修改的《公司法》《证券法》《保险法》《商业银行法》《药品管理法》《食品安全法》《公司登记管理条例》,以及新出台的《外商投资法》《企业信息公示暂行条例》《企业公示信息抽查暂行办法》等法律法规,不同程度上都体现了"事前监管向事中事后监管转变"趋势,一些地方立法机关也正在酝酿和推进市场监管领域的立法创新。②

"国家放宽对经济(企业、市场)的管制(削减、撤销许可、认可权),自然有必要与改革和削减行政机构相结合⋯⋯在此意义上,迫使国家不得不改变对经济干预的规制型态。同时也要求行政部门的许可、认可权的裁量行政必须向依据法律(规则)进行事后规制(行政委员会、法院等对违法行为规制的形式向事后规制)的方向转移"。③ 从政策层面看,近年来中央出台的关于完善市场机制的各项政策中,诸如简政放权、宽进严管、减少审批、负面清单、先照后证等措施所指向的必须取消或简化的事项,大多数也

---

① 《纲要》第二十二章第二节进一步强调,应当深化简政放权、放管结合、优化服务改革,全面实行政府权责清单制度,持续优化市场化法治化国际化营商环境。实施全国统一的市场准入负面清单制度,破除清单之外隐性准入壁垒,以服务业为重点进一步放宽准入限制。精简行政许可事项,减少归并资质资格许可,取消不必要的备案登记和年检认定,规范涉企检查。全面推行"证照分离""照后减证"改革,全面开展工程建设项目审批制度改革。改革生产许可制度,简化工业产品审批程序,实施涉企经营许可事项清单管理。建立便利、高效、有序的市场主体退出制度,简化普通注销程序,建立健全企业破产和自然人破产制度。创新政务服务方式,推进审批服务便民化。深化国际贸易"单一窗口"建设。完善营商环境评价体系。

② 例如,2016 年 7 月广东省人大常委会表决通过的《广东省市场监管条例》,就是国内首次以"一般法"模式,对市场监管中的基本原则、基本制度及其他问题进行立法规定。

③ 〔日〕丹宗昭信、伊从宽:《经济法总论》,吉田庆子译,30 页,北京,中国法制出版社,2010。

正是具备事前监管性质的事项。① 国务院出台的多个文件表明，在直接或间接涉及市场监管方面，至少已累计取消或下放 404 项行政审批、18 项非行政许可审批、76 项资格许可和认定以及 150 项作为审批受理条件的中介服务事项，同时还把 154 项事前审批改为后置审批（参见表二）。另外，截至 2020 年 12 月，国务院决定仍需履行前置审批程序的企业工商登记事项仅有 28 项，需履行前置审批程序的企业变更登记或注销登记的事项也仅有 31 项。② 国家发改委和商务部联合印发的《市场准入负面清单（2019 年版）》相比 2016 年印发的《市场准入负面清单草案（试点版）》，共减少了 197 个事项，同时减少了 288 条具体管理措施（详见表 2）。上述变化很大程度上体现了政府对前文指出的实践问题的积极回应，也体现了与以往市场监管主要强调事前监管的本质区别。在此背景下，市场主体可能认为政府确已将减少事前监管作为改革的共识。

表 2　2013 年 1 月至 2020 年 12 月国务院关于事前行政审批的改革

公告时间及文件号		取消或下放行政审批（许可）		取消职业资格许可和认定		前置审批改为后置审批、备案或承诺		取消非行政许可审批		取消作为审批受理条件的中介服务	
		总数	市场监管领域	总数	市场监管领域	总数	市场监管领域	总数	市场监管领域	总数	市场监管领域
2013 年 5 月 15 日	国发〔2013〕19 号	91	**64**	／	／	／	／	／	／	／	／
2013 年 7 月 13 日	国发〔2013〕27 号	42③	**20**	／	／	／	／	／	／	／	／
2013 年 11 月 8 日	国发〔2013〕44 号	68	**33**	／	／	／	／	／	／	／	／
2014 年 1 月 28 日	国发〔2014〕5 号	82④	**50**	／	／	／	／	／	／	／	／
2014 年 7 月 22 日	国发〔2014〕27 号	45	**17**	11	**10**	31	**29**	／	／	／	／
2014 年 10 月 23 日	国发〔2014〕50 号	58	**35**	67	**15**	82	**79**	／	／	／	／

① 国务院（或国务院办公厅）印发的文件中，有一些即直接点明了事前监管和事中、事后监管的改革问题，如《关于推广随机抽查，规范事中事后监管的通知》《关于"先照后证"改革后加强事中事后监管的意见》等。

② 参见《工商登记前置审批事项目录》和《企业变更登记、注销前置审批事项指导目录》。

③ 该数据包括"全部取消或下放（29 项）"及"部分取消或下放（13 项）"两项数据之和。

④ 该数据包括"64 项行政审批项目"和"18 个子项"两项数据之和。

续表

公告时间及文件号		取消或下放行政审批（许可）		取消职业资格许可和认定		前置审批改为后置审批、备案或承诺		取消非行政许可审批		取消作为审批受理条件的中介服务	
		总数	市场监管领域	总数	市场监管领域	总数	市场监管领域	总数	市场监管领域	总数	市场监管领域
2015 年 2 月 24 日	国发〔2015〕11 号	90	**35**	67	**37**	21	**21**	/	/	/	/
2015 年 5 月 10 日	国发〔2015〕27 号	/	/	/	/	/	/	66①	**18**	/	/
2015 年 10 月 11 日	国发〔2015〕57 号②	62	**21**	/	/	/	/	/	/	/	/
2015 年 10 月 15 日	国发〔2015〕58 号	/	/	/	/	/	/	/	/	89	**47**
2016 年 1 月 20 日	国发〔2016〕5 号	/	/	61	**14**	/	/	/	/	/	/
2016 年 2 月 3 日	国发〔2016〕9 号	152	**26**	/	/	/	/	/	/	/	/
2016 年 2 月 3 日	国发〔2016〕10 号	13	**4**	/	/	/	/	/	/	/	/
2016 年 2 月 3 日	国发〔2016〕11 号	/	/	/	/	/	/	/	/	192	**103**
2017 年 1 月 12 日	国发〔2017〕7 号	38	**15**	/	/	/	/	/	/	/	/
2017 年 1 月 12 日	国发〔2017〕8 号	17	**4**	/	/	/	/	/	/	/	/
2017 年 5 月 7 日	国发〔2017〕32 号	/	/	/	/	5	**5**	/	/	/	/
2017 年 9 月 22 日	国发〔2017〕46 号	52	**17**	/	/	/	/	/	/	/	/
2018 年 8 月 3 日	国发〔2018〕28 号	11	**7**	/	/	/	/	/	/	/	/
2018 年 9 月 30 日	国发〔2018〕33 号	18	**18**	/	/	/	/	/	/	/	/
2018 年 10 月 10 日	国发〔2018〕35 号	2	**2**	/	/	**20**	**20**	/	/	/	/
2019 年 2 月 27 日	国发〔2019〕6 号	31	**18**	/	/	/	/	/	/	/	/
2019 年 9 月 8 日	国发〔2019〕19 号	15	**13**	/	/	/	/	/	/	/	/
2020 年 9 月 10 日	国发〔2020〕29 号	5	**5**								
总　　计		892	**404**	206	**76**	159	**154**	66	**18**	281	**150**

---

① 该数据包括"49 项行政审批项目"和"17 个子项"两项数据之和。

② 该文件取消的是中央原先指定地方实施行政审批的事项。

(三)事前监管向事中事后监管转变的基本原理

以"事前监管向事中事后监管转变"的市场监管立法改革及相关的法律实施机制改革的本质是什么? 是否所有市场领域、针对所有监管事项都可以按此思路进行改革? 如果不是,哪些领域的事前监管措施需要转变为事中事后监管? 哪些领域则不需要甚至不应该转变? 其区分的一般标准(或称"规范性标准")又是什么? 进一步而言,在需要将事前监管转变为事中事后监管的领域,应建立哪些配套措施来确保后者充分发挥预期作用? 诸如上述,是理论层面需要充分分析和论证的问题。否则,我们对相关市场经济法律制度及其实施机制的改革合理与否的评价就可能失去参考标准,立法者、监管者和市场主体也可能无法就改革达成共识。

从比较法视角看,多年来各国在处理市场监管(市场规制)机制改革问题上,几乎都会面临究竟应放松管制还是强化管制的争议,由此带动了监管政策及相关立法改革的"摇摆"。例如,有研究者总结,自 1880 年以来美国就先后出现了四种市场监管模式:一是市场体制(强调促进市场机制,通过行政手段得到类似于市场的结果),二是社团体制(强调促进工业稳定和向受监管利益重新分配国民财富),三是社会体制(强调防治在发达工业化生产中产生的健康和环境危害),四是效率体制(强调取消干预市场机制或施加高额合规成本的政策)。[①]

事实上,无论是主张放松管制还是主张强化监管,无论是主张行政规制还是主张市场自治,无论是主张事前监管优先还是认为事中事后监管更有效,这些争议归根到底都可以统一到一个共同的落脚点来展开分析和辩论——即"市场监管资源有效配置"问题。市场监管是需要支付成本、耗费资源的公共活动,不可否认的一个局限条件是,现实世界中,市场监管的资源(特别是公共资源)有限。任何监管制度的设计和改革都不能脱离这一事实,否则就将成为纸上谈兵的务虚之为。这也意味着,立法机关不仅是"政策到法条的转换人"(或称"法律制度的微观设计者"),更应该是宏观层面上"监管资源的配置者"。具体到市场监管领域,如果立法机关能够认可,改革的最终目标是实现监管效率最大化,那么首先需要考虑的问题显然就应该是"如何合理分配监管资源"。

就此而言,市场监管立法改革实际上是制度层面上行政监管资源的一

---

① [美]马克·艾伦·艾斯纳:《规制政治的转轨》,尹灿译,8 页,北京,中国人民大学出版社,2015。

次重新配置。由于市场监管流程整体上可划分为事前监管、事中监管、事后监管三个环节,其中任一环节所需的监管资源越多、监管成本越高,其他环节所能获得的资源自然就越少。因此,在市场监管资源总量既定情况下,立法者需要关注的核心问题也将随之转换为"如何在事前、事中和事后三个环节之间合理分配监管资源"的问题。

　　一个有效率的市场监管体系究竟应该如何处理事前监管事中监管和事后监管的关系? 在市场监管资源总量既定的前提下,应如何分配监管资源? 现有体系中,哪些事前监管事项需要修改为事中事后监管? 更重要的,事前监管向事中事后监管转变的判断标准及科学依据是什么? 解答这些问题,首先需要明确上述三者各自的功能优势及制度设计原理。

　　事前监管①的立足点是把每个准备进入市场的主体都事先假定为"坏人"。它是市场监管部门针对每个经营者的主体资格或其准备采取的行为所做的一项"预先的全面体检"。监管者所欲考察是市场主体是否具备作为特定行业经营者所需要的合格的生产经营能力(前述第一种含义的事前监管);②或者市场主体准备实施的特殊市场行为是否具有合法性或合理性(前述第二种含义的事前监管)。③

　　事中事后监管与事前监管恰好相反,其立足点是假设每个进入市场的经营者都是具备合格生产经营能力和诚信守法意愿的"好人",因此不必事无巨细提前审查经营者各方面情况,而是可以在经营者进入市场后,再对其行为过程进行监督;或是在完成生产经营行为后,对行为结果的合法性进行评价,若有违法情况,再行究责。此外,有些情况下也体现为监管者从其他渠道获得违法信息(如消费者投诉等)后,有针对性地对违法者究责。

　　从早期的立法和政策导向看,立法者似乎更愿意相信,在市场经济发展初始阶段,法制建设仍有待完善,市场秩序自我矫正能力和市场主体防控风险能力仍有不足,因此由立法机关事先设定某些强制性实体标准和审查程序,将有助于把客观上缺乏合格生产经营能力(包括资信能力④)的市场主体提前识别、筛选出来,以避免"滥竽充数者"进入市场。立法者甚至

---

　　①　下文暂不讨论自然垄断行业的事前监管,因为自然垄断行业事前监管的另一个重要目标是控制行业内的企业数量,而不仅仅是为了预先排除"滥竽充数者"和"恶意欺诈者"。

　　②　生产经营能力主要由注册资本、技术人才、设备设施等要素构成。

　　③　例如国有企业准备转让的国有资产的价格是否可能导致国有资产流失。

　　④　考察资信能力是因其与经营者偿还债务能力有关,而在市场活动中,债务偿还能力是一个重要问题。

还寄希望于通过事前监管设定入市的高门槛,将缺乏诚信经营意愿的主体(潜在的"恶意欺诈者")也提前排除在市场之外,因为市场进入门槛越高,进入者的事前守法成本也越高,这种更高的守法成本一定程度上有助于抑制"恶意欺诈者"的违法意愿。

在暂不考虑监管成本的情况下,如果事前监管和事中事后监管分别都能充分发挥各自的预期功能,那么有理由相信,立法者和监管者很可能优先选择事前监管机制,因为他们绝大多数都是"风险厌恶者"。而事实上,相比于让"滥竽充数者"和"恶意欺诈者"混入市场之后再通过事后监管来追究他们的法律责任,若能在市场准入阶段就把他们全部识别并预先排除在外,确实也更有利于维护市场秩序。尤其在一些特殊市场领域,如果被监管事项可能导致的损害结果的救济成本太高甚至客观上难以救济,那么事前监管相对于事中事后监管的功能优势将更为明显。

不过需要指出的是,虽然在规范分析意义上,事前监管可能因其具备某些功能优势而更受立法者和监管者青睐,但不可忽视,实现这种预期中的功能优势需要耗费更加高昂的成本。因为在事前监管领域,由于市场监管部门需要对每一个主体的资质和能力都进行实质审查,因此其涉及的总的监管成本的计算公式应是:总监管成本 =(针对每个被监管者的平均监管成本)×(所有准备进入市场的被监管者人数);其涉及的总的守法成本的计算公式则是:总守法成本 =(每个被监管者为满足事前监管要求而支付的守法成本)×(所有准备进入市场的被监管者人数)。[1]

然而,如果我们愿意承认,在潜在的市场进入者中具备合格生产经营能力和诚信守法意愿者终究还是占大多数,那么事前监管对这部分人而言就有如对健康者的"过度体检",此时事前监管所耗费的总成本(总监管成本 + 总守法成本)将可能导致经济效率的损失,因为这些成本原本可以不必支付。由此可见,事前监管的有效运作往往也将意味着,这一机制将会给潜在的市场进入者造成更高的市场准入门槛(即守法成本太高),进而抑制他们创业投资的意愿。

相比而言,在事中事后监管领域,虽然立法也规定了一些针对该领域每一个经营者或每一个具体事项的监管措施,[2]但除此之外,更多的措施

---

[1]　可参见 Frank B. Cross and Robert A. Prentice. *Law and Corporate Finance*. Edward Elgar Publishing Limited（2007）, p. 28.

[2]　例如建筑行业监管部门对每一个工程都需要进行竣工验收。

是对经营者市场行为的过程或结果进行抽查而非普查,^①或是监管部门在获得违法线索后对违法者所做的"定向"究责。因此,事中事后监管所耗费的监管成本,本身就应该是识别和惩罚违法行为的必要对价。换言之,由于市场监管部门基本上不需要在诚信合格经营者身上耗费过多的监管成本,所以事中事后监管的总监管成本将相对较少。至于在被监管者的守法成本方面,由于事中事后监管没有"事事必备"的前置性审批、许可等强制措施,所以经营者的守法成本也相对较低。可见在一般情况下,事中事后监管耗费的总成本整体上将低于事前监管。

简要归纳上文观点:一是单纯从成本比较来看,一般情况下,事前监管的总成本将高于事中事后监管的总成本;二是如果被监管事项可能造成的损害性后果所带来的救济成本太高甚至高到无法救济,那么事前监管的功能优势更为明显。^②据此,可以初步总结出"事前监管转变为事中事后监管"的一般规范性标准。

假定一:政府监管市场的资源是有限的;

假定二:在给定的时期内,监管者的监管能力保持恒定,即无论他们选择事前监管机制还是事中事后监管机制,监管者通过每一种监管机制所能实现的监管效果基本一致;

如果:在该领域内,为达到同样的监管效果,(事前监管的总成本)>(事中、事后监管的总成本)+(针对被监管事项可能导致的损害结果的救济成本);

那么:将该领域的事前监管机制改为事中事后监管机制,将有助于节约监管成本和守法成本,优化市场监管行政资源配置。

我们可通过相关实例对上述规范标准进行检验。在公司法领域,早期立法规定了严格的最低注册资本制度、资本实缴制度和法定验资制度,这些都是典型的事前监管措施。不过遗憾的是,后期实践却表明,这些耗费了巨大实施成本且被寄予厚望的事前监管措施,对"滥竽充数者"及"恶意欺诈者"的识别和排除功能实际上并未如预期那么有效——最低注册资本制度难以有效确保进入市场的每一个公司具备充足的资信能力及偿债能力,资本实缴和法定验资的要求也未能有效解决虚假出资、抽逃出资等问

---

① 例如针对最终产品的质量和企业公示信息的真实性的抽查。

② 美国学者 Steven Shavell 认为,在事前规制和事后规制之间进行选择时,需要考虑的重要因素包括"侵权者的支付能力"以及"权利受损人提起私人诉讼的可能性",其强调的也是事后救济是否可行的问题。参见 Steven Shavell. Liability for Harm versus Regulation of Safety. *Journal of Legal Studies*. Vol. 13, No. 2 (1984), pp. 357-374.

题。考虑到这些领域的被监管事项所可能导致的损害性后果并非不可救济(即不属于必须不计成本采用事前监管的情况),或者说,即便在这些问题上发生违法行为,监管部门在发现违法后再行处理,其救济成本仍相对较低,因此近几年的立法改革已将最低注册资本制度、资本实缴制度和法定验资制度废除(特殊行业除外①),这是事前监管向事中事后监管有效转变的实例。

与上述相反的,中国股市曾经发生的指数巨幅波动事件则表明,证券市场的一些事前监管措施不仅有必要存在,甚至还需要进一步强化。2015年6月至8月期间,中国证券交易市场几乎所有股票的价格都在短期内出现快速、大幅下跌,跌速跌幅创造了中国建立证券市场以来的历史记录,期间大部分投资者损失惨重。事后调查表明,这一暴跌事件固然与当时股票整体价格普遍大幅脱离实际价值而存在价格回调需求的客观规律有关,但更直接的原因是,监管部门此前对"场外配资"问题缺乏有效的事前监管而导致前期的杠杆投资比例过高,因此当股价在短期暴涨而开始出现大幅回调时,场外配资投资者为避免遭遇强制平仓而竞相恐慌抛售股票(但仍有不少配资投资者因无法追加保证金而被强制平仓),致使绝大多数股票在短时间内呈现"践踏式下跌"。在股市暴跌中后期,为稳定股市,监管部门采取了诸多措施并耗费了巨大成本。这表明,如果某些行为对市场秩序可能导致的损害性后果的救济成本非常高昂甚至无法救济,那么针对该事项(或行为)就应当建立事前监管机制,而不是寄希望于损害性后果发生之后再依靠事后监管和救济措施来解决问题。

我们还可通过对比其他领域的监管措施来说明问题。按照各国航空安全管理法的通行规定,乘客登上飞机之前都须接受强制安检。虽然登机的乘客绝大多数都是没有威胁的"好人",因此安检对于很多乘客来说似乎多此一举。但问题是,如果没有安检措施,极个别"坏人"就可能对飞机及乘客安全造成重大威胁,这种威胁一旦转化为现实损害,其结果将是不可救济的(2001年美国"9·11"事件就是典型例子)。因此,尽管安检这一

---

①   在2013年12月全国人大常委会修改《公司法》的公司资本制度之前,所有类型的公司都有最低注册资本的要求。公司资本制度改革后,以下27种公司的设立仍需实行最低注册资本和资本实缴制度:采取募集方式设立的股份有限公司、商业银行、外资银行、金融资产管理公司、信托公司、财务公司、金融租赁公司、汽车金融公司、消费金融公司、货币经纪公司、村镇银行、贷款公司、农村信用合作联社、农村资金互助社、证券公司、期货公司、基金管理公司、保险公司、保险专业代理机构和保险经纪人、外资保险公司、直销企业、对外劳务合作企业、融资性担保公司、劳务派遣企业、典当行、保险资产管理公司、小额贷款公司。

事前监督措施成本高昂,但没有任何国家愿意将其改为事后监督。

　　事实上,"损害结果救济成本太高甚至难以救济"的实践情形,至少还应该包括以下几种:(1)可能严重污染生态环境,尤其是污染难以根除、环境难以复原的;①(2)可能严重损害人体健康或危害生命安全的;②(3)可能造成公众投资者或消费者重大财产损失的;③(4)经营易燃、易爆或有毒产品,可能发生重大安全事故的;④⑤(5)金融市场的违法交易,可能危害金融安全的;⑥等等。对于上述问题,单纯依靠事中事后监管往往无法有效化解风险,事前监管仍有存在的必要。

---

　　①　企业在生产经营中污染环境的问题是一个顽疾。尽管立法不断强化了对环境污染行为的责任追究,但环境污染行为一旦出现,被污染区域的水土或大气的环境状况往往需要很长时间才能复原,有时候甚至无法复原。因此,企业环保问题事前监管很重要。2018 年初,浙江省嘉兴市出台了《嘉兴市突发环境事件应急预案》。该预案的宗旨是突出环境保护的事前监管,体现关口前移,其采取的具体措施包括:根据企业环评的风险等级,把一批风险等级在较大及以上的企业、处于环境敏感区(如居住区、水源保护区等)的企业以及发生过突发环境事件的企业,列入了风险源企业监管名单。

　　②　例如,2017 年 11 月国家食品药品监督管理总局发布公告称,查明长春长生生物科技有限公司生产的百白破疫苗效价指标不符合规定。2018 年 7 月,国家食品药品监督管理总局又发布公告称,查明长生公司在冻干人用狂犬病疫苗的生产过程中存在记录造假等严重违反《药品生产质量管理规范》的行为。至此,疫苗生产的监管问题再次成为社会公众关注的热点。随后,诸多媒体均发文强调,应加强疫苗生产经营的事前监管而不仅仅是事中事后监管。为解决这一问题,全国人大常委会于 2019 年审议通过了《疫苗管理法》,该法第 3 条特别强调,"国家对疫苗实行最严格的管理制度,坚持安全第一、风险管理、全程管控、科学监管、社会共治"。

　　③　例如近年来证监会针对上市公司重大资产重组等问题所设定的严格准入标准以及所采取的事前审核机制,就是为了排除"忽悠式重组"可能给公众投资者带来的损害。

　　④　例如,2015 年 8 月 12 日,天津港区瑞海国际物流有限公司危险品仓库发生特别重大火灾爆炸事故,造成重大人员伤亡。两天后,国务院安全生产委员会迅速发布了《关于深入开展危险化学品和易燃易爆物品安全专项整治的紧急通知》,着重强调"各地区、各有关部门要坚持关口前移,强化源头治理,切实提升危险化学品和易燃易爆物品安全管理水平","严把危险化学品和易燃易爆物品项目安全准入关","进一步完善危险化学品和易燃易爆物品事故应急预案","抓预防重治本,建立隐患排查治理体系和安全预防控制体系"。

　　⑤　国务院 2017 年 11 月公布的目录显示,由国务院决定保留的工商登记前置审批事项目前仅 28 项,其中就有 5 项涉及易燃易爆危险产品的生产经营或作业使用:(1)民用爆炸物品生产许可;(2)爆破作业单位许可证核发;(3)危险化学品经营许可、新建、改建、扩建生产、储存危险化学品(包括使用长输管道输送危险化学品)建设项目安全条件审查;(4)新建、改建、扩建储存、装卸危险化学品的港口建设项目安全条件审查;(5)烟花爆竹生产企业安全生产许可。

　　⑥　例如在发展 P2P 网络借贷问题上,监管部门基于鼓励金融创新、发展金融行业"互联网＋"的考虑,一开始对此行业设置了较低的市场准入门槛,但随后的实践情况表明,大量欺诈者亦借机进入该行业进行违法经营,由此导致了大量的非法集资问题、庞氏骗局问题、平台倒闭"跑路"问题。为此,2016 年以来,各地的监管部门开始高度重视该行业事前监管措施的强化,例如江苏省互联网金融协会出台的《江苏省网贷平台产品模式备案管理办法》即明确要求会员单位在进行互联网金融产品创新时进行事前备案。2019 年之后,各地监管部门进一步对 P2P 企业进行大规模整治。截至 2020 年底,全国的 P2P 平台已全部清零。

第三章　存在问题:激励不足情况下
法律实施的困境

考察法律实施的难点与困境,意在借此探讨法律实施机制的设计、运作和改良等问题的重要切入点。以法律条文为载体的法律规则(规范)有多种分类方法。本章拟在市场经济法律制度体系中,按"权利规则——义务规范——责任规则"的类别,在阐述规则性质与特征的基础上,结合实践中具有典型意义的案例,考察并分析各类规则适用(实施)存在的问题,目的是揭示惩罚机制在保障法律实施过程中的不足及其成因,为后文论述法律施激励机制的必要性与可行性奠定基础。

一、法律权利规则的实施问题

(一)共益权规则的实施与集体行动困境

法律(法学)意义上的"权利"意指法律赋予当事人实现某种利益的资格和"力量"。传统理论认为,不存在"无义务的权利",也不存在"无权利的义务",其强调的是权利与义务之间具有对应性。这种对应性的立法体现是,整体上权利规则与义务规则并存于法律条文中。当然,这种并存有多种形式:具有对应关系的权利规则和义务规则可能并存于同一部法律法规,也可能分散于多部法律法规。由于权利规则以任意法形式出现,因此很多研究者基于"权利可以放弃,义务必须履行"的传统观念,往往先见地认为,"权利规则是否适用(实施)"取决于权利主体的意思自治,公权机关(立法机关、司法机关和监管部门)只需为权利人提供事后的权利救济途径(如侵权损害赔偿责任制度和合同违约责任制度),不可强制权利主体适用权利规则,也不必专门建立法律实施激励机制来促进权利规则的适用。

这种观点和相应的法律实践方案的缺陷是,没有细化区分权利以及权利规则各自的类别。事实上,在很多法律领域,以受益主体是否具有专属性,可将权利细分为自益权(个体权利、私人权利)和共益权(集体权利、公共权利)。比如在消费者权益保护法语境下,消费者的安全保障权、知情权、自主选择权、公平交易权、损害赔偿请求权、人格尊严保护权、个人信息保护权一般被理解为自益权,而消费者对经营者的监督权、检举控告权、批评建议权则通常被理解为共益权。在公司法语境下,股东分红权、表决权一般被理解为自益权,股东会议的临时召集权、股东诉请认定股东协议无效或者诉请撤销股东协议的权利、股东提起派生诉讼的权利,则一般被界定为共益权。应当指出的是,只有财产权才有可能被区分出共益权和自益权,人身权基于其天然的专属性,不存在共益权问题。

　　通常情况下,立法对自益权这种专属于权利个体的财产权的界定更细致、更清晰。以产权经济学的理论来表述,由于自益权的行使一般不会给第三方带来"正外部性"的效应(即利益的无偿分享),因此相比于共益权,自益权的排他性更强,产权边界更清晰。也因此,权利主体对自益权规则的适用(实施)往往有更高的积极性。有理由相信,只要权利主体的自益权受损,他一定会积极适用权利规则去寻求权利救济,除非经过利益权衡之后发现行使自益权(适用自益权规则)并不合算,即救济成本太高而可能获得的损害赔偿太少。

　　正如有研究者指出,"任何一个工业化的社会都不可能仅仅依赖于私法的原则体系,无论这些原则是来源于法官的裁判抑或是一部法典,理由并不难找到。令私法头痛的最主要的问题是交易成本。理性地讲,私人和企业只有在他们所期待的利益超过期待的成本时,这里的成本不仅仅包括合法的花费还包括时间和麻烦,才会寻求权利的行使"。[①] 换言之,由于很少出现权利规则被怠于适用的情况,立法不需要为自益权的行使专门提供激励;而且,即便是与自益权相配套的法定的权利救济机制,也只有在自益权受到侵害同时权利主体诉诸法庭的情况下才需要启动。

　　共益权性质及实践特点与自益权有很大区别。理论上,行使共益权所带来的收益由所有权利主体享有(可能按份共有,也可能共同共有),而行使权利或实现权利救济的成本则应由权利主体共同承担。在理想状态下,如果每位权利主体都按照一个共同认可的方式(或者按产权比例,或者按另外议定的比例)来支付这种成本,那么共益权规则的实施效率也会较高。但现实问题是,共益权的产权边界难以清晰界定——权益并非完全排他,实际的权利行使人所获得的收益通常具有正外部性,即出现"一人做事,众

　　① 〔英〕安东尼·奥格斯:《规制:法律形式与经济学理论》,骆梅英译,苏苗罕校,27 页,北京,中国人民大学出版社,2008。

人享福"的情况。因此，在"利己"心理影响下，很多共益权人都希望在不支付私人成本的情况下，依靠其他人主动适用权利规则来享受共益权所带来的收益。① 进一步的问题是，如果共益权人之间存在长期"重复博弈"，那么当所有人都清晰预见其他人也会采取"搭便车"策略的时候，共益权人就会认为，放弃主动行使共益权规则，像"守株待兔"那样等待其他权利主体为自己争取福利，是一种"占优策略"。在此情况下，共益权规则的适用（实施）效率可能非常低下。

共益权的集体行动问题②不排除可以由全体共益权人协商解决，其目标是以相互认可的方式分担成本。比如全体共益权人事先选举代理人代行权利，并从共益权收益中首先扣除一部分作为对代理人的费用补偿甚至奖励，然后再分配剩余收益。此外，如果这种补偿和奖励具有可信的付诸实践的预期（比如共益权人之间此前已有多次的实践先例或前期已有合同约定），那么，在出现新的涉及共益权行使的情况下，即便没有临时的协商和授权，一些共益权人也可能主动实施共益权规则，待收益实现之后再向全体共益权人提出成本补偿或经济奖励的请求。

上述分析主要是在规范层面上展开。现实问题是，集体协商的方式在共益权主体人数较少、主体关系紧密的群体中（比如合伙企业或小型有限责任公司内部）或许比较容易实现；但在共益权主体人数较多，特别是主体关系疏远的群体中（比如股权高度分散的上市公司中），或者在相互之间属于陌生人关系的消费者群体中，由于信息成本、协商成本和决策成本非常高昂，协商方式往往不具可行性，至少效率可能非常低下。正如有研究者指出的，"一个共有权利的所有者不可能排斥其他人分享他努力的果实，而且所有成员联合达成一个最优行为的协议的谈判成本非常高。私有权利者能够更经济地使用资源，因为他具有排斥其他人的权利"。③

此外，实践中还有一些特殊情况可能阻碍共益权集体行动问题的解决。比如，尽管共益权的行使可能惠及所有共益权人，但并不意味着所有的共益权人都必定积极支持每一项共益权的行使或者同意向共益权的实

① Oliver Hart. An Economist's View of Fiduciary Duty. *University of Toronto Law Journal*. Vol. 43, No. 3（Summer. 1993）, pp. 299-313.

② 有学者指出，在股东分散的公司内部，集体行动问题是导致"纵向代理成本"的主要原因。所谓"纵向代理成本"，即公司管理层与全体股东之间的代理成本问题。参见 Donald C. Clarke. Law Without Order in Chinese Corporate Governance Institutions. *Northwestern Journal of International Law & Business*. Vol. 30（Winter. 2010）, pp. 131-195.

③ Harold Demsetz. Toward a Theory of Property Rights. *The American Economic Review*. Vol. 57, No. 2（May. 1967）, pp. 347-359.

际行使人(代理人)补偿费用。以股东派生诉讼为例,如果控股股东操纵董事会作出违反公司章程的行为,小股东需要事先支付很多个人成本(包括诉讼费的垫付甚至提供诉讼担保),①还需要投入很多时间精力来提起诉讼,最终才有可能保护公司利益。从逻辑上讲,这种公司利益归根到底也是全体股东的利益。然而在这种情况下,控股股东虽然也是共益权人之一,但现实中他同时也是公司利益侵害人。因此,如果立法不事先规定原告费用补偿问题,而是将其留给股东私下协商解决,那么控股股东在遭受派生诉讼的败诉之后,很可能基于报复心理而不同意补偿提起派生诉讼的小股东。

总结而言,如果共益权规则无法有效平衡权益分享与权利行使成本分担的关系,即无法解决产权经济学意义上的"外部性内部化"问题,那么共益权规则的适用(实施)就会出现激励不足。对此有研究者指出,"法律的实施是对社会提供的一种公共产品。除非得到利益上的激励,花费大量时间、精力和费用,承受风险的受害人不会为了公共利益采取个人执法行动,而有可能滋生'搭便车'的投机主义倾向、期盼坐享其成,此乃集体行动的逻辑使然"。②

(二)私益权规则的实施与失衡的成本收益结构

有实体法层面的权利规则,则相应地必然有权利救济规则。权利规则的功能是规定权利的内容、性质、主体、客体以及权利行使的程序等要素,权利救济规则的功能则是规定保护权利的主体与职责,维护权利的方式与程序、侵犯权利的法律责任等内容。

从近年来的实践看,在市场经济领域,不仅某些权利规则的实施效率有待提高,而且一些权利救济规则的实施效率也不如预期。比如在证券市场,投资者合法权益受法律保护,这是一项基本的权利规则,也是《证券法》的立法宗旨之一。③ 但是在实践中,上市公司欺诈上市、内幕交易、虚增业绩、虚假陈述、隐瞒信息,或者大股东、实际控制人、高管人员违规减持等现象频繁出现。与此同时,某些证券投资主体(包括上市公司内部的大股东、实际控制人或高管人员,也包括有资金实力的其他投资者)操纵市

---

① 美国部分州(如纽约)的公司法要求派生诉讼的原告在起诉时提供诉讼担保。参见 Robert W. Hamilton. The Law of Corporations. West Group (2000), pp. 546.

② 谢晓尧:《惩罚性赔偿:一个激励的观点》,载《学术论坛》,2004(6)。

③ 《证券法》第 1 条规定:"为了规范证券发行和交易行为,保护投资者的合法权益,维护社会经济秩序和社会公共利益,促进社会主义市场经济的发展,制定本法。"

场、操控股价等行为也并不鲜见。此类问题带来的后果是，上市公司小股东以及其他证券投资者无法公平参与证券市场投资活动，经济损失惨重。

立法者并非没有关注上述问题。以操纵市场行为为例，1998 年出台的《证券法》第 71 条即规定，禁止任何人通过"集中资金优势控制交易价格"等操纵市场行为"获取不正当利益或者转嫁风险"，该法第 184 条还规定了针对操纵市场行为的行政处罚措施及刑事责任。不过，1998 年《证券法》并未提及权益受损的证券投资者针对操纵市场行为者的民事诉讼问题。2005 年修订后的《证券法》第 77 条延续了对操纵市场行为的禁止性规定，①同时弥补了 1998 年《证券法》的不足，补充规定"操纵证券市场行为给投资者造成损失的，行为人应当依法承担赔偿责任"。此项规定可被理解为针对操纵市场行为的投资者权利救济规则（之一）。

2019 年，立法机关第二次系统修订《证券法》。新法第 55 条增加了对操纵市场行为具体类型的规定。除了旧法规定的三种行为之外，新增的操纵行为包括："不以成交为目的，频繁或者大量申报并撤销申报"；"利用虚假或者不确定的重大信息，诱导投资者进行证券交易"；"对证券、发行人公开作出评价、预测或者投资建议，并进行反向证券交易"；"利用在其他相关市场的活动操纵证券市场"。在权利救济方面，2019 年《证券法》第55 条延续规定了投资者追究操纵证券市场行为者损害赔偿责任的问题，第 192 条则延续规定了监管部门对操纵市场行为者的处罚规则。

上述内容表明，在规制操纵市场行为方面，现行《证券法》不仅规定了股东权益保护的权利规则，也规定了股东权利救济规则，以及行政监管的处罚规则。事实上，除了针对操纵市场行为，《证券法》对其他侵害投资者的行为（比如上市公司虚假陈述行为）也都有类似的规则体系，具体内容可参见《证券法》相关条文。② 因其原理大致相同，在此不作赘述。值得关注的是，尽管立法者已在权利规则基础上进一步设置了权利救济规则，但实践表明，大量的个人投资者在遭遇操纵市场等违法行为的侵害后，放弃追究违法者的损害赔偿责任，以至于在相当长的时期内，证券市场个人投

---

① 相比 1998 年《证券法》，2005 年《证券法》第 77 条对操纵市场行为的描述在措辞上做了修改，但内容无实质变化。该法第 77 条规定："禁止任何人以下列手段操纵证券市场：（1）单独或者通过合谋，集中资金优势、持股优势或者利用信息优势联合或者连续买卖，操纵证券交易价格或者证券交易量；（2）与他人串通，以事先约定的时间、价格和方式相互进行证券交易，影响证券交易价格或者证券交易量；（3）在自己实际控制的账户之间进行证券交易，影响证券交易价格或者证券交易量；（4）以其他手段操纵证券市场……"

② 具体可参见《证券法》第 50～61 条（即第三章第三节），以及第 180～223 条（即第十三章）的规定。

资者的权利救济规则都被"束之高阁"。结合实践情况看,其原因可能有以下几种。

第一,个人投资者认为权利救济规则的实施成本太高,而胜诉概率较低。有研究者指出,传统理论"事先假设存在一套完善的正式法律制度","假设国家有使用强制力的垄断力,而且按照社会福利最大化的目标来制定和执行法律",但事实上,由于"信息不对称和交易成本存在的普遍性",法律规则并非零成本地运行着。① "人们获得,保持及放弃权利,是一个选择问题……权利所有者会认为他们的部分权利行使成本太高,所以选择将它们置入公共领域。"②追究证券市场侵权者损害赔偿责任需要依赖民事诉讼程序。诉讼程序的专业性、烦琐性给意图起诉的投资者带来了成本压力,而诉讼结果的不可预期性则进一步抑制了投资者的维权意愿。事实上,证券市场的很多股民并非职业投资者,他们都有自己的本职工作。这意味着,投入大量精力去起诉侵权者还可能影响自己的本职工作,这是另一种意义上的"损失扩大化"。因此,虽然权益遭受侵害的公众股投资者必然愤慨于违法者的侵权行为,但经过理性计算之后他们可能发现,"积极实施权利救济规则"这一策略选择不一定符合自己的利益考量。换言之,"自认倒霉"可能优于"穷追不舍"。

第二,如前文已提及的,在相当长的时期内,公众投资者向法院提起证券市场侵权行为民事诉讼需满足已有行政处罚或刑事判决的前置程序。最高人民法院 2002 年出台的《关于审理证券市场因虚假陈述引发的民事赔偿案件的若干规定》第 6 条规定,"投资人以自己受到虚假陈述侵害为由,依据有关机关的行政处罚决定或者人民法院的刑事裁判文书,对虚假陈述行为人提起的民事赔偿诉讼,符合民事诉讼法第 108 条规定的,人民法院应当受理"。这意味着,如果相关侵权者尚未收到行政处罚或尚未被追究刑事责任,则投资者就无法对该侵权者提起侵权损害赔偿诉讼。前置程序的规定一直延续到 2015 年底最高人民法院发布《关于当前商事审判工作中的若干具体问题》时才被废除。该文件规定,"根据立案登记司法解释规定,因虚假陈述、内幕交易和市场操纵行为引发的民事赔偿案件,立案受理时不再以监管部门的行政处罚和生效的刑事判决认定为前置条

---

① ［美］阿维纳什·迪克西特:《法律缺失与经济学:可供选择的经济治理方式》,郑江维等译,3 页,北京,中国人民大学出版社,2007。

② ［美］Y. 巴泽尔:《产权的经济分析》,费方域、段毅才译,90～91 页,上海,上海三联书店、上海人民出版社,2006。

件"。由此可见,在 2015 年之前,最高人民法院关于证券市场侵权诉讼前置程序的规定显然不可能激励,而是抑制了投资者提起证券市场侵权诉讼的意愿,即抑制了《证券法》规定的投资者权利救济规则的实施。

事实上,权利主体怠于适用权利救济规则普遍的现象不只是存在于证券市场。比如近些年"来去匆匆"的 P2P 网络借贷市场,①以及曾经热极一时的股权众筹市场,②就有大量的投资者在平台倒闭而遭遇经济损失后无奈放弃权利救济。共享单车市场也存在同样问题。在共享单车刚出现时,很多消费者按企业要求缴纳了使用单车的押金,但后来证明,总额巨大的这些押金经常被企业挪用,以至于企业解散时仍无法偿还消费者。虽然立法早已规定了权利救济规则——在法理上诉请返还押金并非疑难问题——但如果没有消费者协会等社会组织代为提起公益诉讼,作为个体的消费者往往不愿自己向法院寻求权利救济。

有研究者总结指出,"如果权利主体经济实力不强,那么即使违法行为情节严重,权益受损人也可能在权衡了利弊之后选择不起诉违法者。在此情况下,因为公共实施的威慑力并不会发生变动,结果导致整体上对这类行为主体的威慑不足"。③ 解决此类问题的有效方法之一是通过激励措施降低权利救济规则实施的成本。这里所称的实施成本,大多数情况下是指法律私人实施的成本。立法机关、司法机关和监管部门显然已意识到问题所在。他们通过降低民事诉讼的"制度性门槛"、构建证券代表人诉讼制

---

① 2021 年 1 月 15 日下午,中国人民银行负责人在国务院新闻办公室举行新闻发布会宣布,2020 年防范化解金融风险攻坚战取得重要阶段性成果,全国的 P2P 网络借贷平台高峰时期有 5000 多家,但截至 2020 年底已清零。参见新华网报道,http://www.xinhuanet.com/video/2021-01/16/c_1210981360.htm,最后访问日期:2021 年 1 月 8 日。

② 严格来讲,中国资本市场自始至终没有出现过真正的股权众筹。规范意义上的"股权众筹"是指"公开发行性质的小额大众融资"。2015 年 7 月 24 日,中国证监会在新闻发布会上指出,"股权众筹融资具有'公开、小额、大众'的特征,目前一些机构开展的冠以'股权众筹'名义的活动,是通过互联网方式进行的私募股权融资活动,不属于股权众筹。"在此之后,股权众筹被改称为"互联网非公开股权融资"。2015 年 8 月 3 日证监会发布的《关于对通过互联网开展股权融资活动的机构进行专项检查的通知》进一步指出:股权众筹融资是指创新创业者或小微企业通过股权众筹融资中介机构互联网平台公开募集股本的活动。未经国务院证券监督管理机构批准,任何单位和个人不得开展股权众筹融资活动。目前,一些市场机构开展的冠以"股权众筹"名义的活动,是通过互联网形式进行的非公开股权融资或私募股权投资基金募集行为。2016 年 4 月 14 日,证监会等部门联合发布的《股权众筹风险专项整治工作实施方案》要求,对于整治中发现以"股权众筹"等名义从事股权融资业务或募集私募股权投资基金的,积极予以规范。

③ A. Mitchell Polinsky. Private versus Public Enforcement of Fines. *The Journal of Legal Studies*. Vol. IX, No. 1, (Jan. 1980), pp. 105-127.

度、①鼓励社会组织代表消费者提起公益诉讼等多种方式，试图激活权利救济规则的有效实施。关于此类激励措施的原理与实践问题，后文第四章还有详细分析，在此暂不赘述。

（三）权利规则私人实施与法定激励的争议

根据实施主体的不同，法律实施可区分为公共实施和私人实施。市场监管法的公共实施主要体现为监管部门的行政执法、构成犯罪情况下的公诉活动以及特殊领域的民事公益诉讼（消费者协会或检察院对侵害众多消费者合法权益的行为提起公益诉讼），而私人实施则主要体现为市场主体适用法律规则自行调整社会关系，以及在权利受损时自行提起民事诉讼。"私人诉讼（或私人执行）与公共执法一道，是市场监管法得以有效实施的两大基本机制"。②

按照共益权和私益权的分类方法，权利规则的私人实施亦可分为基于共益权规则的私人实施，以及基于私益权规则的私人实施。大多数情况下，由于行使共益权会出现正外部性，市场主体对共益权规则私人实施的动力普遍不足。相比而言，私益权的产权边界更清晰，其私人实施往往更有效率。尤其是，如果立法为某一类权利规则的私人实施提供了特殊的激励措施（比如法律实施的后果可以使当事人获得超过实际损失的赔偿），那么理论上，市场主体主动通过私人实施途径来适用私益权规则的动力会更充分。惩罚性赔偿制度就是典型例子。

在市场监管领域，对侵害消费者权益的经营者实施惩罚性赔偿，是各国立法常例。为了阻却经营者生产销售假冒伪劣产品或者提供欺诈服务，自1993年我国制定《消费者权益保护法》开始，③经营者欺诈即一直是立法严格规制的行为。至今，以《民法典》民事法律行为效力条款、民事责任条款及缔约过失责任条款为根基，④以2013年修订后的《消费者权益保护法》第55条为核心，⑤辅之以《食品安全法》⑥《药品管理法》⑦《产品质量

①　2020年7月31日，最高人民法院发布《关于证券纠纷代表人诉讼若干问题的规定》（法释〔2020〕5号）。

②　邢会强：《美国惩罚性赔偿制度对完善我国市场监管法的借鉴》，载《法学》，2013（10）。

③　参见1993年《消费者权益保护法》第49条。

④　参见《民法典》第148条、第179条、第500条、第1270条。

⑤　参见2013年《消费者权益保护法》第55条。

⑥　参见《食品安全法》第148条。

⑦　参见《药品管理法》第144条。

法》①等法律法规和《明码标价和禁止价格欺诈规定》②等部门规章的规定，以及最高人民法院司法解释、③审判工作会议纪要、④答复意见⑤和指导案例的指引，⑥旨在规制经营者欺诈的法律框架已基本形成。

传统观点认为，惩罚性赔偿制度是立法者制定的实体法规则，通过民事诉讼（不告不理的私人实施机制）实施。这种理解固然合理，但并不完整。事实上，从法律实施角度看，惩罚性赔偿制度本身还具备促进其他实体法规则实施的功能。正如前文已指出的，可以把惩罚性赔偿制度理解为法律实施规则，而不仅仅是实体法规则。立法者本意是，对于消费合同关系，不以传统合同法强调的"信赖利益"赔偿标准来认定经营者的违约责任，而是通过加重经营者违法成本促使其主动放弃违法行为；同时在赔偿实际损失基础上，通过增加索赔金额激励消费者积极追究违法者责任、遏制市场违法行为，推进市场共管共治。

惩罚性赔偿制度所要促进实施的其他实体法规则，主要是指立法规定的消费者权利规则和经营者义务规则。《消费者权益保护法》第 7 条规定了消费者消费时人身财产权利不受损害，第 8 规定了消费者的知情权，第 11 条规定了消费者人身财产损害赔偿请求权；与此相关的，该法第 16 条规定了经营者诚信经营义务，第 17 条、第 18 条、第 19 条规定了经营者应确保商品和服务符合安全要求，第 20 条、第 21 条规定了经营者不得虚假宣传。根据上述规定，如果经营者违反诚信义务，生产、销售不符合安全标准的产品，同时又作出虚假宣传，由此损害消费者知情权和人身财产权利，那么消费者在惩罚性赔偿制度的激励下，可能更加积极地起诉经营者。

就此而言，惩罚性赔偿显然是符合法律实施激励机制设计原理的一种制度安排。它是实施消费者权利规则和经营者义务规则的激励机制的重要组成部分。对此有研究者指出，"惩罚性赔偿是为克服和缓解'履行差错'所致的责任不足而设计的一种民事制度，目的在于使赔偿水平等于加

---

① 参见《产品质量法》第 23 条、第 27 条、第 40 条、第 41 条、第 42 条、第 43 条、第 44 条。

② 该规定由国家市场监管总局于 2022 年出台。可参见其第 19 条、第 20 条、第 21 条的规定。

③ 参见《最高人民法院关于审理食品药品纠纷案件适用法律若干问题的规定》第 3 条等。

④ 参见《全国法院民商事审判工作会议纪要》（法〔2019〕254 号，简称"九民纪要"）第 77 条等。

⑤ 参见 2017 年最高人民法院作出的《对十二届全国人大五次会议第 5990 号建议的答复意见》（法办函〔2017〕181 号）等。

⑥ 参见最高人民法院 2014 年公布的第 23 号指导案例〔江苏省南京市江宁区人民法院（2012）江宁开民初字第 646 号民事判决〕。

害行为导致的外部性社会成本，进而为加害人的守法行为提供激励。这一制度设计同时为民间执法活动提供了经济动因，能产生政府执法方式的替代，使执法活动能以更低的成本展开，提高了加害行为的查处概率"。①

不过，实践中存在的问题是，自惩罚型赔偿制度建立以来，有大量的职业打假者长期依靠"知假买假"索取多倍赔偿。对于"知假买假"者能否适用惩罚性赔偿制度，理论界和实务界一直有重大争议。

支持者的理由是，社会公众作为消费者，在权益受到侵害后往往会因为涉案数额较小、诉讼过程漫长、对法律程序缺乏专业知识等原因而主动放弃权利，如果不支持"知假买假"者适用惩罚性赔偿，单靠数量有限的消费者起诉，以及单靠消费者实际消费的数额起诉——根据《消费者权益保护法》第55条规定，如果涉案消费额度不高，导致增加赔偿的数额不足五百元的，按五百元起算——将不足以充分发挥惩罚性赔偿制度的功能，不足以对欺诈经营的企业形成威慑。"知假买假"者有充分的打假经验和专业的打假能力，可以成为市场共治的力量。支持"知假买假"者诉请惩罚性赔偿，有助于减少市场监管的成本。

反对者认为，"知假买假"行为违背诚信原则，是以不正当行为获取个人利益，法律不应鼓励。"知假买假"者购买商品、服务的行为并非基于生活需要，因此他们不是法律意义上的消费者，"知假买假"行为也不是法律意义上的消费行为，因此不能适用《消费者权益保护法》等规定的惩罚性赔偿制度。如果排除了《消费者权益保护法》的规定，"知假买假"者与经营者之间的交易行为只能回归《民法典》合同编寻求权利救济，而依据合同法规则，"知假买假"者最多只能获得与实际损失相等的赔偿。

对于"知假买假"行为，法院似乎也有不同的判决思路。《最高人民法院关于审理食品药品纠纷案件适用法律若干问题的规定》第3条明确规定："因食品、药品质量问题发生纠纷，购买者向生产者、销售者主张权利，生产者、销售者以购买者明知食品、药品存在质量问题而仍然购买为由进行抗辩的，人民法院不予支持。"随后，2014年最高人民法院公布的第23号指导案例亦同样认为，"消费者购买到不符合食品安全标准的食品，要求销售者或者生产者依照食品安全法规定支付价款十倍赔偿金或者依照法律规定的其他赔偿标准赔偿的，不论其购买时是否明知食品不符合安全标准，人民法院都应予支持。"

但是2017年最高人民法院作出的《对十二届全国人大五次会议第

---

① 谢晓尧：《惩罚性赔偿：一个激励的观点》，载《学术研究》，2004（6）。

5990 号建议的答复意见》则指出，"不宜将食药纠纷的特殊政策推广适用到所有消费者保护领域"，亦即在食品药品消费纠纷之外的其他消费领域的知假买假行为，不能适用惩罚性赔偿制度。重庆市高级人民法院 2016 年出台的《关于审理消费者权益保护纠纷案件若干问题的解答》第 2 条指出："明知商品或服务存在质量问题而仍然购买的人请求获得惩罚性赔偿的，因有违诚信原则，人民法院不予支持。"文件出台后，该院还就惩罚性赔偿问题进一步作出补充说明，其主旨是："对食品药品知假买假仍然适用惩罚性赔偿，对食品药品之外的商品知假买假则不适用惩罚性赔偿；法院在适用消费者权益保护法时，应当对消费者和经营者实行平等保护"。与此类似的，江苏省高级人民法院在 2016 年发布的《江苏省高级人民法院关于审理消费者权益保护纠纷案件若干问题的讨论纪要》中的第 2 条也规定："对于食品、药品消费领域，购买者明知商品存在质量问题仍然购买的，其主张惩罚性赔偿的，人民法院予以支持，但自然人、法人或其他组织以牟利为目的购买的除外。对于非食品、药品消费领域，购买者明知商品或服务存在质量问题仍然购买商品或接受服务的，由于不符合惩罚性赔偿构成要件中对于欺诈行为的界定，其主张惩罚性赔偿的，人民法院不予支持。"总结而言，司法机关认为应作出上述区分的理由在于，食品药品消费的惩罚性赔偿以经营者生产或销售明知不符合食品安全标准的食品，或者生产销售假药劣药为前提，而普通消费领域的惩罚性赔偿则以经营者欺诈为前提，两者的构成要件不同。

"从《中华人民共和国食品安全法》'十倍惩罚性赔偿'的实施效果可见，法院对该法的私人执行持保守倾向，不鼓励人们通过私人诉讼来实施法律。该法尽管给出'十倍'的'诱饵'，似乎是鼓励私人诉讼，但人们一旦提起诉讼才发现这仅是'看上去挺美'而已"。[①] 总结而言，虽然立法已规定了旨在激励权利规则实施的私人实施机制，但在实施过程中，由于法院对相关法律规则的适用标准存在不同理解，因此不同判决之间可能出现逻辑思路的冲突，以及判决结果的明显差异。在此背景下，法律制度的激励功能自然无法充分发挥。客观上，"知假买假"并非完全符合立法导向，但也并非完全违背立法宗旨、完全无益社会公共利益。这一问题的解决，归根到底取决于立法/司法的价值选择（或曰价值排序）。对此，本书将在第四章继续论述。

---

① 邢会强：《美国惩罚性赔偿制度对完善我国市场监管法的借鉴》，载《法学》，2013（10）。

二、法律义务规则的实施问题

(一)难以标准化的法律义务规则

法律义务可分为积极义务和消极义务。积极义务也称作为义务,是指法律主体必须作出某种行为才能履行的义务,相应的法律规定模式是"×××应当×××";消极义务也称不作为义务,是指法律主体不可作出某种行为才能履行的义务,相应的法律规定模式是"×××不得×××"。

实践中,判断消极义务履行效果的法律标准一般比较明确,只要法律主体不实施立法限制或禁止的行为,通常就可推定法律主体已履行了该等义务。至于说"法律主体是否实施禁止行为或限制行为",在法律技术操作层面上,则通常是转化为事实调查与举证问题。例如,《反不正当竞争法》第6条至第12条分别规定,经营者对其商品不得实施混淆行为、不得进行商业贿赂、不得对商品进行虚假宣传、不得侵犯他人商业秘密、不得开展不当有奖销售、不得损害他人商业信誉和商品声誉、不得利用网络技术优势实施侵权行为。上述条文构成了经营者履行正当竞争义务的内容。而判断经营者是否履行义务的标准,是"是否存在能够证明经营者实施了上述行为的证据"。有证据、有事实,则表明经营者违法,应相应追究法律责任;无证据、无事实,则应推定经营者未违反上述不作为义务。①

相比而言,判断积极义务履行效果的法律标准较复杂,需分情况讨论。为便于研究,有必要把积极义务进一步区分为"标准化的积极义务"和"非标准化的积极义务"两种类型。

所谓"标准化的积极义务",是指在立法上有直观且明确的判断标准来认定义务履行效果的那些积极义务。比如,根据《商业银行法》第24条规定,商业银行变更名称、变更注册资本、变更总行或者分支行所在地、调整业务范围、变更持有资本总额或者股份总额10%以上的股东、修改章程等事项,应当经中国人民银行批准。此一规则对商业银行报批义务的规定直观且明确,而判断该义务规则是否得以履行,则可以中国人民银行的审批结论为准(其表现形式是依法出具的审批文件)。与此类似的,按照《公

---

① 当然,"无证据证明"不代表经营者绝对不存在不正当竞争行为。真实的情况也可能是,经营者确实实施了不正当竞争行为,但监管部门或权利受损人尚未找到证据,故此在程序法意义上,基于"谁主张谁举证"之规则,只能推定经营者不存在不正当竞争行为。

司法》第 166 条的规定，公司分配当年税后利润时，应当提取利润的 10%
列入公司法定公积金。公司法定公积金累计额为公司注册资本的 50% 以
上的，可以不再提取。考察这一义务是否得以完整履行，显然是以"税后利
润 10%"以及"注册资本 50%"这两个数据作为判断标准。又比如，《公司
法》第 173 条、第 175 条、第 177 条、第 185 条规定，公司在合并、分立、减少
注册资本或者进行清算时，应当通知或者公告债权人。判断这一义务是否
履行的标准也很明确，即是否有事实可以证明公司已经通过某种途径将合
并、分立、减资或清算的事项如实告知债权人。

从以往实践看，"标准化积极义务规则"的实施，主要依赖惩罚机制。
如前述第一个例子，《商业银行法》第 78 条即规定，商业银行不按照规定向
中国人民银行报送有关文件、资料或者违反该法第 24 条规定对变更事项
不报批的，"由中国人民银行责令改正，逾期不改正的，可以处以 1 万元以
上 10 万元以下罚款"。针对第二、第三个例子，《公司法》第 203 条规定，如
果公司不依法提取法定公积金，"由县级以上人民政府财政部门责令如数
补足应当提取的金额，可以对公司处以 20 万元以下的罚款"；第 204 条则
要求，公司在合并、分立、减少注册资本或者进行清算时不依法通知或者公
告债权人的，"由公司登记机关责令改正，并对公司处以 1 万元以上 10 万
元以下的罚款"。

在某些特殊情况下，立法机关也可能建立激励机制来促进"标准化积
极义务规则"的实施。比如对于股东出资问题，虽然 2013 年《公司法》已
经取消了普通行业中设立公司的最低注册资本要求以及相关的验资规定
（法律、行政法规以及国务院决定另有规定的特殊行业除外），允许股东在
设立公司的时候仅对公司资本进行认缴（而不是实缴），但取消最低注册
资本的要求并不意味着股东在出资方面就不再需要承担义务。事实上，无
论是 2005 年的《公司法》还是 2013 年的《公司法》，都规定了股东有"按期
足额缴纳公司章程中规定的各自所认缴的出资额"的义务，①这表明，取消
最低注册资本要求并不等于免除股东缴纳注册资本的义务。为了保障这
一义务规则的实施，立法机关建立了几项措施。(1)《公司法》第 28 条第 2
款规定，不按照前款规定缴纳出资的股东必须承担两项法律责任：一是向
公司补缴资本，二是向已按期足额缴纳出资的股东承担违约责任。
(2)《公司法》第 199 条和第 200 条分别规定，公司发起人、股东如果虚假
出资，或者未交付（包括未按期交付）作为出资的货币及非货币财产，或者

---

① 分别参见中国 2005 年《公司法》第 28 条和 2013 年《公司法》第 28 条。

在公司成立后抽逃其出资的,公司登记机关将责令其改正并处以一定数额的罚款。(3)《公司法》第 34 条①规定,除非全体股东另有约定,否则有限责任公司股东应按照实缴的出资比例分取红利;另外,股东优先认缴公司新增资本的比例,也应当按照股东实缴的出资比例予以确定。

比较以上三项措施可看出:(1)第 28 条第 2 款、第 199 条以及第 200 条的内容明显属于惩罚机制的范畴。其中,第 28 条第 2 款的规定一般被认为是私法层面的法律责任,而第 199 条以及第 200 条的规定是公法层面的法律责任。虽然前者的适用以股东的民事起诉为前提(即"不告不理"),而后者的适用则以公权机关的主动追究为前提,但两者一旦实际运作,都需要耗费公共资源以及增加社会成本。(2)《公司法》第 34 条的规定属于激励机制的范畴。该规定把股东利益预期与股本实缴资本的比例相挂钩,从而把法律威慑转变为利益驱动,并且把原本需要公权机关承担的法律监督成本和责任追究成本转嫁给股东自己(起码是部分转嫁),最终减少了惩罚机制实际运作的概率。可以看出,这种制度所体现的实际上也就是伯纳德·布莱克(Bernard Black)和雷尼尔·克拉克曼(Reinier Kraakman)倡导的"公司法自我实施"的原理,其核心目标是依据"激励相容"理论,促使公司及其参与人的行动决策与公司法的立法目的相一致,进而把公司法实体规则的公共实施转变为私人实施,最终减少国家在公共实施(法律监督和责任惩罚)中的成本投入。

与上述例子不同,所谓"非标准化的积极义务",是指在立法层面上用以判断义务规则履行效果(义务履行效果)的标准具有较大弹性(甚至模糊性)的那些积极义务。例如,根据《证券投资基金法》第 9 条、第 108 条规定,基金管理人、基金托管人管理、运用基金财产,基金服务机构从事基金服务活动,应当恪尽职守,履行诚实信用、谨慎勤勉的义务;基金管理人运用基金财产进行证券投资,应当遵守审慎经营规则;基金服务机构应当勤勉尽责、恪尽职守,建立应急等风险管理制度和灾难备份系统,不得泄露与基金份额持有人、基金投资运作相关的非公开信息。与此相关的,《证券投资基金法》第 26 条、第 40 条等条文还相应规定了基金管理人的董事、监事、高管人员和基金托管人未尽勤勉义务时应当承担的法律责任。关于

---

① 第 34 条的规定是中国 2005 年《公司法》修改的一项制度创新。因为对于同样的问题,1993 年《公司法》第 33 条的规定是:"股东按照出资比例分取红利。公司新增资本时,股东可以优先认缴出资。"新旧两个条文的差别就在于股东分红和优先认缴出资的比例究竟是以股东此前的"认缴出资比例"为依据,还是以"实缴出资比例"为依据。

"非标准化积极义务规则"的适用,可参见图3。

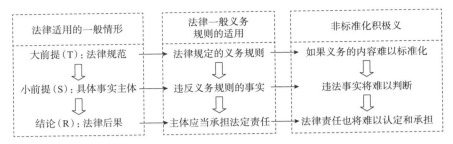

图3 "非标准化积极义务规则"的适用

"非标准化的积极义务"在其他法律法规中也经常出现,典型的比如《公司法》关于公司社会责任、[①]董事勤勉义务[②]的规定。此类条文中规定的"谨慎勤勉"和"审慎经营",都是内涵富有弹性的义务。当事人履行义务时,需做到何种程度才算得上谨慎、勤勉和审慎,法律层面并未进一步细化规定,实践操作中需要结合很多具体事实才可以作出判断。

"非标准化积极义务"的这种特点对法律实施机制的设计和运作有重要影响。原因在于,按传统观点,义务规则的有效实施必须依赖以法律责任追究为核心的惩罚机制。然而,根据法律适用理论(即法律适用"三段论"),惩罚机制的启动反过来又要求以"法律主体未充分履行义务"这一事实为前提。如果某一义务规则的履行效果难以标准化(比如难以量化),那么当事人未履行义务的事实,或者说当事人违法的事实,往往就难以准确认定,其进一步导致的问题是,惩罚机制的运作效率将受到抑制。

以公司社会责任为例,很多国家的立法都把社会责任设定为公司的法定义务。但在实践中,如何推动这项规则的实施却是不小的难题。原因在于,既然公司社会责任是法定义务,那么按照传统观点,立法者应当为这种义务建立相应的责任规则和惩罚措施,以确保在义务未得到履行时,公权机关可通过惩罚机制追究公司责任。但问题是,在追究法律责任之前,需要先认定公司没有履行社会责任的事实。那么,公司履行社会责任的标准又是什么?而且,对于没有履行责任的公司,公权机关如何追究法律责任?是由公司承担责任,还是由董事或股东承担责任?[③] 抑或由两者承担连带

---

① 参见《公司法》第5条。
② 参见《公司法》第147条。
③ 虽然公司社会责任规则在形式上把公司视为义务主体,但有学者认为,公司社会责任规则的责任主体应当是董事。参见李哲松:《韩国公司法》,吴日焕译,50页,北京,中国政法大学出版社,2000。

责任? 此外,应当由谁来监督公司是否履行了社会责任? 行政机关? 监事会? 还是社会公众? 诸如此类的疑问,都是各国公司法实践需要面对而又没有彻底解决的难题。或许也正是因为这些问题还没有取得共识,目前各国的公司法都无法就公司社会责任规则的实施直接设定惩罚机制。[①] 例如,在 2005 年立法机关修订《公司法》、规定公司社会责任之后,深圳证券交易所随之制定了《深圳证券交易所上市公司社会责任指引》。该《指引》从股东和债权人权益保护、职工权益保护、供应商、客户和消费者权益保护、环境保护与可持续发展、公共关系和社会公益事业、制度建设与信息披露六个方面规定了如何引导上市公司履行社会责任。但与其他法律文件不同的是,该《指引》通篇并未规定法律责任条款。

(二)需要鼓励适用的更高标准

制定和实施标准,是市场规制的重要手段之一。有研究者指出,"在任何一个规制体系中,各类标准都有着重要地位。从最广义的角度而言,标准包括规范、目标、任务以及规则,规制体系据此得以正式形成。标准如果不明示规制体系的整体目标,至少也会设定该体系参与者应当遵守的某些行为要素"。[②] 在一些领域,管制甚至"直接对私人交易和合约协议进行干预。这些管制包括为产品质量和工作场所安全设定的标准以及对产品成分或金融协议的公开信息要求"。[③]

根据《标准化法》规定,[④]法律语境下的"标准"是指"农业、工业、服务业以及社会事业等领域需要统一的技术要求"。如果进一步结合市场规制(市场监管)实践,还可从以下几个层面理解"标准"的内涵。

其一,按制定主体区分,有权制定市场规制标准的,包括公权主体(国务院标准化行政主管部门,国务院行业主管部门,省、自治区、直辖市人民政府,设区的市的人民政府),也包括私权主体(主要指企业),还包括兼具公私性质的主体(行业协会等社会组织、社会团体)。作为公权主体的政

[①]　在此意义上有学者认为,公司社会责任有一部分属于"超越法律"的责任,因此立法对"超越法律"的企业社会责任活动的规制可定性为"软法"。参见周林彬、何朝丹:《试论"超越法律"的企业社会责任》,载《现代法学》,2008(1)。

[②]　[英]科林·斯科特:《规制、治理与法律:前沿问题研究》,安永康译,66 页,北京,清华大学出版社,2018。

[③]　[美]丹尼尔·F. 史普博:《管制与市场》,余晖、何帆、钱家骏、周维富译,45 页,上海,格致出版社、上海三联书店、上海人民出版社,2017。

[④]　详述内容可综合参见《标准化法》第 2 条、第 8 条、第 10 条、第 11 条、第 12 条、第 13 条、第 18 条、第 19 条、第 20 条、第 21 条等条文。

府,其制定标准的手段具有多样性。"政府不仅经常利用公法和契约手段来设定具有法律约束力的标准,还会运用其管理权威设定不具有法律约束力的规制标准。目前软法已普遍存在,其不具有法律约束力但会产生实际规范效果,这就为政府提供了一种手段,使其能够超越立法授权的范围来制定标准,同时无须经过立法机关的批准"。① 有必要指出的是,标准的制定主体类别与实施主体类别并非一一对应。公权主体制定的标准,完全可以由私权主体或者公私兼具的主体自行实施。有研究者总结,"一个有效的规制体系必须要具备标准制定、监督与执行三要素。这三种要素不一定由同一组织掌握,也未必完全由私人组织享有。于是在同一规制体系中,可能由公共部门制定标准,而由私人监督者负责监督与执行"。②

其二,由于有权制定标准的主体众多,因此法律意义上的标准也有多种类别,其至少可区分为"国家标准、行业标准、地方标准和团体标准、企业标准"。由于这些标准据以产生的法律依据各有不同,因此它们之间既不是简单的并存关系,也不是简单的隶属关系。根据立法规定,"对保障人身健康和生命财产安全、国家安全、生态环境安全以及满足经济社会管理基本需要的技术要求",必须制定国家标准;③行业标准是在"没有推荐性国家标准、需要在全国某个行业范围内统一的技术要求"的情况下,才由国务院有关行政主管部门制定;制定地方标准的法律依据必须是为了"满足地方自然条件、风俗习惯等特殊技术要求";社会团体制定标准的依据是为了"满足市场和创新需要";而企业制定标准,则完全是基于意思自治。

其三,按照是否必须遵守的情况区分,市场规制的标准整体上可划分为强制性、推荐性和自愿性三种类别。其中,强制性标准仅存在于国家标准这一层级,只有事关人身健康、生命财产安全、国家安全、生态环境安全

①　[英]科林·斯科特:《规制、治理与法律:前沿问题研究》,安永康译,69页,北京,清华大学出版社,2018。

②　[英]科林·斯科特:《规制、治理与法律:前沿问题研究》,安永康译,90页,北京,清华大学出版社,2018。

③　根据国家市场监管总局2020年12月公布的《国家标准管理办法(征求意见稿)》第2条之规定,对农业、工业、服务业以及社会事业等领域需要在全国范围内统一的技术要求,应当制定国家标准(含标准样品),包括下列内容:(1)通用的技术术语、符号、分类、代号(含代码)、文件格式、制图方法等通用技术语言要求和互换配合要求;(2)能源、资源、环境的通用技术要求;(3)通用基础件,基础原料、材料的技术要求;(4)通用的试验、检验方法;(5)社会治理、服务,以及生产和流通的管理等通用技术要求;(6)工程建设的勘察、规划、设计、施工及验收的通用技术要求;(7)对各有关行业起引领作用的技术要求;(8)国家需要规范的其他技术要求。上述涉及保障人身健康和生命财产安全、国家安全、生态环境安全以及满足经济社会管理基本需要的技术要求,应当制定为强制性国家标准,其他的制定为推荐性国家标准。

以及满足经济社会管理基本需要的那些技术要求，才必须制定强制性国家标准，至于"对满足基础通用、与强制性国家标准配套、对各有关行业起引领作用等需要"①的那些技术要求，法律仅规定"可以"制定国家推荐性标准。除此之外，行业标准、地方标准都是推荐性标准。至于团体标准和企业标准，国家的立场是，"鼓励学会、协会、商会、联合会、产业技术联盟等社会团体协调相关市场主体共同制定满足市场和创新需要的团体标准"，允许企业根据需要单独或者联合其他企业自行制定企业标准。此外，国家还"支持在重要行业、战略性新兴产业、关键共性技术等领域利用自主创新技术制定团体标准、企业标准"。

从广义角度理解，市场规制中的标准属于经济法规范（经济法义务规则），标准的实施实际上也归属法律实施范畴。故此，围绕法律实施激励机制这一主题，有必要进一步讨论强制性标准、推荐性标准和自愿性标准三者的关系。根据《标准化法》第 2 条、第 21 条等条文的规定，"强制性标准必须执行"（不符合强制性标准的产品、服务，不得生产、销售、进口或者提供），"国家鼓励采用推荐性标准"，团体标准则由"本团体成员约定采用或者按照本团体的规定供社会自愿采用"，企业标准也是由企业自行决定是否制定并采用。对于它们的效力关系，立法机关的态度有两个层次：一是推荐性标准和自愿性标准"不得低于强制性国家标准的相关技术要求"；二是"国家鼓励社会团体、企业制定高于推荐性标准相关技术要求的团体标准、企业标准"。

至于某些行业、领域可能适用的国际标准，国家通过立法体现的态度：一是"积极推动参与国际标准化活动，开展标准化对外合作与交流，参与制定国际标准，结合国情采用国际标准，推进中国标准与国外标准之间的转化运用"；"鼓励企业、社会团体和教育、科研机构等参与国际标准化活动"。② 二是"制定国家标准应当结合国情采用国际标准，采用国际标准时应当符合有关国际组织的版权政策"。③ 三是国家"鼓励采用国际标准和国外先进标准"，④"鼓励采用国际标准与相关国际标准制定同步，加快适用国际标准的转化运用"。⑤

---

① 参见《标准化法》第 11 条。
② 参见《标准化法》第 8 条。
③ 参见国家市场监管总局 2020 年 12 月公布的《国家标准管理办法（征求意见稿）》第 6 条。
④ 参见《标准化法实施条例》第 4 条。
⑤ 参见国家市场监管总局 2020 年 12 月公布的《国家标准管理办法（征求意见稿）》第 6 条。

　　具体到产品规制领域，《产品质量法》的一些条文①也规定了标准执行问题，其要点是：第一，产品不得存在"危及人身、财产安全的不合理的危险"，如果已有"保障人体健康和人身、财产安全的国家标准、行业标准"，该产品必须符合标准；如果尚未制定国家标准、行业标准，则"必须符合保障人体健康和人身、财产安全的要求"。第二，如果产品存在不合理危险，或者不符合国家标准、行业标准，该产品将被认定为存在法律意义上的"缺陷"，监管部门将据此追究经营者法律责任。第三，国家"鼓励企业产品质量达到并且超过行业标准、国家标准和国际标准"，②如果"产品质量管理先进和产品质量达到国际先进水平，成绩显著"，国家还将对相关单位和个人进行奖励。

　　基于强制性标准、推荐性标准和自愿性标准三者法律性质的区别，有关标准实施的法律保障机制也应有所不同。本质上，强制性标准相当于法定最低标准，自愿性标准则是国家通过立法明确表达的，希望社会团体和企业在法定最低标准之上制定的更高标准。至于推荐性标准，国家态度似乎较为模糊：一方面，立法确实明确强调推荐性标准不得低于强制性标准；但另一方面，立法并未明确表明鼓励和支持相关主体制定高于强制性标准的推荐性标准——这与立法对自愿性标准的规定有明显区别。

　　以往法律实践表明，保障强制性标准实施主要依赖以法律责任为基础的惩罚机制。比如根据《产品质量法》第40条至第72条的规定，如果经营者"生产、销售不符合保障人体健康和人身、财产安全的国家标准、行业标准的产品"，在市场监管以及行政法层面可能被责令停止生产销售、没收违法生产销售的产品、没收违法所得、处以罚款或者吊销营业执照，在民法层面则需要承担损害赔偿（甚至惩罚性赔偿）责任。此外，如果行为构成犯罪，经营者还需承担刑事责任。

　　从规范分析角度看，以惩罚机制保障强制性标准实施具有合理性。因为强制性标准作为法定最低标准，能够为行政监管部门或司法机关判断市场主体行为或相关产品、服务质量是否符合法律要求提供明确依据（不仅包括定性依据，甚至还有更具操作性的定量依据）。换言之，在大多数情况下，行政监管部门或司法机关依据强制性标准来衡量市场主体的行为或产品、服务质量，可以较为简便地得出是否违法的结论。这是惩罚机制能够

---

　　①　下述内容可综合参见《产品质量法》第6条、第13条、第14条等条文。
　　②　类似的规定还可参见《农药管理条例》第6条、《特种设备安全监察条例》第8条等法律条文的规定。

有效运作的重要前提——如果"是否违法"难以判断，则究责肯定无法启动，惩罚也无从谈起。

推荐性标准和自愿性标准的实施机制相对更复杂。根据《标准化法》第 27 条规定，"国家实行团体标准、企业标准自我声明公开和监督制度，企业应当公开其执行的强制性标准、推荐性标准、团体标准或者企业标准的编号和名称"；"国家鼓励团体标准、企业标准通过标准信息公共服务平台向社会公开"；"企业应当按照标准组织生产经营活动，其生产的产品、提供的服务应当符合企业公开标准的技术要求"，如果"企业生产的产品、提供的服务不符合其公开标准的技术要求"，则应依法承担法律责任。

据此可推断的是，如果相关推荐性标准和自愿性标准并未高于（当然也不得低于）强制性标准，那么企业违反推荐性标准和自愿性标准的同时，实际上也已违反强制性标准，此时监管部门或司法机关可以仅凭强制性标准认定企业违法事实并追究法律责任，而不必过多考虑企业是否公示采用推荐性标准和自愿性标准。如果相关推荐性标准和自愿性标准高于强制性标准，且企业已事先公示采用，此时，如果产品、服务不符合该等标准的技术要求，则企业也将被追究法律责任。在这两种情况下，惩罚机制都可以发挥作用，其原理与前述强制性标准类似。

有疑问的是，假设某些国家推荐标准或者某些行业标准、地方标准的技术要求高于国家强制性标准，而企业并未事先声明其自愿执行该等推荐性标准，如果企业的产品、服务符合国家强制性标准，但不符合各类推荐性标准，其是否需要承担法律责任？对此，现行立法的规定似有不明之处。首先，根据《标准化法》第 2 条规定，行业标准是推荐性标准，"国家鼓励采用推荐性标准"，据此无法直接推论出，在企业事先未声明采用推荐性标准的情况下，监管部门可以依据某项推荐性标准评价企业产品、服务质量并追究其法律责任。但是，根据《产品质量法》第 49 条规定，企业"生产、销售不符合保障人体健康和人身、财产安全的国家标准、行业标准的产品"，需要承担法律责任（《产品质量法》并未进一步强调该等行业标准必须是企业事先公示采用的标准）。在此语境下，行业标准似乎不只是企业自愿采用的推荐性标准，而是带有强制性标准的性质。若此，则《产品质量法》与《标准化法》的规定仍需协调，以消除冲突。

进一步的问题在于，《标准化法》的整体立场是鼓励团体标准、企业标准高于推荐性标准，至少不得低于强制性标准。既是鼓励，则意味着企业是否采用更高标准，纯属自愿，监管部门无法以追究法律责任为威胁来促使企业采用更高要求的产品、服务标准，也无法以未采用更高标准而认定企业违法。从规范分析角度看，在法律实施的惩罚机制失效的情况下，激励机制往往能够发挥互补作用。或许有研究者认为，企业产品、服务采用更高的社团标准、企业标准，可以提升产品、服务质量，树立企业良好声誉和形象，这有助于企业获得更多消费者认同，取得更多销售收入，进而在市场竞争中获得优势地位，因此立法机关或监管部门不必专门建立激励机制来促使企业采用更高标准。

理论上，依靠市场力量"内生地"激励企业自觉行事的观点确实符合市场经济基本规律，但这是抽象意义上的结论。需要考虑的现实问题是，市场规律带来的回报需要一定时间沉淀才能显现，而且在个案意义上具有不确定性。相比于以低标准生产产品、服务，企业采用更高标准需要投入大量的前期研发成本、生产成本、广告成本。如果其依存的市场的产权保护缺乏实效，声誉机制[①]不健全，不正当竞争行为时有发生，纠纷解决成本高昂，那么企业就有可能担心其为了遵循更高标准，提高产品、服务质量而投入更高成本，无法为其带来更多收益。此时，企业可能选择放弃采用更高标准，最终导致市场出现逆向选择。解决这一难题的一个重要思路，是通过立法等途径构建一套"外生的"激励机制，通过物质奖励、经济补贴等具体措施，提高企业短期收益预期，缩短企业因此获得收益的周期，强化企业成本弥补的保障，促使企业敢于投入成本，采用更高的产品、服务标准。

（三）实施成本高昂的监管规则

"通常情况下，对于社会而言，对潜在的违法行为进行禁止的成本是高昂的。"[②]市场监管法（市场规制法）的宗旨是引导、监督、管理市场主体的经营行为，同时也规范和约束行政监管部门的监管行为。实践中，实施监管法律规则所带来的成本至少有两类：一是监管部门依据市场监管法行使行政权力过程所耗费的成本，如工作人员的薪酬、办公场地的建造或租赁

---

① "声誉机制"是指社会网络当中，针对当事人履约诚信的一种"非正式"（非官方性）的评价和强制机制。在"声誉机制"影响下，那些企图恶意违约的商人将遭到行业内或者地区内其他商人的共同谴责、排斥和抵制，甚至失去以后在行业内或者地区内继续进行商事活动的机会。声誉机制的性质属于"非正式的社会强制机制"，其之所以能够发挥作用，原因在于"社会的融合性，往往不是来源于传统法律经济学家所强调的法律强制力，而是来源于社会非正式的强制，包括熟人、旁观者、交易伙伴，以及其他主体。这些非官方的强制者所实施的惩罚方式包括消极的评论和排斥，而他们对遵守规则者所提供的奖励则包括表示尊重的评价和提供更多的交易机会。"Robert C. Ellickson. Law and Economics Discovers Social Norms. *The Journal of Legal Studies*. Vol. 27 (1998), pp. 537-552.

② Gary S. Becker and George J. Stigler. Law Enforcement, Malfeasance, and Compensation of Enforces. *Journal of Legal Studies*. Vol. 3, No. 1 (Jan. 1974), pp. 1-18.

成本、工作设施设备的购置与养护成本,等等。此类成本主要由公共财政承担,可简称监管成本。二是市场主体(被监管者)为遵守监管法律规则而需要支付的成本,比如企业及时足额缴纳的税款,就是企业遵守税法的成本。此类成本一般由市场主体自行承担,可简称守法成本或制度性交易成本。

　　监管法律规则的立法目的能否充分实现,其实效如何,与规则实施带来的成本有重要关联关系。一方面,如果监管成本过于高昂,以至于监管部门难以对全部被监管者的市场行为过程和结果及时进行广泛、深入的监督管理,则被监管者将会获得逃避法律约束、实施违法行为的机会。另一方面,如果监管规则过于严苛,造成守法成本过于高昂,甚至达到不合理的程度,则被监管者会有更大的激励投入一定的成本去设计规避监管的方法,绕开法律规制,力求在降低守法成本和减少违法风险之间取得一个均衡的行动策略,在此情况下,监管规则可能被架空。我们把上述第一种情况称为"监管不能",把第二种情况称为"法律规避",两种情况都会影响监管规则的实施。由于后文还将详细论及法律规避与法律责任规则实施的关系,故此,本小节内容主要探讨监管成本高昂情况下监管规则的实施问题,对第二种情况暂不论述。

　　分析"监管不能"问题之前,有必要先考察监管成本高昂的原因。从实践来看,导致监管规则实施成本高昂的具体原因有多种,整体上可归纳为客观和主观两个范畴。其中,主观层面可能有以下几种:一是监管部门自己设计的监管方法不科学导致很多监管工作"多此一举";二是在科技已能便利实现的情况下监管部门仍一直沿用落后的监管技术;三是监管部门机构设置不合理导致不必要的多头管理、重复管理;四是监管部门编制臃肿导致人员薪酬支出沉重;五是监管部门内部管理不善导致日常运作成本缺乏有效控制,等等。

　　与上述不同的,导致监管规则实施成本高昂的客观原因可能包括:一是被监管对象数量众多导致监管部门不得不投入更多的人力物力;二是被监管对象的分布高度分散化且所处地理位置有较强变动性,导致监管部门在同一时间内需要在更多的地点安排更多的监管人员或监管设备;三是被监管行为具有高度专业性(比如与互联网科技结合日趋紧密的金融领域的很多交易行为)导致监管部门需要耗费更多时间、更高成本用于调查取证或检验鉴定;四是被监管领域的有效信息具有强隐蔽性(比如建筑企业施工过程的各种真实信息),以至于监管部门需要花费大量的信息收集、分析与核实成本,等等。

高昂的实施成本会弱化监管规则的实施效率,影响监管规则立法目的的充分实现。这一判断暗含了规范分析和实证分析相结合的逻辑:一方面,从规范分析角度看,基于上文所述的各种原因,市场监管部门在某些领域(如主体数量多或对象分布分散化的领域)如果要实现对各个主体和事项的有效监管,需要投入巨大成本;另一方面,从实证分析角度看,基于财政预算约束,监管部门实际上又无法完全承担这一预期成本。这意味着,理想化的监管目标往往难以实现。监管部门通常只能在预算约束下,选择次优的监管目标。

我们可以以上市公司市值管理的法律监管为例进行论证。上市公司市值管理(market value management)是经济学、管理学等领域的专业概念,具体是指上市公司基于市场环境变化和公司经营管理情况,及时运用多种合规、合理、科学的价值经营方法,避免估价出现不理性波动,维护公司经营状况和证券市场秩序,实现公司价值最优化的一种战略管理行为。市值是评价上市公司经营实力的重要标准。在完善的资本市场中,市值是市场对某一上市公司实际价值的总体体现,表明投资者对上市公司的产品服务质量、经营管理能力、未来盈利预期、整体发展潜力、所处行业地位等诸多要素的总体评估。除此之外,市值也常常成为考核上市公司管理者生产经营管理能力及其绩效的重要指标,也是决定上市公司收购与反收购能力强弱的参考标准。

上市公司市值管理有多种方法。择要而言,其整体上可分为两种类型:一是常规型市值管理。从根本上而言,改良生产技术,改进管理体系,提升产品和服务质量,改善与投资者、消费者的关系,增强对管理层和员工的激励,强化企业产权保护,优化对外宣传,树立企业品牌形象,积极履行企业社会责任等措施,都可归入市值管理的范畴。当然,此类措施见效较慢,但"疗效长远",它们着眼的是上市公司长期发展的市值维护。二是非常规型市值管理。它是指当上市公司遭遇各类突发事件时所采取的应急措施,比如及时有效的公关处理,必要的股权回购,重大投资项目的适时推出,新的战略投资者的引入,企业高管团队的必要调整,等等。此类措施特点是短期见效快,但并非企业发展的长远之计。

2014年国务院出台的《关于进一步促进资本市场健康发展的若干意见》第2条第(6)项提出,应当"提高上市公司质量",其中一项具体措施是"鼓励上市公司建立市值管理制度"。由此可见,在监管部门看来,规范意义上的市值管理值得鼓励。有必要讨论的是,近年来实践中出现不少"伪市值管理"行为。一些上市公司的实际控制人、大股东、管理层或机构投资者通过发布虚假信息、内幕交易,甚至与公募基金或私募基金合谋哄抬股价等手段,恶意操控股价以谋取私人不当利益。由于"伪市值管理"并非个别现象,而是时常发生、长期存在,因此在不少从业者看来,此类行为似乎已成为证券市场的"潜规则"。①

监管部门当然没有放松对"伪市值管理"行为的查处。2021年5月,有投资者在网络上实名举报若干上市公司曾与机构投资者合谋操纵股价非法牟利,证监会随即宣布将根据举报线索立案调查。在中国证券业协会第七次会员大会上,证监会主席明确表示,"证监会对'伪市值管理'始终保持'零容忍',对利益链条上的相关方,无论涉及谁,一经查实,将从严从快从重处理并及时向市场公开"。② 2021年7月,中共中央办公厅、国务院办公厅印发《关于依法从严打击证券违法活动的意见》,强调"到2022年,资本市场违法犯罪法律责任制度体系建设取得重要进展,依法从严打击证券违法活动的执法司法体制和协调配合机制初步建立,证券违法犯罪成本显著提高,重大违法犯罪案件多发频发态势得到有效遏制,投资者权利救济渠道更加通畅,资本市场秩序明显改善"。

事实上,在立法层面,《证券法》等法律法规对伪市值管理涉及的虚假信息披露、内幕交易等行为也一直有规制。2019年修订的《证券法》甚至还专门强化了对此类行为的处罚力度。在此情况下,对于伪市值管理行为大量存在的问题,显然不是根源于立法缺失,也不能归责于监管部门失职,其更直接的原因是,针对此类行为的监管成本(或者说,针对此类行为的监管规则的实施成本)确实非常高昂。一方面,近年来立法机关和监管部门实质性地降低了公司上市的门槛,"注册制"的确立和逐步推行、以设立"科创板"为代表的板块扩容,使得上市公司的数量加速增长,这对证券行业的日常监管带来了很大压力。另一方面,上市公司的实际控制人、大股东、管理层以及参与其中的机构投资者在实施"伪市值管理"行为时,几乎都不会采用直接违法手段,而是以多种合法外观包装其违法行为[一定意义上可将其称为原《合同法》第52条第(3)项所规定的'以合法形式掩盖非法目的的行为']。这种行为涉及的主体众多,模式复杂,过程隐蔽。监

---

① 参见:(1)王宁:《但斌反对"市值管理"专家建议清理背后潜规则》,载证券日报网,http://www.zqrb.cn/fund/jijindongtai/2021-05-18/A1621266369303.html。最后访问日期:2021年6月8日;(2)于蒙蒙:《伪市值管理:一场利益输送的隐秘牌局》,载中证网,http://www.cs.com.cn/xwzx/hg/202105/t20210519_6168008.html。最后访问日期:2021年6月8日。

② 参见刘慧:《易会满:对"伪市值管理"始终保持"零容忍"》,载新华网,http://www.xinhuanet.com/2021-05/22/c_1127478071.htm。最后访问日期:2021年6月8日。

管部门除非获得有效举报信息,否则要在众多上市公司日常实施的数量繁多的交易行为中及时、准确地发现并查明违法行为,难度很大。在有些案例中,监管部门凭经验和直觉或许可以高度怀疑上市公司涉嫌违法行为,但如果要追究其法律责任,仍需完成充分的证据收集。而这一调查过程,即可能耗费巨大成本——只要观察一下 2020 年中国证监会通过借用北斗卫星进行长时间海域观察才认定了某上市公司实施多年的违法事实,[①]就不难理解上述结论的正确性了。

三、法律责任规则的实施问题

(一)威慑作用有限的法律责任规则

作为法律实施惩罚机制的"内核",惩罚包含处罚、惩戒之义。从事后视角看,监管部门或司法机关可以通过惩罚机制强制要求违法者支付法律规定的对价:一方面使违法者期望通过违法行为获利的目的落空,甚至还需要付出比预期收益更高的成本,比如违法者被没收违法所得、处以罚款以及追究刑事责任;另一方面,如果该违法行为存在特定的个体意义上的权利受损人,即违法行为不是单纯损害公共利益的情况下,则违法者需要支付的对价还包括对权利受损人的经济赔偿。整体而言,上述所称的对价包括金钱意义上的对价(如罚金、罚款、损害赔偿、违约金等),也包括非金钱意义上的对价(如停业整顿、责令关闭、有期徒刑、行政拘留等)。

从事前视角看,惩罚机制的作用显然不只是在违法行为发生后强制违法者支付法律规定的对价,它还具备一定程度的事前威慑作用。国家可以通过法律责任规则字面含义的解释和宣传,使公众理解法律的强制要求以及责任规则的内容与后果;而更直观的方法则是通过真实案例的展示,使公众对法律责任的实际承担产生惧怕和敬畏,进而放弃违法意图和行为。有研究者指出,"一个救济体系的基本目标是威慑人们不敢违反法律。另一个目标是对违法行为的受害者进行补偿,但这是一个次要的目标,因为,一个规划合理的威慑体系将把违法的概率降低到一个很低的水平"。[②]

---

① 参见《中国证监会行政处罚决定书(獐子岛集团股份有限公司、吴厚刚等 16 名责任人员)》([2020]29 号)。

② [美]理查德·A.波斯纳:《反托拉斯法》,孙秋宁译,313 页,北京,中国政法大学出版社,2003。

　　当然,上述内容一定程度上带有规范分析的意味。因为现实中很多例子表明,法律责任规则及其相关惩罚机制对公众的威慑作用并非无所不能,亦非无时不在。更准确地讲,威慑作用可能不如规范分析结论所预期的那么理想。否则,为什么古今中外绝大多数国家都制定了不同形式的"法""律"或"法律",但是诸如盗窃、抢劫、杀人、纵火等违法犯罪行为依然无法杜绝?

　　从客观角度看,有效发挥法律责任规则以及惩罚机制的威慑功能,需要以及时查明违法事实和公正适用法律责任规则为前提。但实践中,这两个重要前提的实现可能遭遇诸多障碍。常见情况比如,由于被监管的行为具有高度专业性或者被监管领域的信息具有强隐蔽性而导致违法行为被发现的概率不高,或者执法者本身存在徇私枉法、以权谋私、不公正适用法律等违法行为,导致违法者未被处罚,都可能导致法律责任规则和惩罚机制威慑功能弱化。

　　从主观角度看,某些市场主体可能无视法律责任规则的惩罚风险和威慑作用。事实上,任何市场主体对法律规则的认知,以及对法律责任风险的预判,往往只具有有限理性。他们无法做到时时处处敬畏规则、依法行事。由于法律知识、法制意识等因素的限制,在特定场景下,他们也可能基于认知错误而选择违法的行动策略。而且,不同的市场主体有不同的风险偏好,基于利益诱导以及现实中违法行为并不是百分之百被及时发现这一客观事实,某些市场主体也可能心存侥幸,在明知可能遭受法律制裁的情况下,依然愿意冒险选择违法行动策略。

　　如果我们认可,"法律责任规则的威慑作用有限"这一论断有充分的理论依据和实践依据,那么推论是,以法律责任为基础的惩罚机制在一些情况下将失去实效,即无法保障法律义务规则的有效实施。有必要进一步讨论的是,法律责任规则的实施效率与规则本身所规定的惩罚强度是否必然存在关联关系? 换言之,既然法律责任规则在某些情况下威慑作用有限,那么可否通过大幅提高惩罚强度(如增加罚款额度或加重有期徒刑期限)来迫使法律适用主体对法律责任规则心存敬畏?

　　关于惩罚强度与法律威慑作用的关系问题,理论界和实务界已有过不少探讨。广为流传的一个例子是18世纪意大利刑法学家贝卡利亚曾经提过的观点。他认为,刑罚的威慑力不在于刑罚的严酷性,而在于其不可避免性,因此死刑其实可以废除。① 对于以往文献已有共识的观点,此处不作赘述。可以展开讨论的另一个路径是,结合博弈论等研究方法,从法律适用主体的立场分析为什么提高惩罚力度不一定能够强化法律威慑作用。

我们可以以建筑行业的监管问题为例进行论证。建筑工程的施工建造活动,是市场监管的重要对象之一。在这一领域,为了引导建筑企业依法施工,确保工程质量,防范事故风险,多年来立法机关通过《建筑法》《建筑法实施细则》等法律、法规、规章,对工程承揽建设的主体资质、承揽合同的形式与效力、建筑工程的施工过程、建筑工程质量验收等问题进行了严格规定,同时还对违法承揽行为、违法施工行为设置了严厉的法律责任机制。比如,针对建筑工程层层分包、实质转包、挂靠承揽等问题,立法规定的惩罚措施即包括:罚款、没收违法所得、责令停业整顿、降低资质等级、吊销资质证书,等等。另外,对于因承揽工程不符合规定的质量标准而给建设单位等主体所造成的损失,建筑施工企业及其违法分包人、挂靠承揽人或其他使用建筑施工企业名义的单位或者个人,需一同承担连带赔偿责任。②

然而从实践来看,多年来,建筑工程层层分包、实质转包、挂靠承揽、无证开工等现象在全国各地仍然普遍存在。根据《住房和城乡建设部办公厅关于 2020 年度建筑工程施工转包违法分包等违法违规行为查处情况的通报》(建办市〔2021〕10 号)等文件显示,2020 年,各地住房和城乡建设主管部门共排查出 9725 个项目存在各类建筑市场违法违规行为(详见图 4)。其中,存在违法发包行为的项目 461 个,占违法项目总数的 4.8%;存在转包行为的项目 298 个,占违法项目总数的 3.0%;存在违法分包行为的项目 455 个,占违法项目总数的 4.7%;存在挂靠行为的项目 104 个,占违法项目总数的 1.0%;存在"未领施工许可证先行开工"等其他市场违法行为的项目 8407 个,占违法项目总数的 86.5%。

另外,2020 年全国各地住房和城乡建设主管部门共查处有违法违规行为的建设单位 3562 家;有违法违规行为的施工企业 7332 家,其中,有转包行为的企业 302 家,有违法分包行为的企业 453 家,有挂靠行为的企业 69 家,有出借资质行为的企业 51 家,有其他违法行为的企业 6457 家。各地住房和城乡建设主管部门对存在违法违规行为的企业和人员,分别采取

---

① 具体可参加[意]切萨雷·贝卡利亚:《论犯罪与刑罚》,黄风译,北京,中国法制出版社,2005。
② 参见《建筑法》第 65 条、第 66 条、第 67 条。另外,还可参见住房和城乡建设部专门出台的《建筑工程施工发包与承包违法行为认定查处管理办法》等法律文件之规定。

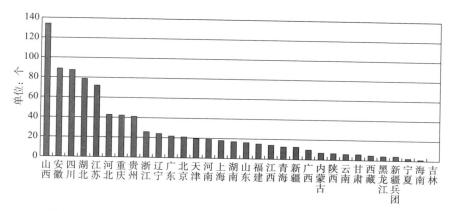

图 4　2020 年全国各地查处的违法发包等四类行为的建筑施工项目数

停业整顿、吊销资质、限制投标资格、责令停止执业、吊销执业资格、终身不予注册、没收违法所得、罚款、通报批评、诚信扣分等一系列行政处罚或行政管理措施。其中,责令停业整顿的企业 575 家,吊销资质的企业 2 家,限制投标资格的企业 115 家,给予通报批评、诚信扣分等处理的企业 3097家;责令停止执业 28 人,吊销执业资格 8 人,终身不予注册 1 人,给予通报批评等处理 1426 人;没收违法所得总额 338.91 万元(含个人违法所得 12.52 万元),罚款总额 67737.88 万元(含个人罚款 3034.62 万元)(详见图5)。

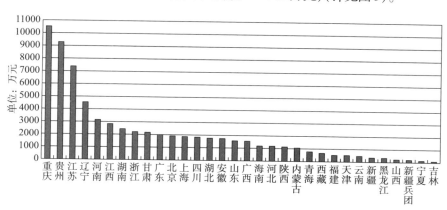

图 5　2020 年全国各地建筑施工违法项目处罚金额情况

在 2018 年之前,住房和城乡建设部每年每一季度公布的数据亦都表明,层层分包、实质转包、挂靠承揽、无证开工等问题一直存在。值得反思的是,为什么在立法已经设置了严厉的法律责任(甚至规定了发包人与分包人、承揽人全部承担连带责任)的情况下,相关责任规则仍然无法杜绝这些违法行为? 对此,有必要深入违法当事人的合同关系中寻找答案。

为了实现违法分包、转包或挂靠承揽,当事人之间同样需要订立若干合同,以明确各方利益关系和"权利""义务"。① 只不过这些合同属于当事人"台底下"的约定,不被用于行政备案或公示,且具有规避法律的特点。在一般的合同关系中,当事人相互之间同时存在着对抗与合作,但是对于违法分包、转包或挂靠承揽这些特殊情况下的合同而言,合作往往会成为这一矛盾关系的主要方面,而且这种合作的内在激励和外部约束也都具有一定的特殊性。

原因一方面在于,违法合同的"履行"本身也是一种双向行为,它不可能仅靠一方当事人主观意愿和单方行为即可实现;而另一方面,建筑工程施工是一项高风险工作,违法分包契约当事人能否获得收益以及获得收益的多少,很大程度上取决于他们双方对各种风险防范的合作态度。可以设想,如果当事人双方不对施工过程的技术风险进行有效防范而轻易导致安全事故的发生,或者轻易把内部纠纷的解决诉诸法律,那么他们都可能被监管部门或司法机关"揭开规避的面纱"进而追究连带法律责任。因此当事人双方一方面要尽量降低共同风险(特别是第三人起诉或执法部门主动介入)发生的概率,另一方面则都愿意秉承"大事化小、小事化了"的态度,把纠纷解决内部化,或者依靠民间性质的中立第三方协助解决纠纷,从而防止共同法律风险的出现。

简言之,违法分包等合同的当事人属于利益共同体,他们"合则双赢,分则俱损"。在建立共谋关系之后,"合作"应是双方行动策略的最优选择。从博弈论角度,这种关系可以简化为图6所示。

		分发包人	
		合作	不合作
分承包人	合作	2　　2	3　　−6
	不合作	−6　　3	−3　　−3

图6　订立违法分包协议之后,当事人之间可能的策略选择

这个模型表明,当事人在履行违法分包、转包或挂靠承揽合同过程中,分别都有选择"合作"策略或者"不合作"策略的机会,但是在重复博弈条

---

① 按规范分析观点,"权利""义务"由法律设定,其暗含了"合法性"的要求。换言之,法律语境下的"权利""义务"必须具有,也必然具有合法性,不存在"违法的权利"或者"违法的义务"。本章节在此借用"权利""义务"两个概念,意指违法当事人通过合同约定的双方应当如何行为,以及基于合同可以获得何种利益。由于这些约定的内容本身不具合法性,因此严格意义上不能称其为权利和义务。为表严谨,我们加上双引号,以示其并非合法语境下的概念。

件下,理性的双方当事人最终都将选择(合作,合作)的行动策略。可以假设,如果双方当事人都选择"不合作",其结果将是"两败俱伤",此时双方所面临的支付(-3,-3)在绝对值上比采取"合作"所面临的支付(2,2)还要大。原因在于,如果双方当事人没有采取妥善的合作措施而导致工程施工出现事故,或者由于其他原因被执法部门查获,或者被第三人诉至法院,此时不仅双方的预期收益(建筑单位支付的工程款)可能丧失,而且还可能面临执法部门的行政处罚(罚款等),以及对第三人的民事赔偿甚至刑事责任。此外,当事人在(合作,合作)以及(不合作,不合作)两种情况下分别获得的"支付"的"绝对差值",还与当事人对专用资产的投入程度成正比,即专用性资产投入越多,当事人面临的专用资产损失可能更大,因此绝对差值也将随之增加。

　　如果一方当事人选择"合作",另一方当事人选择"不合作",这种策略组合也不是均衡点,因为:(1)建筑工程施工不是一次性交易,而是一项持续时间较长,而且需要双方当事人多次沟通与协助才能完成的工作,如果一方"不合作",其行为可能导致另一方当事人所选择的"合作"策略无效,也无法推进施工进程,进而影响双方最后收益。(2)进一步的,前文已指出,国家立法明确规定在违法分包情况下,分发包人和分承包人是连带法律责任关系。因此,如果一方当事人选择"不合作"而导致共同法律风险,他也同样会被追究法律责任。(3)在一方选择"合作",另一方选择"不合作"的情况下,两者所面临的支付可能不同,即(-6,3)或(3,-6)的情形,它表明主动采取"合作"策略的当事人可能更为吃亏(比如主动投资采购安全生产设备),而采取"不合作"策略的当事人的损失则可能较小(比如提前卸责)。但是这种状况也不是稳定的均衡点,因为合作方在发现其采取"合作"策略更为吃亏之后,同样会选择"不合作"策略,从而使博弈进入(-3,-3)的均衡点,而这种(-3,-3)的均衡显然也不是具有理性的双方当事人所希望得到的。

　　有必要指出的是,采取"同时合作"策略固然是双方当事人的理性选择,但无论从理论分析还是实践经验的角度,重复博弈的进行及其均衡结果的出现都需要满足两个重要约束条件:一是可信威胁的存在,它使当事人相信"不合作"将会被惩罚;[①]二是信息交流不存在阻碍,每一方当事人

---

　　① 以"取消将来合作机会"为措施的惩罚,对于促成合作博弈的策略均衡具有重要影响。因为一种"可信的威胁"(a credible threat)可以保证其他成员一直处于合作的状态当中(in cooperative mode)。参见 Paul G. Mahoney and Chris Sanchirico. Competing Norms and Social Evolution: Is the Fittest Norm Efficient?. University of Virginia School of Law. *Law & Economics Working Papers*, No. 00-15 (Jan. 2001)。

在决策之前都可以了解另一方当事人先前的行动策略。① 如果实践中这两种约束条件无法实现，则当事人的行动策略可能改变并进而导致合作无法进行。

当事人进行重复博弈所依赖的"可信威胁"综合来源于前文已经提到的"法律禁止性规定""连带责任追究"以及"当事人之间建立的相互制约措施"，据此下文将分成四个层面进行阐述。

第一个条件是立法存在禁止性规定。违法分包、转包或挂靠承揽的合同之所以违法，其逻辑前提是法律存在禁止性规定。如果这一约束条件改变，即多层分包、私自分包、整体转包、挂靠承揽等行为不再属于违法之列，则当事人的行动策略也将随之改变——比如在发生合同纠纷情况下，一方或双方当事人可以随时诉诸法律寻求权利救济，此时法律的介入对于双方当事人而言，将不再是超出预期的共同的法律风险。

第二个条件是连带法律责任的追究。现行立法规定，总承包单位和分包单位就分包工程对建设单位承担连带责任，而且承包单位对于因转包工程或者违法分包的工程不符合规定的质量标准而造成的损失，也必须与接受转包或者分包的单位承担连带赔偿责任。这是满足（合作，合作）均衡结果的另一个必要条件。因为这种连带责任机制把违法合同的双方当事人都捆绑为责任共同体和利益共同体，所以对于意图选择"不合作"的当事人而言，其"不合作"行为所导致的一切不利后果，最终也完全可能转化为自己的利益损失。由此可见，连带责任机制在另一个意义上增加了双方当事人合作的必要性，也实质性地影响着当事人的行为选择。

第三个条件是当事人内部存在相互制约的措施。违法分包、转包或挂靠承揽的合同一般都构建了相互制约措施，其核心功能是在当事人之间建立起"可信威胁"：（1）在合同单方治理机制中，由于当事人之间一般具有家族或宗族的关系，或者属于已经长期合作的熟人关系，因此它的制约力主要来源于非正式制度的无形约束。（2）在合同双方治理机制中，当事人之间的"制约力"主要来源于合同的"双向强制措施"，包括各种保证金条

---

① 比如在建筑工程违法分包市场，我们可以观察到这样的现象：在发生工程事故的时候，一方当事人为了逃避责任而选择卸责潜逃，把责任全部推卸给另一方当事人独自承担。这种现象在"固定费率契约"和"浮动分成契约"的情况下较少发生，但是在"劳务分包契约"的情况下并不少见（卸责潜逃的一般是作为劳务承包人的"包工头"）。其原因就在于，"固定费率契约"和"浮动分成契约"当中，双方当事人相互关系的依赖程度更强，对"可信威胁"的建立也更为充分；而"劳务分包契约"中，分发包人对分承包人的"可信威胁"往往较弱，再加上分承包人几乎不参与专用资产的投入，因此一旦发生重大事故，卸责潜逃对分承包人而言可能是最符合其自身利益的行动策略——此时分承包人损失的是劳务承包费，但避免的可能是巨额的民事赔偿甚至刑事责任。

款、奖励金条款、责任金条款、契约分割（分期）履行机制，等等。（3）在第三方治理机制中，当事人之间的“制约力”则广泛来自于行业内的中立第三人的权威、社会网络以及声誉机制等。由此可见，无论当事人采用哪一种合同治理机制，他们都无法摆脱相互之间固有的一些制约关系，而这些制约关系进而又实质性地影响着当事人的行为选择，最终促使他们走向（合作，合作）的均衡点。

第四个条件是当事人之间的信息传递成本较低。重复博弈的另一个重要的约束条件是信息的有效传递，因为每一方当事人在作出决策之前，都需要了解对方当事人之前采取过的策略并据此推测其下一次行动可能采取的策略。对此可通过比较“违法分包合同”与“囚徒困境”的差别进行解释。违法分包合同的博弈模型，与经典的“囚徒困境”有一定的相似性：在两种博弈模型中，如果双方当事人都同时选择“合作”（在“囚徒困境”中表现为“同时不坦白”），那么支付对于双方当事人都是最优的（见图7）。但是这种最优选择在“囚徒困境”中无法实现，而在违法分包合同中则可以，其主要差别就在于“囚徒困境”中的“囚犯A”和“囚犯B”在选择行动策略之前无法进行信息沟通，否则他们必定同时选择“不坦白”；而在违法分包合同的订立和履行过程中，这种信息交流几乎不存在障碍。因此，违法分包契约的双方当事人具有充分机会一同商定对策，以掩盖其违法行为。这在很大程度上加大了违法分包行为的隐蔽性和复杂性，同时也增加了市场监管的信息成本。

		囚犯B	
		不坦白	坦白
囚犯A	不坦白	−1 −1	0 −10
	坦白	−10 0	−8 −8

图7　囚徒困境当中当事人可能采取的行动策略与支付关系

上述分析解释了为什么在立法设置严厉的法律责任规则之后，建筑行业的违法分包、转包和挂靠承揽行为仍屡禁不止，甚至还有日益隐蔽并演化为行业“潜规则”的趋势；同时它也有助于我们理解，提高法律责任强度并不是强化法律责任规则威慑作用的充分条件，也不是强化惩罚机制以及提高法律义务规则实施效率的充分条件。

(二)责任边界不清晰导致责任规则被虚化

法律责任规则有效实施的结果,主要体现为责任主体被依法追究法律责任。这一陈述似乎不言而喻,甚至有"循环论证"之嫌。但实际上,真实世界中法律责任规则立法目的的实现需要满足若干前提条件,否则法律责任规则可能被虚化。一是,法律责任规则所规定的,相关主体之间的法律责任边界清晰。这是立法层面(规范层面)的条件。其强调的是,在立法所欲规制的某一特定的违法事实中,不同主体为其各自行为所需承担的法律责任的性质、内容、程度都是明确的,避免违法事实认定"张冠李戴",避免法律惩罚出现"和稀泥"结果。二是,司法机关或执法部门能够查明违法事实。这是证据层面的条件。即司法机关或执法部门通过主动调查、当事人举证、第三方证明等途径,还原相关事实。三是,当事人行为符合违法构成要件。这是法律适用逻辑层面的条件。它所强调的是,遵循"大前提—小前提—结论"这一形式逻辑的分析,审视当事人行为是否属于应当究责的范畴,如果属于,应当如何究责。

上述三个条件有紧密的逻辑关系。一方面,如果立法事先对法律责任边界规定不清晰——尽管这种情况不常见——那么,即便司法机关和执法部门事后能够低成本查明事实,也难以准确追究相关主体法律责任。另一方面,即便立法事先能够将不同主体之间的法律责任边界规定清楚,但是司法机关或执法部门事后因各种客观因素的约束而难以及时、准确查明相关违法事实究竟是谁所为,也可能导致另一种意义上的责任边界不清,即要么无人为违法行为承担责任,要么是法律责任的实际承担者并非真正的违法行为人。在上述情况下,法律责任规则都有可能被虚化而无法充分实现立法目的。

我们可以结合共享单车停放管理问题论证上述观点。如社会公众已熟知的,在城市内部区域,只要路途不是特别遥远,共享单车可以凸显两个独特优势:一是功能优势。相比地铁、公共汽车,共享单车更灵活、便捷,可以通行于城市的大街小巷,直抵目的地。二是成本优势。相比传统的出租车或近年来出现的网约车,共享单车的租金费用明显更低廉。当然,共享单车也有其缺陷。其中对社会公共利益影响最大的,是单车乱停放问题。单车实际使用人为了自己使用的便利,常将单车骑到最靠近目的地的地点再随意停放,导致很多公共区域被占用,甚至因此影响道路通行。这是一种典型的个人行为负外部性的体现。

在共享单车刚出现时,监管部门曾尝试以集中清理的方式处理单车乱停放问题,即安排工作人员把大量的乱停放的单车运至郊区空地集中堆放。这种方式当然不是有效率的解决方案:一是造成资源浪费,被清理的单车损耗严重;二是成本高昂,监管部门不可能每天都及时将散布于城市各个角落的乱停放的单车进行清理、运送。为了解决这一问题,近年来很多省市出台了新的监管措施,其基本内容主要有以下几方面。

第一,明确政府(监管部门)对共享单车停放区域规划、建设以及对单车停放管理的职责。例如《北京市鼓励规范发展共享自行车的指导意见(试行)》第2条即要求区级政府按照属地监管的原则,负责对企业和停放秩序等的监督管理工作,具体包括编制单车发展和停放规划,明确非机动车停放区域,对不适宜停放的区域和路段制定负面清单,动态调控单车投放数量和节奏,推进辖区交通枢纽等公共场所停放区设置和设施建设,采集、更新、维护停放区坐标信息,开展日常监管等。

第二,明确共享单车合理停放的基本原则。例如《成都市共享单车运营管理服务规范(试行)》第17条规定,单车停放应符合以下要求:一是在施划有非机动车停放点位的区域,车辆应停放在该点位内,停放车头朝向应与停车区位内施划的非机动车绿色路面标识的车头方向一致;二是在允许停放区位不得超量超范围停放;三是不得在影响正常通行、商家店铺正常经营的区域内停放;四是不得在宽度低于2.5米的人行道上停放;五是不在影响消防安全的区域及人行道盲道上停放;六是不得在影响地铁口疏散范围内区域停放;七是禁止在政府确定的非机动车禁停区内投放和停放。

第三,明确企业对共享单车停放的管理义务。例如《上海市鼓励和规范互联网租赁自行车发展的指导意见(试行)》规定,企业应当"做好现场停放秩序管理和车辆运营调度,及时清理违规停放车辆和处理用户投诉";"充分运用车辆实时定位信息,对停放超出停车点容量的车辆加强现场运营调度,及时平衡区域潮汐车辆供给";"企业应与属地主管部门签订管理服务承诺书,包括投放数量与区域、停放管理、运营调度、处置响应、车辆回收、代为清理等,对违规停放车辆负有管理与清理责任,及时清理违规停放车辆";"鼓励企业与各区建立共管共治机制,支持企业与区专门管理队伍开展合作,共担管理成本,加强停放秩序管理。鼓励企业运用电子地图、电子围栏等技术手段,采取经济奖惩等措施,有效规范用户停放行为"。

第四,明确承租人(用户)对共享单车依规停放的义务。如《广州市互联网租赁自行车管理办法》第8条规定,"在互联网租赁自行车严管区域或者路段,互联网租赁自行车应当停放至自行车停放区内,不得在其他区域或者路段停放。在互联网租赁自行车非严管区域或者路段，互联网租赁自行车应当优先停放至自行车停放区内；停放至其他区域的，不得占用绿地、隔离带、无障碍设施等区域或者设施，不得影响市容环境或者妨碍其他车辆、行人正常通行"。第 21 条第（7）项规定，用户不得"违反规定停放车辆"；第 31 条进一步规定，用户违反规定停放车辆的，由公安机关交通管理部门依照《中华人民共和国道路交通安全法》《广东省道路交通安全条例》的规定处罚。

综合而言，在共享单车停放问题上，各地最新的监管措施导向都比较明确：政府监管部门的职责是规划、建设停放区域，并负责监督、检查、执法；企业的义务是负责日常的具体管理和及时清理，动态协调不同区域的单车投放；承租人（用户）的义务是每次使用完毕后按规定、按指示停放单车。在此基础上，各地监管措施还分别规定了企业违反管理义务、承租人（用户）违反停放规定的法律责任。

不过，值得关注的是，根据监管部门主动披露的信息以及媒体的公开报道，[①]在制度改革后的实践中，虽然单车的实际使用人是承租人（用户），违规停放的行为人也是承租人（用户），但因为单车违规停放而遭遇行政处罚的对象，却几乎都是共享单车营运企业，而不是承租人（用户）。深圳市人大常委会制定的《深圳经济特区互联网租赁自行车管理若干规定》（深圳市第七届人民代表大会常务委员会公告第十三号）第 6 条、第 7 条甚至明确规定，互联网租赁自行车因故障不能正常使用的，或者停放不符合本规定第 5 条规定的，经营者应当及时进行清理。未及时清理的，由相关部门责令限期清理，[②]并按照未及时清理车辆每辆 200 元的标准处以罚款。相关部门作出行政决定后，经营者在行政机关决定的期限内不履行义务的，作出行政决定的部门可以扣押相关车辆并予以催告；催告 10 日后经营者仍不履行的，作出行政

---

① 如可参见：（1）浙江省金华市金东区官方网站信息《共享单车停放太"任性"，执法部门依规处罚》，载 http://www.jindong.gov.cn/art/2021/1/28/art_1229403531_59021885.html，最后访问日期：2021 年 3 月 18 日；（2）任利、郭俊岭：《石家庄市要求限期清理违停的共享单车》，载《燕赵都市报》，2019 年 7 月 11 日第 7 版；（3）徐达明：《共享单车乱停放，城管部门将暂扣》，载 http://hmcc.hhhtnews.com/p/130454.html，最后访问日期：2021 年 3 月 27 日；（4）诸葛芳芳、姜锋浩：《龙湾开出温州市共享单车行政处罚"第一单"》，载《温州商报》，2018 年 2 月 13 日第 3 版。

② 根据该条例规定，相关部门的分工是：（1）停放在机动车道的，由公安机关交通管理部门责令立即清理；（2）停放在非机动车道、人行天桥、人行隧道、公共绿地、路侧带和其他城市公共场所的，由城管和综合执法部门责令限期清理；（3）停放在交通枢纽、客货运场站范围的，由市交通运输部门责令限期清理；（4）停放在水库、河道的，由水务部门责令限期清理；（5）停放在湿地的，由城管和综合执法、水务等部门按照各自职权责令限期清理；（6）停放在消防通道、无障碍设施的，由公安机关交通管理、城管和综合执法等部门按照各自职权责令限期清理。

决定的部门可以采取拍卖或者变卖等方式处置被扣押车辆。

地方立法把共享单车违规停放的责任落于运营企业的原因并不复杂。共享单车企业本身是实名的、数量有限的,也是易于归责、究责的——每部共享单车的外观都明确标明所属企业,监管部门可以直观、便捷地知悉违规停放的单车属于哪家企业。至于在找到具体的企业之后对其施加惩罚,只要制度上有依据,更是易如反掌。与此不同的是,单车的承租人(用户)数量非常庞大,变换使用非常频繁,而且承租人(用户)本身又不是单车所有权人,他们没有被充分激励去保护好单车不被监管部门查封或清理,因此每次违规停放后,承租人(用户)完全可能直接弃车而去。在此情况下,监管部门无法及时、直观、快速地确定究竟哪一个承租人(用户)是违规停放的实际行为人,也就难以追究承租人(用户)的法律责任,只能转而将规范停放单车的责任转嫁(至少是部分的转嫁)给运营企业。

当然,如果不考虑客观条件约束,监管部门可以动用公共场所的监控摄像头对谁是违法停放人进行调查,通过这种途径相信可以找到绝大多数违法的承租人(用户)。监管部门也可以对所有违法停放的单车的位置进行登记,并要求运营企业调取数据库资料,排查相关时间段内哪些承租人(用户)曾扫描二维码使用该共享单车至违法停放点,并注意调查、核对,以确认违法停放的承租人(用户)。但问题是,上述这两种调查方法的成本极高,不可能成为常规监管手段。在难以确定违规者的情况下,监管部门自然无法对单车承租人(用户)作出处罚。这意味着,虽然各地监管措施不同程度规定了针对单车承租人(用户)的监管规则和惩罚机制,也基本厘清了运营企业和承租人(用户)之间的责任边界,但实践中,两者的责任划分和实际承担仍有模糊不清的可能。

(三)被规避行为绕开的法律责任规则

法律规避也称脱法行为,[①]传统私法理论多从狭义角度界定其内涵,认为法律规避行为所规避的,仅限于禁止性法律规范。[②]　不过在实践中,

---

① 参见:(1)王泽鉴:《民法总论》,227页,北京,北京大学出版社,2009;(2)[日]山本敬三:《民法讲义·总则》,解亘译,177页,北京,北京大学出版社,2004。

② 例如:(1)有学者指出,如果当事人以实施某项不受禁止的行为达到实现某项受法律禁止行为的目的,就属于规避行为。参见[德]卡尔·拉伦茨:《德国民法通论》(下册),王晓晔等译,594页,北京,法律出版社,2003。(2)也有学者认为,为法律所禁止之行为者即违反法律;未违反法律之文意而避开法律之意义者即规避法律。参见[德]迪特尔·梅迪库斯:《德国民法总论》,邵建东译,494页,北京,法律出版社,2001。

由于社会领域和市场领域需要规制的对象越来越多,强制法规范大量增加,立法牵涉的利益关系日趋复杂,严格守法与不严格守法之间的收益差异逐步扩大,同时群众的整体法律意识、法律知识水平也日益提高,①因此很多法律主体基于节约守法成本和降低违法风险的考虑,经常会以迂回手段绕开法律规制(而不是直接违法方式),由此实现利益最大化。此类行为结构越来越繁杂,规避行为针对的对象已不限于禁止性规范,而是广泛涉及各类强制法规范。

市场交易中的法律规避主要基于两种目的发生:(1)为了从事法律禁止或限制从事的交易行为。根据立法,这里所称的"禁止或限制"可进一步分两类。一是在某项强制法的适用领域内,不区分主体地对某种行为进行绝对禁止或限制;二是在某项强制法的适用领域内,通过对主体资格的限制来实现对某种行为的相对禁止或限制(即不具备特定资格、资质的主体不能从事某一行为)。实践中,针对前者的规避行为比如,当事人以"房屋买卖合同"的方式建立"借贷 + 让与担保"关系。针对后者的规避行为比如,建筑工程承包市场中,低资质企业(或无资质施工队)通过挂靠高资质建筑企业的形式承包别建筑工程。(2)为了逃避本应履行的义务或本应承担的责任。例如企业之间通过转让项目公司股权形式转让国有土地使用权,由此回避国有土地使用权转让审批手续。再如,自然人先设立小型有限责任公司,并以该公司为普通合伙人设立有限合伙企业,使普通合伙人本应承担的无限责任间接有限化。

虽然规避目的各有不同,但仅就方式看,几乎所有规避行为都不同程度带有"合法"外观,其原因在于,当事人精心设计的用以掩盖真实意思表示的外观行为,基本上都能够在现行法律体系中找到对应的、可论证其"合法"的依据。这也是规避行为区别于典型违法行为的重要标准。据此,从广义上可将"法律规避"界定为:当事人通过借用本不应适用的另一项法律规定,构建外观"合法"的行为方式来掩盖其真实目的,进而绕开某项强制法的规制,从事法律本来禁止或限制从事的行为,或逃避本应履行的义务或承担的责任。

法律规避是"真实法律世界"常见的现象。实践表明,无论哪个国家,亦无论其法治建设是否发达,只要存在强制法规范,就有法律规避行为的

---

① 群众整体法律意识、法律知识水平提高,一方面会促使其行为选择趋于合法,另一方面,当他们决定追求法外利益时,也会更多选择法律规避手段而非毫不掩饰地直接违法。

踪迹。① 从发生领域来看,守法成本高的领域,规避现象更常见。② 从发生时间来看,转型期的法律实践中,规避现象更普遍。对此曾有研究者指出,"在一个法治比较完善的国家,制度企业家可以通过合法的诉讼改变既有的规则。而处于转型时期的中国,通过合法的诉讼,申诉自己的'自然'权利来改变规则,基本上是不可能的,所以,他们往往只能通过非法行为突破禁区,谋求改变规则的巨大获利机会。因此,转型时期的制度企业家大多选择了无视既有法律,抢得先动优势,同时为了不在选择性执法中成为被惩罚的不幸对象,他们所作的各种努力常常也滋生着腐败"。③

　　市场监管领域的强制法规范和刚性监管措施较多,且大多直接涉及资源分配和经济利益的享有,因此这一领域的法律规避行为非常普遍。例如在金融行业,近年来常见的上市公司重大资产重组与"借壳上市"、上市公司关联交易、伞形信托与证券市场融资业务、银行与信托的资金通道业务、公司海外上市与 VIE 结构的搭建等现象,背后或多或少都隐含着行为人规避金融法律法规和相关监管措施的意图。④

　　又如,在消费者权益保护法领域,2014 年最高人民法院在答复《中国消费者报》的书面采访时曾明确指出,"餐饮行业中的'禁止自带酒水''包间设置最低消费'属于服务合同中的霸王条款,是餐饮行业利用其优势地位,在向消费者提供餐饮服务中作出的对于消费者不公平、不合理的规定。消费者在餐饮经营者提供服务时遭遇霸王条款产生纠纷,可以适用消费者权益保护法的规定,维护自身权益"。自此之后,虽然大部分的酒店都不再

---

① Richard A. Posner 曾指出,规避行为是法律本身无法克服的问题。Samuel W. Buell 则指出,法律规避是公司与金融监管领域常见的现象。Edward J. Kane 研究发现,无论监管多么严密,制度规避都是金融市场客观存在的现象,这种现象可构成金融管理制度(金融法)改革的内在动力,也是金融创新的重要模式之一。综合参见:(1) Richard A. Posner, *Economic Analysis of Law* (7th edition). Aspen Publishers (2007), pp. 449. (2) Samuel W. Buell. Good Faith and Law Evasion. *UCLA Law Review*. Vol. 58 (2011), pp. 611-666. (3) Edward J. Kane. Interaction of Financial and Regulatory Innovation. *The American Economic Review*. Vol. 78, No. 2, (May, 1988), pp. 328-334. (4) Edward J. Kane. Technological and Regulatory Forces in the Developing Fusion of Financial—Services Competition. *The Journal of Finance*. Vol. 39, No. 3, (Jul. 1984), pp. 759-772.

② "守法成本"或"制度成本"是指法律适用主体为遵守强制法规范而支付的成本。如税法要求纳税人缴纳税收,纳税人依法缴纳税款就是一种守法成本。又如法律规定土地所有权转让需履行审批手续,且转让人需缴纳土地增值税,审批程序的成本及土地增值税都是守法成本。再如,法律规定房地产开发企业需具备法定资质,建筑工程施工企业也需具备法定资质,因此企业储备一定数量的人才、设备、技术和资本以满足专业资质认定,同样是守法成本的体现。

③ 戴治勇:《执法经济学:以转型时期的中国法治为研究对象》,72 页,北京,法律出版社,2018。

④ 刘燕:《企业境外间接上市的监管困境及其突破路径——以协议控制模式为分析对象》,载《法商研究》,2012(5)。

明示禁止自带酒水或设置包间最低消费,也不敢公开收取开瓶费,但并不意味着商家自觉依照最高法院的规定行事,而是转而通过法律规避手段变相实现目的——有的酒店要求自带酒水的顾客缴纳"洗杯费",也有的酒店大幅提高了包间的消费标准,或者对包间消费设置额度不小的"专项服务费"。

值得关注的是,实践中很多案例显示:对于偏离立法目的的规避行为,法院或执法部门并未一概将其认定为违法行为(无效行为);或者即便认定为违法行为(无效行为),但在法律责任追究问题上,法院也可能给予行为人一定的宽容。[①] 换言之,法律实施过程中将存在一些动机和结果偏离(甚至完全背离)立法目的且结果影响法律实效,但其效力却获得法院或执法部门认可的行为。

规避行为的当事人"技术化地避免其行为直接违反法律,但行为目的却违背了法律精神",[②]甚至将法律当成实现个人私利的工具。相比于典型的违法行为,规避行为增加了司法审判的难度,但这并不意味着法院无法解决或者可以不解决法律规避引发的纠纷。按照司法能动主义以及司法判决确定性原则的要求,只要诉讼程序依法启动,法院即必须对当事人之间的纠纷作出明确的裁判。因此,对于进入审判程序的规避行为,法官应当在法律原则的指引下,通过对相关法条的解释来评价行为的性质和效力,判定其究竟是合法行为(有效行为)还是违法行为(无效行为),而不能任由规避行为处于效力模棱两可的状态。

传统私法理论认为,法律规避既不是典型违法行为,也不是典型合法行为,其效力如何,究竟合法(有效)还是违法(无效),需通过法律解释,于个案中确定。[③] 这意味着,特定的某项规避行为经由法律解释之后,也可能被判定为合法行为(有效行为)。据此,可将传统理论所主张的(实际上也是"虚伪表示效力判定规则"所强调的)有关法律规避行为效力判定的基本方法描述如下(见图8)。

我们先来回顾一下前几年 P2P 网络借贷领域的规制问题。为维护

---

① 如可参见贺欣:《在法律的边缘——部分外地来京工商户经营执照中的"法律合谋"》,载《中国社会科学》,2005(3);等等。

② Jim Leitzel, *The Political Economy of Rule Evasion and Policy Reform*. New York: Routledge (2003), p. 3.

③ 参见:(1)[德]迪特尔·梅迪库斯:《德国民法总论》,邵建东译,北京,法律出版社,2001;(2)王利明:《合同法研究》,659 页,北京,中国人民大学出版社,2011;(3)韩世远:《合同法总论》,173 页,北京,法律出版社,2011。

图 8　法律规避行为效力的判定

"网络借贷金额应当以小额为主"的原则,"防范信贷集中风险",工业和信息化部等部门曾于 2016 年联合出台《网络借贷信息中介机构业务活动管理暂行办法》。该《办法》第 17 条规定:"同一自然人在同一网络借贷信息中介机构平台的借款余额上限不超过人民币 20 万元;同一法人或其他组织在同一网络借贷信息中介机构平台的借款余额上限不超过人民币 100 万元;同一自然人在不同网络借贷信息中介机构平台借款总余额不超过人民币 100 万元;同一法人或其他组织在不同网络借贷信息中介机构平台借款总余额不超过人民币 500 万元。"

从后来的实践看,上述规定似乎没有完全限制住网络借贷平台集中大额放贷的欲望,原因在于:(1)向同一自然人或企业集中大额放贷可以增加撮合交易的数量以赚取更多中介费用;(2)市场中存在"集中大额放贷"的需求,有不少自然人或中小微企业面临较大的资金需求且无法迅速从银行等大型金融机构获得借贷,为了降低交易成本,他们期望可以便捷地从单一借贷平台获得资金。在此情况下,为避免违反上述《办法》规定,一些借贷平台私下建立合作,构建起"大额业务共享、统一对外借贷"的规避监管模式:假设有五家借贷平台组成合作团队,有企业希望向其中某平台借款 450 万元,该平台可将此业务引入团队,由五家平台按统一标准分别给企业安排 90 万元借款,此时,每个平台的借贷业务都未超过 100 万元,但资金需求方只需跟一个平台商定业务即可获得不超过 500 万元的资金。此外,承接并分享该业务的平台还可能获得其他平台私下提供的类似业务介绍费性质的利益回报。按此模式,团队中的每家平台都可对外承接不超过 500 万元的企业借贷业务。

上述模式是否违反《网络借贷信息中介机构业务活动管理暂行办法》,实践中有不同观点。按该《暂行办法》第 17 条的文义解释看,由于采用团队模式的每家借贷平台在每一笔业务中撮合的借贷金额都未超过 100 万元,因此如果将该行为定性为违法,似乎比较勉强。但从维护市场公平竞争的角度看，此类规避行为很大程度上将对守法的其他同行构成不正当竞争。特别是当结成团队的平台之间存在实质关联关系的情况下（即同一投资人通过隐名出资方式设立多家平台且将其捆绑为团队），上述《暂行办法》所欲实现的"防范信贷集中风险"的规制目的实际上并未达到，法律实效并未体现。

再考察一下房地产限购问题。多年来各地政府为贯彻房地产调控政策，通过税收、金融等手段对城市居民购买商品房进行限制。其中经常采用的做法是对本市户籍居民家庭购买第二套商品房的，要求其支付更高额度的首付金额以及承担更高的贷款利率。有的城市甚至直接禁止非本市户籍居民家庭购买第二套商品房，同时也禁止本市户籍居民家庭购买第三套商品房。不过从实践看，相关限购措施一直遭遇不同形式、不同程度的规避。其中，夫妻通过"先离婚、再买商品房、最后复婚"来实现规避限购政策的方式很常见。"假离婚"行为之所以能够规避限购政策，原因在于，无论是早期《民法通则》规定的"以合法形式掩盖非法目的行为无效"的规则，还是《民法典》规定的"虚伪表示效力判定规则"，都很难直接用于判定这种规避行为无效。事实上，各地司法机关或执法部门历来也确实没有直接援引《民法通则》《民法总则》或《民法典》的规定来解决群众规避商品房限购政策的问题，即并非通过认定民事行为无效来维护限购政策的实效。

在地方政府调整监管政策之前，"假离婚、真买房"行为对限购政策的弱化影响一直比较明显。不过从近年来的新政策看，监管部门似乎找到了解决问题的办法。例如，2017年3月中国人民银行营业管理部等四部门联合发布的《关于加强北京地区住房信贷业务风险管理的通知》规定，"对于离婚一年以内的房贷申请人，各商业银行应参照二套房信贷政策执行；申请住房公积金贷款的，按二套住房公积金贷款政策执行"。2016年11月，上海市出台了《关于切实落实上海市房地产调控精神促进房地产金融市场有序运行的决议》，禁止"接力贷""合力贷"，并禁止离异家庭的前妻前夫参与偿还房贷。2021年1月，上海市又出台了《关于促进本市房地产市场平稳健康发展的意见》，规定"夫妻离异的，任何一方自夫妻离异之日起3年内购买商品住房的，其拥有住房套数按离异前家庭总套数计算"。

由此可见，从民事法律行为效力判定的角度看，通过"假离婚"实现"真买房"的规避行为，将被视为有效行为。但如果从法律实效评估的角度来看，由于这种行为将导致商品房限购政策无法充分实现市场规制目的，因此不能因为它没有被认定为违法或无效即乐观地认为限购政策具有良好实效——否则这些年来中央和各地政府也就不需要持续出台新的限购政策了。

由于当事人采取规避行为的真实意图通常都与相关法律的立法目的存在一定的偏离甚至完全背离，或者说，规避行为隐蔽地消解了立法本意或违背了立法初衷，因此如果从一般意义上将法律实效理解为"某项法律制度的立法目的得以实现的程度"，①那么也应当有理由认为，规避行为，尤其是那些被判定为合法有效的规避行为，以及虽然被判定为违法或无效但却没有被充分追究法律责任的规避行为，对相关法律的实效或多或少都将产生消极影响。正如有研究者指出的，"（法律规避）这种方式较为隐蔽，也容易获得他人包括执法者和法学家的同情，但是就法治目标而言，却同样是，甚至因为易于遭到忽视或者博得同情而尤其是一个严重的法治问题……法治尚未建立的标志就在于仍有大量非法或者法律规避行为的存在"。②

归纳上述分析，需强调的要点是：第一，规避行为的本质是法律主体对法律义务规则（各种强制法规范）有意识地回避和绕行，其结果将导致义务规则的立法目的无法实现，即应得到履行的义务（无论是积极义务还是消极义务）并未得到履行；第二，由于监管部门和司法机关无法——从法律适用层面上讲，也可以说是"不能"——将所有法律规避行为解释为违法行为，因此对于某些未被当事人实际履行的义务规则，惩罚机制无法发挥作用，即监管部门和司法机关无法单纯通过究责来遏制法律规避行为并确保法律义务规则有效实施。这又进一步意味着，在法律规避情形下，立法机关为义务规则所配置的法律责任规则，其实施效率也并不理想。

---

① 《广东省政府规章立法后评估规定》第 18 条规定，立法后评估的标准之一是"实效性标准"，其要求是考察政府规章是否得到普遍遵守和执行，是否实现预期的立法目的。《重庆市政府规章立法后评估办法》第 10 条指出，立法后评估的标准应包括"实效性标准"，其具体内容也强调应考察"各项规定能否解决实际问题，是否能够实现预期的立法目的"。

② 凌斌：《法治的中国道路》，57~58 页，北京，北京大学出版社，2013。

第四章 解决方案:系统构建 法律实施的激励机制

一、构建法律实施激励机制的必要性

(一)强化惩罚并不总是有效

前文从交叉学科的角度梳理了关于法律实施机制的重要文献和理论脉络,分析了立法建构的法律实施机制的类型与特点,也考察了法律实施的现状、难题与困境。根据法律实体规则的基本分类,结合实证分析,上文讨论的法律实施的各种问题至少可归纳为三方面。

第一,就权利规则而言,基于"搭便车"心理的影响,作为个体的权利主体对实施共益权规则可能缺乏动力,除非他个人确实可以从中获得足够的利益;基于成本收益的考量,很多权利救济规则会被权利主体主动放弃,因为实施救济规则无法为其带来真正的利益赔偿或补偿;另外,由于理论界和实务界对法律私人实施限度以及法定激励措施的适用存在争议,一些权利规则的实施效果不如预期。

第二,就义务规则而言,有的法律义务难以标准化,这会给"判断相关主体是否已履行义务"带来困难,进而影响法律责任规则的适用;在有些领域,社会公众期望市场主体提供的产品和服务能够达到更高标准,而不仅仅满足于符合法定最低标准,但立法机关和监管部门对此却无法强制实施;在有些情况下,监管规则实施成本过高,以至于监管部门可能无法依据该规则对相关主体及行为实行有效规制。

第三,就责任规则而言,实证分析结果表明,由于很多违法行为具有较强的隐蔽性,违法事实难以及时查明,因此并非所有的法律责任及其究责机制都具有预期的威慑力;有些情况下,立法规定的责任规则并不能清晰地划分不同主体之间的责任边界,因此责任规则可能被虚化;此外,很多情况下市场主体会积极设计法律规避策略绕开市场监管,而这些规避行为的效力并不总是被判定为无效或违法,因为某些法律责任规则可能因为规避行为的存在而无法发挥实效。

结合第一章论述的理论基础可以发现,实践中存在的上述问题,或是源于法律规则实施成本高昂,或是源于主体之间的产权关系不明晰导致外部性尚未内部化,或是源于主体之间存在缺乏激励相容的委托代理关系,总体可归纳如下(见表3)。

表3 法律实施存在的问题及其根源

序号	规则类型	法律实施问题表象	问题根源/类型
1	权利规则	缺乏适用动力的共益权规则	产权关系缺乏有效界定(集体行动情形下的"搭便车"困境)
2		被主动放弃的私益权规则	法律实施行为的成本收益结构失衡
3		权利规则私人实施存在争议	法律实施行为的成本收益结构失衡
4	义务规则	难以标准化的法律义务规则	"委托—代理"关系下的"道德风险"
5		需要鼓励适用的更高标准	"委托—代理"关系下的"逆向选择"
6		实施成本高昂的监管规则	监管资源有限且法律实施成本太高
7	责任规则	威慑作用有限的法律责任规则	监管资源有限且法律实施成本太高
8		责任边界不清晰导致责任规则被虚化	产权关系缺乏有效界定(负外部性未被内部化)
9		被规避行为绕开法律责任规则	"委托—代理"关系下的"道德风险"

解决法律实施问题的一个常规思路是完善法律实施机制。有必要探讨的是,以往关于改进法律实施机制、提高法律实施效率的理论通说和实践常用的方法——主要是指强化法律惩罚机制——能否被沿用于解决前述问题?在机制完善的理念层面和技术层面,是否需要寻找新的切入点?

事实上,各类实体法规则(包括权利规则、义务规则、责任规则)的实施问题,一直是学术界和实务界关注的焦点。在实务部门、理论研究者和社会公众看来,通过强化惩罚与威慑的力度来提高法律规则的实施效率,似乎已是无须论证的通说与常识。此类观点最常用的论证逻辑是:因为市场领域存在诸多市场失灵问题(如企业行为外部性没有内部化、自由竞争最终会产生垄断等),而这些问题无法完全通过市场机制自行解决，因此政府干预和法律规制是必要且正当的；为了确保政府干预和法律规制的合法性，必须健全市场经济法律制度体系；如果市场经济法律制度体系已经健全但实践中仍存在市场失灵，则其成因往往是法律实施效率存在问题。因此，为了解决市场失灵问题，必须提高法律实施效率；提高法律实施效率的重要途径就包括强化市场监管、完善究责机制、提高惩罚力度。

问题是，主张以强化惩罚机制提高法律实施效率的观点虽然有一定合理性，但不完全正确。所谓"有一定合理性"是指，经济实践中确实有不少问题是因为政府监管不到位、究责不及时、惩罚缺力度。对于此类问题，解决的主要思路是强化惩罚机制。

"强化惩罚"的第一层含义是指在惩罚措施的定量方面，加大惩处力度，比如提高罚款、罚金的额度或倍数，或者降低违法行为的认定标准。例如在过去很长一段时期内，上市公司信息披露违规的情况屡禁不止。每一年监管部门正式立案查处的上市公司违法案件中，大部分都涉及信息披露问题。信息披露违规的内涵广泛，其常见的表现形式包括未按期披露定期报告、关联交易、资金占用、违规担保、内控失效等问题，以及财务造假、会计处理不谨慎、商誉减值明显不当等问题。导致此类问题频发的重要原因是，公司信息披露违法的潜在的收益巨大，而法律责任往往较轻，惩罚机制无法对上市公司及其高管人员形成足够的威慑。为了解决这一问题，2019年年底全国人大常委会表决通过的新《证券法》即大幅提高了违规信息披露的处罚力度。①

---

① 对比2014年《证券法》第193条与2019年《证券法》第197条的规定，其变化是：(1)在上市公司未按规定报送有关报告或者未按规定履行信息披露义务的情况下，对上市公司等直接信息披露义务人（如权益报告披露义务人、收购报告书披露义务人等）的罚款下限从原来的30万元提高至50万元，罚款上限则从原来的60万元提高至500万元；对直接负责的主管人员和其他直接责任人员，个人罚款下限从原来的3万元提高至20万元，罚款上限则从原来的30万元提高至200万元；另外，修订后的《证券法》明确了控股股东、实际控制人在违规信息披露情形下的罚款额度，是50万元以上500万元以下的罚款。(2)在上市公司的信息披露存在虚假、误导、重大遗漏的情况下，对上市公司等信息披露义务人的罚款下限从原来的30万元提高至100万元，罚款上限则从原来的60万元提高至1000万元；对直接负责的主管人员和其他直接责任人员（包括但不限于董事、监事、高管人员）的罚款下限从3万元提高至20万元，罚款上限则从原来的30万元提高至500万元；另外，对控股股东、实际控制人的罚款额度明确为100百万元以上1000万元以下。新修订的《证券法》已正式实施。截至目前，因为实施时间尚短，暂时还不能从实证分析角度准确判断强化惩罚机制之后的新《证券法》是否可以提高上市公司信息披露义务规则的实施效率、是否可以持续有效遏制（至少是减少）信息披露违法违规现象。

同年修订的《药品管理法》也有类似情况。①

　　"强化惩罚"的第二层含义是指在查处违法行为方面，进一步扩大调查范围、提高调查频率、加快惩处速度，使市场主体意图通过违法行为获取不当利益的目的被及时遏制。对此，以往理论和实践似乎已有共识，即认为：如果不能使违法者及时得到罚当其罪的处罚，甚至较大概率可以规避处罚，那么即便在定量上加大了处罚力度，其威慑作用也可能非常有限，因为潜在的违法者会认为，无论罚款额度多高，他们都有很大概率不被查处。故此，如果要在两者之间作出比较和取舍，那么通过扩大调查范围、提高调查频率、加快查处速度使得违法者得到及时惩罚，比单纯提高惩罚力度更有实效——当然，如果两者密切结合、同步推进，效果会更好。

　　"以强化惩罚机制提高法律实施效率"的主张有其合理性，但不能完全适用于所有实践场景。"法律用惩罚、预防、特定救济和代替救济来保障各种利益，除此之外，人类的智慧还没有在司法行动上发现其他更多的可能性。但是惩罚必然会局限在很有限的范围，它在今天只能适用于为实现那些确保一般社会利益而设定的绝对义务"。② 至少在本书第三章分析的那些情形下，惩罚机制对实体法规则的实施可能收效甚微。

　　第一，"以强化惩罚机制提高经济法实施效率"的主张，忽视了实体法规则的多样性。完整意义上的实体法规则，包括权利规则、义务规则和责任规则。但以往文献在探讨法律实施机制以及相应的惩罚机制时，往往只关注义务规则和责任规则，忽视了权利规则也有实施效率低下的情况，也忽视了"权利规则难以强制实施"这一特点。所谓"权利规则难以强制实施"是指，权利主体主动放弃权利、排除适用权利规则，司法机关和监管部

---

　　①　新的《药品管理法》第 109 条将未取得《药品生产许可证》《药品经营许可证》或者《医疗机构制剂许可证》生产药品、经营药品的行为的罚款数额从货值金额的"二倍以上五倍以下"提高到"十倍以上三十倍以下"。第 110 条将生产、销售假药行为的罚款数额从货值金额的"二倍以上五倍以下"提高到"十五倍以上三十倍以下"。第 111 条将生产、销售劣药的行为从货值金额的"一倍以上三倍以下"提高到"十倍以上二十倍以下"。对于从事生产、销售假药及生产、销售劣药情节严重的企业或者其他单位，第 112 条新增规定，将对其法定代表人、主要负责人、其直接负责的主管人员和其他直接责任人员的处以所获收入 30% 以上一倍以下的罚款。第 113 条将知道或者应当知道属于假劣药品而为其提供运输、保管、仓储等便利条件的行为的罚款数额，从违法收入的"50% 以上三倍以下"提高到"一倍以上五倍以下"。针对药品上市许可持有人、药品的生产企业、经营企业或者医疗机构违反本法第 52 条的规定，从无《药品生产许可证》《药品经营许可证》的企业购进药品的行为，新《药品管理法》第 116 条将罚款金额从货值金额的"二倍以上五倍以下"提高到"二倍以上十倍以下"，同时增设规定，如果情节严重的，可并处货值金额十倍以上三十倍以下的罚款。

　　②　［美］罗斯科·庞德：《通过法律的社会控制》，沈宗灵译，28 页，北京，商务印书馆，2010。

门显然不能以惩罚为威慑，迫使权利主体适用权利规则。即便有的文献关注了权利规则的实施问题，研究者通常也会将其转化为"通过提高义务规则、责任规则的实施效率来强化权利保护"的研究思路展开论证，而这一思路只是在法律实施的"目的论"层面上论及权利规则，它并没有从"过程论"的角度，就权利规则本身的实施问题展开探讨。换言之，以往对权利规则实施效率的理论研究，并不是从权利规则自身的特点充分展开的。

忽视实体法规则多样性的另一个体现是，以往文献很少从"标准化"和"非标准化"两个角度细分义务规则，因此也未充分注意到惩罚机制对"非标准化"义务规则实施的局限性。事实上，正如前文已揭示的，市场监管领域存在大量弹性空间较大、难以度量、难以标准化的义务规则（其中有些属于"软法"的范畴），这些规则固然是立法机关和监管部门希望市场主体充分履行的规则，但却难以单纯通过惩罚机制来保障这些规则的实施。

第二，"以强化惩罚机制提高法律实施效率"的主张，忽视了法律实施的成本约束。上文指出，加大处罚力度以及及时惩处违法者有助于提高实体法规则的实施效率。应当强调的是，这一观点的论证更多的是在规范分析范畴内展开，其可能存在的问题是——如果从实证分析角度考虑——通过扩大调查范围、提高调查频率、加快查处速度来强化惩罚，往往意味着执法部门和司法机关需要投入更高的监管成本。"面对法律规制的失灵问题，规制机构被迫依赖惩罚特别是刑事惩罚，实施惩罚的成本（包括积累权力的努力和实施惩罚所消耗的资源）相当高，进一步增加执法成本并且边际效率很低"。① 而且，惩罚机制本身属于法律公共实施范畴，实践经验表明，公共实施容易引起市场主体与执法者之间的冲突和对抗，进而加重法律实施成本。故此在财政预算有限的约束条件下，上述方案是否可行，有很大疑问。换言之，在财政支出可以承担的限度内，通过扩大投入法律公共实施的成本来强化惩罚机制，很可能可以提高法律实施效率，但是这种方法并非无限度的。

当财政支出无法继续投入时，惩罚机制的积极作用就会受到抑制。有研究者指出，不管法律实施是否需要成本，威慑成本都不是越高越好，理想状态是实现威慑的"社会最优"。"所谓威慑'社会最优'，包括三层含义：（1）当执法不需要成本时，社会最优的威慑水平应该等于该违法行为所造成的社会福利损失。（2）当执法需要成本时，威慑'社会最优'是指威慑的边际社会经济收益等于威慑的边际社会经济成本，即'社会最优'的威慑

---

① 　岳彩申：《民间借贷的激励性法律规制》，载《中国社会科学》，2013（10）。

水平带来的社会净福利最高。（3）威慑‘社会最优’是指达到上述最优威慑水平的成本最低”。①

　　第三，"以强化惩罚机制提高法律实施效率"的主张，忽视了惩罚机制实施基础的复杂性。所谓实施基础，也可称为实施前提，是指司法机关或监管部门在对违法者施以具体惩罚措施之前需要满足的前提条件。在程序法意义上，案件事实清楚、法律适用准确是公权机关作出司法裁判或行政处罚的必然要求。司法机关和监管部门需要查明违法事实，才能进一步适用法律条文，公正地对违法者作出惩罚。从实证分析角度看，案件事实的查明并非易事。受制于各种主观因素和客观因素，②通过证据最终呈现出来的"事实"可能只是客观事实的一部分。在有的案件中，甚至可能因为关键证据的缺失而导致违法者未被充分究责，也可能因为立法漏洞等原因所导致的法律规避行为普遍存在，致使司法机关和监管部门难以将市场主体的法律规避行为解释为违法行为。

　　对公权机关和违法者这两方主体而言，"违法事实调查可能遭遇障碍"这一客观情况将会导致不同的行动决策。一方面，如果司法机关和监管部门无法准确判断义务主体是否已经依法履行义务，或者无法通过及时的监管确定违反义务的主体，则惩罚机制将无法对义务主体形成威慑进而促使其主动实施义务规则，此时惩罚机制可能失效。另一方面，在违法者看来，惩罚机制是否具有威慑效果，往往不是因为在定"量"意义上公权机关设定的法律责任不严厉，而是因为违法者知道司法机关和监管部门受制于事实调查而无法对违法者启动惩罚程序，换言之，违法者会认为他们被追究法律责任的概率很小——在那些违法行为隐蔽以及规避监管成本较低的领域，尤其如此。对此贝卡利亚曾指出，"一种正确的刑罚，它的强度只要足以阻止人们犯罪就够了"；"对犯罪最强有力的约束，不是刑罚的严酷性，而是刑罚的不可避免性"。③

（二）从私人激励到公共激励

　　前文归纳了惩罚机制在推动法律实施过程中的局限性，借此暗示了激

---

　　①　李波：《公共执法与私人执法的比较经济研究》，27～28 页，北京，北京大学出版社，2008。
　　②　这里所称的能够影响事实查明的主观因素包括：法官或监管者的调查能力和工作态度，以及违法行为人的专业知识、法律风险意识（知识越多、风险意识越强，其所涉及的违法行为可能更复杂，更难调查确认），等等；能够影响事实查明的客观因素包括：惩罚机制运作的成本预算、支持司法和执法工作的科学技术，等等。
　　③　［意］贝卡利亚：《论犯罪与刑罚》，黄风译，47 页、49 页，北京，中国大百科全书出版社，1993。

励机制可能具有的积极功能,以及构建激励机制的必要性。事实上,从心理学角度来看,驱动市场主体作出某种行为的动机本来就有两种来源,一是受制于某种压力而被迫为之,二是受到利益驱动而主动为之。有研究者指出,"应当提供合适的激励以鼓励人们诉诸和执行法律"。① 也有研究者认为,"因为被规制企业有着诸多不同的动机和能力,规制者采取的执法策略应当是,一方面给声名不佳的违法者以威慑,另一方面鼓励善意的雇主自愿守法,并对行为水准高于合规要求的企业予以奖励。"②在法律实施问题上,前者对应的是惩罚机制,后者对应的是激励机制。有必要进一步讨论的是,既然激励机制是必要的,那么这种机制应当由谁来构建和实施?是私人主体、公权主体还是两者共同构建? 此问题更实质的层面是,在法律公共实施范畴内,激励机制与惩罚机制"是否"以及"可否"兼容、并存?

可能有的研究者认为,讨论公共实施意义上激励与惩罚的关系是多此一举的自问自答,或者是故弄玄虚把问题复杂化。实际上,并非如此。因为,虽然在传统理论中,诸如"激励与惩罚是辩证统一的关系"等观点早已是共识,但如果具体到法律实施领域,是否需要通过公权机关来构建激励机制,仍有一定争议。在不少研究者看来,旨在激励法律实施的机制或许是有意义的,但归根到底,激励机制的建立是私人领域的事情,不必通过公权机关建立。这种观点的依据在于,整体概念意义上的"法律"应当具有强制性,否则与其他社会规范没有区别(这也是绝大多数法学教科书在定义"法律"这一概念时必然强调的一个内涵要素)。惩罚机制是法律具备强制力的重要因素,也是法律实施的重要保障,而"激励"则是与"惩罚"截然相反的一个概念。在此意义上,市场主体遵守法律是其应尽义务,公权机关不必耗费公共资源为其提供奖励,但如果市场主体违反法律,则公权机关应对其施加惩罚。

认为法律实施激励机制属于私人领域问题,公权机关不必介入的观点值得商榷。通过私人主体建立法律实施激励机制固然为法律所允许,是意思自治问题,但无论从形式逻辑分析还是从实践需求考虑,都不应排斥公权机关建立法律实施激励机制的可能性和必要性,理由如下。

其一,不管在法律私人实施领域还是公共实施领域,激励机制的融入

---

① [英]罗杰·科特维尔:《法律社会学导论》,彭小龙译,52 页,北京,中国政法大学出版社,2015。

② 参见[英]罗伯特·鲍德温、马丁·凯夫、马丁·洛奇:《牛津规制手册》,宋华琳等译,140 页,上海,上海三联书店,2017。

都不妨碍惩罚机制的运作。正如前文已反复论证的，惩罚机制有其客观局限性，它无法解决法律实施的所有问题。而在惩罚机制无法充分作用的一些场合，激励机制确实可以发挥互补功能。即便是惩罚机制可以发挥积极作用的场合，激励机制的加入通常也不会给已有的惩罚机制的运行造成障碍。相反，它可以与惩罚机制形成良好合作，进而提高法律实施的整体效率。有研究者甚至认为，"法律的激励功能、组织功能和惩戒功能三者结合运用才能引导社会和谐发展……它们形成了一种互相渗透，又互相促进的互动关系，而激励功能应是首要的，是最不应该被忽略的"。① 也有研究者认为，"从秩序价值而言，规制包含着对守法者的奖励和对违法者的惩罚，规制不仅承载着秩序建构的任务，还承载着效率实现的功能——事实上，大多数激励性规制，都是为了追求广泛的经济效益和社会整体福祉，激励性规制的功能也远远超过了单一的秩序维护"。② 简言之，在法律实施问题上，"应当惩罚"不等于"不必激励"——这表明两者不存在冲突关系，③"惩罚低效"可能暗示着"需要激励"——这表明两者之间存在互补关系，而"无法惩罚"则通常意味着"应当激励"——这表明特定情形下两者之间甚至可能存在替代关系。

　　其二，或许是更重要的一个理由，在法律公共实施领域构建激励机制，并不否定法律的强制力，也不会减损法律权威。在整体意义上，法律固然是国家强制力保障实施的社会规范，法律实施是统治者意志的贯彻和命令的执行，但这并不意味着，只有惩罚机制才能体现法律的本质特征。一方

---

① 　倪正茂、俞荣根、[法]韩小鹰、赛西尔·德拉特：《法律的激励功能最不可忽略》，载《社会科学报》，2005 年 5 月 26 日第 004 版。

② 　王首杰：《激励性规制：市场准入的策略？——对"专车"规制的一种理论回应》，载《法学评论》，2017(3)。

③ 　例如在保护土地资源问题上，《土地管理法》第 3 条规定："十分珍惜、合理利用土地和切实保护耕地是我国的基本国策。各级人民政府应当采取措施，全面规划，严格管理，保护、开发土地资源，制止非法占用土地的行为。"第 75 条规定："违反本法规定，占用耕地建窑、建坟或者擅自在耕地上建房、挖砂、采石、采矿、取土等，破坏种植条件的，或者因开发土地造成土地荒漠化、盐渍化的，由县级以上人民政府自然资源主管部门、农业农村主管部门等按照职责责令限期改正或者治理，可以并处罚款；构成犯罪的，依法追究刑事责任。"而《国土资源部关于推进土地节约集约利用的指导意见》第 24 条则规定，应当研究制定激励配套政策，"加大节地技术和节地模式的配套政策支持力度，在用地取得、供地方式、土地价格等方面，制定鼓励政策，形成节约集约用地的激励机制。对现有工业项目不改变用途前提下提高利用率和新建工业项目建筑容积率超过国家、省、市规定容积率部分的，不再增收土地价款。在土地供应中，可将节地技术和节地模式作为供地要求，落实到供地文件和土地使用合同中。协助相关部门，探索土地使用税差别化征收措施，按照节约集约利用水平完善土地税收调节政策，鼓励提高土地利用效率和效益"。上述两种制度，前者是惩罚机制，后者是激励机制，两者并行不悖。

面,我们应当从技术操作层面,将法律公共实施语境下的激励机制理解为旨在实现立法宗旨、促使立法目的有效实现的手段。就此而言,激励机制与惩罚机制并无差异。另一方面,我们不应该先见地将法律公共实施语境下的激励机制理解为公权机关向有义务遵守与适用法律的私人主体"示弱"。事实上,只要激励机制所推动的法律实体规则被遵守和适用,那么统治者的意志即已得到贯彻,立法机关调整社会关系的立法目的也已得到实现。此时,法律的权威不仅未受减损,反而被有效强化了。

其三,私人主体无法充分供应法律实施激励机制。"私人产权并非是激励人们有效率使用资源的唯一社会制度。如果排他成本相当高,公共所有权解决办法可能也是一种较好的制度安排"。① 绝大多数情况下,私人主体的行动决策取决于个人利益的衡量。激励机制的构建和运作需要耗费成本。如果激励机制带来的收益超过其成本——此时我们可以认为,构建激励机制这件事情本身对私人主体而言是激励相容的,或者说,这件事情本身的产权边界是清晰的而且结果是有利的——那么,私人主体当然有动力主动建立激励机制。典型的比如在公司治理和公司法实施领域,作为委托人(所有权人)的股东,与作为代理人的董事、监事、高管人员甚至普通员工之间形成了经济学、管理学意义上的委托代理关系。为了消除这种委托代理关系下代理人可能出现的道德风险问题,绝大多数公司都会建立旨在鼓励董事、监事、高管人员甚至普通员工遵法守法、勤勉履责的激励制度。但与此不同的是,在涉及社会公众整体利益的问题上,私人主体一般不会主动构建激励机制来推动相关法律规则的实施。因为此种情况下,无论是法律实施的惩罚机制还是激励机制,都属于公共物品,如果纯粹由私人主体负责激励机制的构建和运作,将会出现"行动收益的正外部性无法内部化"的结果,这种产权关系不清晰的预期会抑制私人主体的行动。对此有研究者指出,"理性的企业和个人会对激励因素作出回应,好的公共政策需要认识到,政府可以对如何发挥这些激励因素的作用大有可为"。②

其四,由公权机关构建法律实施激励机制并不必然耗费公共资源(国家财政)。法律实施的惩罚机制和激励机制的构建与实施,当然需要耗费成本。在很多情况下,这种成本的额度非常高昂。或许是从"成本"这一

① [美]埃里克·弗鲁博顿、[德]鲁道夫·芮切特:《新制度经济学:一个交易费用分析范式》,姜建强、罗长远译,133 页,上海,上海三联书店、上海人民出版社,2006。
② [美]查尔斯·韦兰:《公共政策导论》,魏陆译,62 页,上海,格致出版社、上海三联书店、上海人民出版社,2014。

客观约束条件考虑，有的研究者会认为，惩罚机制是保障法律实施绝对不可或缺的基础，因此由公权机关耗费公共资源构建惩罚机制无可厚非。但是激励机制并非保障法律实施的必需品，即便需要，也只能由私人主体构建，而不能由公权机关耗费公共资源构建，这是严格节约公共财政开支的必然要求。应该指出，上述疑虑是不必要的。事实上，激励机制并不必然耗费公共资源（国家财政）。因为公权机关构建的激励措施可以有多种类型，而不同的措施则代表着不同的成本结构：（1）有的激励措施主要体现为立法机关通过法律规则的调整，协助相关主体构建新的法律关系（尤其是产权关系），促使法律适用主体的行为外部性得以内部化。为此，公权机关需要做的只是建立或者修改法律规则，他们并不需要为法律适用主体主动遵守或适用法律规则额外支付经济利益（亦即不必为此耗费其他成本）。（2）有的激励措施虽然需要向法律适用主体支付经济利益（具体可能体现为直接的物质奖励或者赋予其他权益），但这一经济利益的来源并非国家财政或其他公共资源，而是来源于其他私人主体。比如，公司法领域股东派生诉讼的原告成本补偿制度、消费者权益保护法规定的惩罚性赔偿制度，都是如此。

二、法律实施激励机制的设计原理

强化惩罚对法律实施并不总是有效的。解决问题的思路是，在优化惩罚机制的同时，系统构建法律实施的激励机制。正如本书导论中已初步界定的，所谓法律实施的激励，是指通过物质奖励、荣誉表彰或法律责任减免等方式，促使市场主体的行为导向与法律制度的立法宗旨相一致，进而推动市场主体主动遵守和适用法律制度的一种机制。这一意义上的"激励"不是契约经济学等学科理论所称的"诱导性刺激"（incentive），而是带有"奖励"（reward）性质的含义。就此而言，它与传统法学理论和法律实践中所称的"惩罚"是相对应的概念，两者分别体现了两个向度——激励的目标是让市场主体在依照法律规定行事之后获得收益或者减少支出，而惩罚的目标则是让市场主体无法获得违法行为带来的收益（如没收违法所得），甚至需要为违法行为支付成本（如处以罚款）。

"改变人们行为最有力的工具之一就是改变激励因素。"[①]激励机制有

---

① ［美］查尔斯·韦兰：《公共政策导论》，魏陆译，62 页，上海，格致出版社、上海三联书店、上海人民出版社，2014。

助于提高法律实施效率,原因是这种期待中的方案至少具备以下功能:一是可以通过调整市场主体法律实施行为的成本收益结构,使市场主体意识到主动实施法律有利可图。二是在资源有限的情况下,通过激励市场主体主动实施法律,有效节约法律公共实施的成本,由此促使法律规则不会因为高昂成本的约束而难以实施。三是通过明晰产权关系,使市场主体法律实施行为的外部性内部化。四是在构成法律实施委托代理关系的情形下,可以有效抑制市场主体的道德风险或逆向选择。

(一)调整法律私人实施的成本收益结构

实践中,导致法律实施效率不高的原因有多种,最常见情况是法律实施的成本收益结构失衡,使得市场主体面临"主动实施法律明显弊大于利"的局面。对此,激励机制的目标和功能是,通过制度改革或机制改造实质性地降低法律实施成本或提高法律实施收益,使市场主体意识到主动实施法律规则有利可图。或者,至少让市场主体觉得主动实施法律规则"并不是很麻烦"。正如有研究者指出的,"私人执法者的激励通常在于本身权益的维护或经济利益的追求,因而独立性是比较好的,要建立有效的私人执法体制,应该赋予私人执法者(受害者和其他相关个人、企业或公民团体)广泛的私人起诉权和起诉激励"。①

上述原理在法律私人实施的场合体现得最明显。对于市场主体而言,法律实施成本过于高昂不仅会诱使他们想方设法逃避义务与责任,即消极对待义务规则和责任规则,而且也可能促使他们放弃权利行使或权利救济,即消极对待权利规则。从实践看,因为实施成本高而放弃权利规则的情况具有一定的普遍性。正如前文已分析过的证券市场的很多公众投资者,股权众筹和互联网借贷(P2P)的很多公众投资者,遭遇共享单车押金损失的公众消费者,以及居住环境被污染的社会公众,他们在权利遭受侵害后之所以选择放弃权利规则的适用,主要原因就是其通过法律救济可能获得赔偿的概率与赔偿额度的乘积,明显小于适用权利规则寻求救济的成本。

从激励角度解决上述问题有多种可行的途径。第一种方案是建立公益诉讼制度,以公共财政承担权利规则实施成本,由公权机关(如检察院)或社会组织(如消费者协会)代表众多权利主体实施权利规则。第二种方案是建立代表人诉讼制度(如证券法领域投资者提起的虚假陈述等证券民

---

① 李波:《公共执法与私人执法的比较经济研究》,24~25页,北京,北京大学出版社,2008。

事赔偿诉讼即可适用此类制度),其与公益诉讼相似之处是众多的权利主体不必亲自参与诉讼活动,可授权委托代表人代为行使权利,不同之处是代表人诉讼的众多原告仍需自行承担诉讼成本,其享受的主要是免于操心烦琐诉讼活动的操作。第三种方案是建立惩罚性赔偿制度,大幅提高权利主体的维权收益。第四种方案是降低权利主体行使权利的难度,典型的比如在程序法层面设定举证责任倒置规则,由被告承担"自证清白"的责任。《消费者权益保护法》第 23 条所体现的就是这种激励措施。

相比权利规则而言,私人主体实施义务规则和责任规则的成本问题相对更复杂。义务规则所规定的义务,和责任规则所规定的责任,实际上都是法律适用主体需要承担的成本——通常,我们可将其称为守法成本。例如,税法规定的市场主体应当缴纳的税款,就是市场主体遵守税法的成本。立法者在设计义务规则、责任规则时,需要对义务和责任所带来的成本进行合理度量。否则,如果这种成本太低,将无法平衡法律权利义务关系的结构(就义务规则而言),或者无法给相关主体带来有效的威慑(就责任规则而言)。但是如果这种成本太高,则可能间接抑制市场主体依法行事的主动性,甚至反向诱导他们更积极地实施违法行为。典型的比如,公司董事可能因为担心被追究失责而不愿作出任何有失败风险的决策——这实际上是逃避董事义务的表现。尤其是,当社会实践已有显著的发展变化而立法滞后性却越来越明显,由此进一步扭曲了市场主体法律实施的成本收益结构时,将导致市场主体有更大驱动力去逃避义务与责任,法律规避现象往往就是因为这个问题而产生的。另外,如果轻微违法行为也会遭遇过于严苛的法律责任(或者说,过于沉重的法律成本),那就可能导致市场主体在计划或着手实施违法行为之后,缺乏尽早终止违法行为或主动消除损害后果以谋求更轻法律责任的动力(这也是导论中讨论的,为什么立法机关不会将所有拐卖妇女儿童的行为都直接规定为死刑的原因)。我们可以把上述情况近似地称为法律主体在守法问题上的"逆向选择"。

当法律实施成本太高而导致市场主体出现逆向选择时,义务规则、责任规则的实施效率往往比较低下。换言之,惩罚过于严厉并不利于阻却违法行为。解决这一问题的思路仍然是激励机制的构建。立法机关和监管部门应当抛弃"严刑峻法可以实现所有社会治理目标"以及"惩罚机制可以推动所有法律规则有效实施"的观念。通过建立"附条件的责任减免规则"或者"责任替代承担规则",激励市场主体敢于主动、勤勉地履行法定义务规则或约定义务规则——比如,公司法领域的商业判断规则和董事责任险制度,就体现了这一设计原理;或者激励市场主体依照法律规定主动交代违法事实、及时终止违法行为、积极消除违法行为的损害后果、提供他人违法信息——例如,很多国家立法规定的"反垄断宽恕制度"就是基于这种激励原理而设计的。国家市场监管总局出台的《横向垄断协议案件宽大制度适用指南》亦属此类范例。

(二)降低法律公共实施的成本约束

"对于那些规定了行为的规则,实施的目标是达到社会认为其能承受的程度的法律而言,社会应该放弃'规则得以完全实施'这一观念的一个决定性因素是,法律的实施需要耗费成本"。[①] 成本高昂导致实施效率低下的问题不仅发生在法律私人实施的场合,也可能存在于法律公共实施的情形下。事实上,无论是私人实施机制还是公共实施机制,"若机制运行需要经济人或机构对信息的观测、沟通或其他信息处理过程的数量无限大,则该机制显然没有可行性"。[②] 从规范分析角度看,公共实施领域的效率问题,同样可以通过激励机制得到改善。不过在机制设计和具体方法层面,旨在降低法律公共实施成本、提高法律公共实施效率的具体的激励措施,与上文分析的法律私人实施场景下的激励措施,有明显区别。

在私人实施场景中,如果法律规则实施成本高昂,那么立法机关、监管部门或其他主体在构建激励机制时,应当直接围绕作为法律实施主体的"私人",设计出有助于增加其收益或减少其成本的具体措施。换言之,针对法律私人实施的激励机制的特点,是法律实施主体与被激励的主体两者具有身份上的同一性。但是在公共实施的场景中,法律规则的实施主体是公权机关(司法机关、监管部门)或社会组织,但被激励的主体并不局限于这两者。在有些情况下,激励机制也可能是以相关私人主体作为激励对象,此时,法律规则的实施主体和被激励的主体,可能出现身份上的非同一性。

比如在市场监管领域,如果市场主体的某一类违法行为具有专业性、技术性和隐蔽性(例如经营者利用大数据实施的不正当竞争行为),且市场监管的技术、方法滞后于市场实践,或者,虽然违法行为的技术含量不高,但数量上有相当的普遍性(例如建筑工程违法承包问题、共享单车乱停

---

① George J. Stigler. *The Optimum Enforcement of Laws*. In Gary S. Becker and William M. Landes (eds). *Essays in the Economics of Crime and Punishment By*. Published by National Bureau of Economic Research (1974), pp. 55 - 67.

② [美]利奥尼德·赫维茨、斯坦利·瑞特:《经济机制设计》,田国强等译,3 页,上海,格致出版社、上海三联书店、上海人民出版社,2014。

放问题),那么监管部门用以查明违法事实和追究违法者法律责任所耗费成本可能非常高昂。一旦这种成本超过合理边界,则可能降低监管者发现和查明违法事实的概率,使得相应的监管规则无从适用。

对于上述问题,激励机制当然有其发挥作用的空间,可以选择的方法有两个:一是通过职务晋升、荣誉表彰或经济绩效奖励等措施,激励监管部门和执法人员更加勤勉履职,提高工作强度,以及改善监管技术方法。例如《食品安全法》第 13 条规定,"对在食品安全工作中做出突出贡献的单位和个人,按照国家有关规定给予表彰、奖励"。二是通过经济奖励、权益优先享有、经营资质提升、信用公示、荣誉褒奖、义务减轻、责任豁免等措施,激励被监管者(通常是指企业等市场主体)主动遵守和实施法律规则,或者通过经济利益给付激励其他组织或个人揭发违法信息,相应减少监管部门为调查和处理违法事实而投入的工作量,进而降低法律公共实施成本,提高法律实施效率。

在上述第一种情况下,激励对象本身就是市场监管法的实施主体。但在第二种情况下,负责实施监管规则的主体是监管部门,监管规则约束的对象以及激励机制指向的对象,是企业等市场主体。就后者而言,激励机制的功能是把法律公共实施部分地转化为私人实施。在此过程中,法律实施成本可能得到有效降低,其理由如下。

第一,法律实施的一部分成本,根源于公权机关与市场主体之间的博弈和对抗,是监管者和被监管者"内卷"所导致的结果。从理想角度看,如果所有市场主体都能完全自觉遵照市场监管法律制度行事,那么监管部门将失去存在的必要。更准确而言,此情形下监管部门可能只需保留服务市场主体的行政职责(比如提供指引性的制度供给,搭建基础设施等),而不需要有监管、执法的职责。当然,"全部市场主体完全自觉依法行事"只能是理论上的假设,现实社会实践不可能如此,否则关于如何提高法律实施效率的讨论也将毫无意义。换言之,在真实世界的市场监管过程中,监管部门和市场主体之间必然存在对抗。尤其是"如果规制者假设所有企业都面临着安全与盈利的利益冲突,或者有其他原因,只有在'大棒'的威胁下,企业才会守法,那么规制者就会不必要地疏远那些自愿守法的企业,并给这些企业带来不必要的成本支出,因此形成一种抗拒规制的文化"。[①]为了消除这种对抗,监管部门需要投入大量成本去监督市场主体日常的生

---

① ［英］罗伯特·鲍德温、马丁·凯夫、马丁·洛奇:《牛津规制手册》,宋华琳等译,140 页,上海,上海三联书店,2017。

产经营活动,以便及时发现、查明、制止市场主体的违法行为并追究相应的法律责任。与此同时,如果出现法律纠纷,还会导致法院、检察院的司法成本。因此,如果决策者构建的激励机制能够促使法律的公共实施转化(至少是部分转化)为私人实施,使得市场主体主动实施法律,进而减少监管者与被监管者之间的对抗,将有助于降低因"内耗"所导致的社会福利损失。

第二,相当一部分的法律私人实施几乎不需要额外耗费公共资源,不会产生公共成本。决策者用以构建激励机制的"工具箱"里有多种制度工具。他们需要做的是,针对不同实践情形选择不同制度。在一些场合,决策者构建的激励机制的功能只是在市场主体之间确立了一种"以守法获益为目标"的竞争秩序,使市场主体意识到,相比于其他市场主体,如果自己主动遵守法律、实施法律,及早依法行事,就可以获得更多利益。例如,立法机关或监管部门可以规定,如果公司积极适用《公司法》第5条,承担社会责任有突出贡献的,那么在申请各类行政许可(如资格认定、资质提升)或公共资源(如政府对企业的各类补贴),以及申请义务、责任减免(如税收优惠)时将获得优先权。立法机关或监管部门也可以规定,经营者违反市场监管法之后,如果能及时中止违法行为、有效防止损害性后果扩大,或者主动交代违法事实、检举其他违法者,则可以被减轻甚至免除处罚。上述情形下激励措施所耗费的公共成本,主要是立法机关最初制定法律规则的成本。规则建成后,监管部门几乎不需要为这一激励措施的实施作出额外支付。事实上,在总量恒定而资源配置具有竞争性的各种行政许可范围内,按规定可以获得许可的企业数量也是有限且恒定的,区别只在于,究竟是甲、乙获得,还是丙、丁获得——在监管部门看来,哪个市场主体获得并不重要,他们只需要依照规定,让最自觉遵守法律、在主动实施法律规则方面表现最好的企业自己显示出来,并赋予其优先于其他企业的各种法定权益就可以了。

第三,即便是那些需要公共资源支持的法律私人实施,其所耗费的公共成本,仍有可能明显低于纯粹的法律公共实施所耗费的成本。我们可以以举报奖励制度为例进行论述。市场监管领域的一些法律规定了举报奖励制度,要旨是任何单位或个人都有权向监管部门举报市场违法行为,如果该违法行为查证属实,监管部门将向举报者提供经济奖励(物质奖励)。奖励额度通常是参考被查实的违法行为的性质、程度、规模,按监管部门对违法者最终认定的处罚总额的一定比例计算。作为激励措施的举报奖励制度的特点是:(1)举报奖励制度有助于显著降低监管部门获悉市场违法行为的信息成本。(2)举报者获得奖励的前提是其所举报的违法行为被查证属实,这有助于监管部门排除虚假举报,避免浪费信息成本,以及避免在虚假举报误导下浪费执法成本。(3)在查证属实的情况下,监管部门依照规定支付给举报者的经济奖励——或许我们可以把这种奖励理解为监管部门购买有效信息的成本——只占处罚总额的一小部分(可参见原国家食品药品监督管理总局和财政部出台的《食品药品违法行为举报奖励办法》的相关规定,见表4),整体衡量,监管部门是以小代价换取大收益。(4)大多数情况下,监管部门支付给举报者的奖金从罚没款中安排支付,而罚没款又是监管部门根据举报信息查处违法行为后得到的执法收益(据此或许可以把奖金理解为监管部门获取违法信息的成本,也可理解为举报者在执法收益中的分成)。这意味着,监管部门根据有效举报信息查处违法行为的做法,整体上还是有助于节约法律实施的公共成本的。

表4 《食品药品违法行为举报奖励办法》规定的举报奖励制度

奖励等级	评定标准	奖励额度
特别重大贡献等级	(1)举报系统性、区域性食品药品安全风险的;(2)举报涉及婴幼儿配方乳粉,列入国家免疫规划疫苗等品种,且已对公众身体健康造成较大危害或者可能造成重大危害的;(3)举报故意掺假造假售假,且已造成较大社会危害或者可能造成重大社会危害的;(4)其他省级以上食品药品监督管理部门认定的具有重大社会影响的举报	奖励金额原则上不少于30万元
第一级	提供被举报方的详细违法事实、线索及直接证据,举报内容与违法事实完全相符	按涉案货值金额或者罚没款金额的4%~6%(含)给予奖励。按此计算不足2000元的,给予2000元奖励
第二级	提供被举报方的违法事实、线索及部分证据,举报内容与违法事实相符	按涉案货值金额或者罚没款金额的2%~4%(含)给予奖励。按此计算不足1000元的,给予1000元奖励
第三级	提供被举报方的违法事实或者线索,举报内容与违法事实基本相符	按涉案货值金额或者罚没款金额的1%~2%(含)给予奖励。按此计算不足200元的,给予200元奖励
其他	违法行为不涉及货值金额或者罚没款金额,但举报内容属实的	视情形给予200~2000元奖励
	研制、生产、经营、使用环节内部人员举报的	可按照上述标准加倍计算奖励金额

（三）明晰法律实施涉及的产权关系

产权关系不明晰是导致行为外部性的主要原因。外部性有正外部性和负外部性之分。实证分析显示，法律实施行为可能产生外部性，如果相关的实施机制不能有效促使外部性内部化，即实施机制无法解决产权关系不清晰的问题，那么实践中可能出现的这些外部性将会影响市场主体（法律适用主体）的行动决策，使其选择"不主动实施法律规则"的行为，而这种行为将会降低法律实施的效率。

法律规则可分为权利规则、义务规则和责任规则三种基本类型。正如前文分析的，在权利规则范围内，共益权规则的实施容易导致正外部性，即市场主体个人主动实施了法律规则，承担了法律实施成本，但法律实施的收益却是由相关权利人共同分享。这种正外部性如果无法内部化，那么很大概率上，基于"搭便车"心理，各个共益权主体将会丧失实施法律的积极性，最后出现集体行动悖论的局面。①

在义务规则和责任规则范围内，如果市场主体某项违反法定义务的行为难以被及时查明，违法事实无法确定，则监管部门难以追究其法律责任。从法律适用逻辑分析，这是由于"三段论"的小前提未被证成（查明违法事实）而导致结论（追究法律责任）无法作出。违法行为未被追究责任，意味着行为的负外部性未被内部化，本质上这同样是产权关系界定不清的问题，而其后果则是，可能诱使更多市场主体作出违法行为，或者诱使某一市场主体更频繁地作出违法行为。

产权分析方法适用于一切人类行为和人类制度。② 解决上述问题的基本思路是明晰与法律实施有关的产权关系，并以此为基础，构建旨在激励市场主体主动适用法律的机制。这种激励机制的目标，"是把个体行为的外部性内部化，通过规则的强制，迫使产生外部性的个体将社会成本和

---

① 关于法律实施过程中的"搭便车"问题，兰德斯（William M. Landes）和波斯纳（Richard A. Posner）曾以刑法领域的公共实施和私人实施为例，提出一个论断——"经济学家很久以来就假设，法律私人实施机制可能因为'搭便车'的原因或者因为规模经济的不足而被损害。但我们并不这么认为。我们的观点是：如果在一个法律私人实施系统中，是由受害人向实施者购买（法律）服务，那么可能产生'搭便车'问题，因为那些没有参与购买服务的人也可因违法行为的减少而获利。然而，如果在一个法律私人实施系统中，是由法律实施者向受害人或国家购买法律实施的权利，或者要求获得对嫌疑人进行逮捕和定罪的权利，那么将不存在'搭便车'情况。"参见 William M. Landes and Richard A. Posner. The Private Enforcement of Law. *The Journal of Legal Studies*, Vol. 4, No. 1 (Jan. 1975), pp. 1-46.

② ［美］Y. 巴泽尔：《产权的经济分析》，费方域、段毅才译，137 页，上海，上海三联书店、上海人民出版社，2006。

社会收益转化为私人成本和私人收益，使得行为主体对自己的行为承担完全责任，从而通过个体的最优选择实现社会最优"。① 在具体方法层面，针对权利规则实施的激励措施，和针对义务规则、责任规则实施的激励措施有实质区别。

对于权利规则而言，明晰相关产权关系的要点是，在制度层面上规定权利主体需要承担适用法律规则、行使法定权利的全部成本，与此同时也有权取得适用法律规则、行使法定权利的全部收益，使得权利主体意识到适用法律规则有利可图，而不是"为别人作嫁衣裳"。在涉及私益权的场合中，成本和收益统一归属于权利主体是常态。换言之，至少在规范分析层面，私益权的产权关系是清晰的。只要法律规定了私益权规则，那么行使私益权的收益自然归私益权主体所有，而行使权利的成本则是由私益权主体承担。需考虑的是，有些情况下私益权主体已支付行使权利的成本，但收益却被他人非法占有。对此，需要通过侵权法等事后救济规则进行矫正，比如要求侵权人向被侵权人返还财产并作损害赔偿。这意味着，对私益权行使的法律保障主要是事后矫正机制（事后救济机制）而不是事前分配机制。

与私益权不同的是，在涉及共益权的场合下，建立旨在明晰产权关系的激励机制具有重要意义。从实践来看，事前激励的具体措施至少包括：（1）建立代表人（代理人）制度，由全体共益权人事先授权某一主体代为行使权利，该代理人可以是共益权人之外的其他主体，也可以从共益权人中推荐、选举或聘用产生。一般情况下，代理人按约定取得报酬，其行使权利的费用亦由全体共益权人共同承担。（2）无须事先设立专门的代表人制度，代之以利益补偿机制，即规定，如果有某一个（或几个）共益权人主动适用共益权规则且为全体共益权人带来收益，那么实际行为人可以请求其他共益权人按比例弥补其适用法律的成本，同时请求获得一定的收益分成作为奖励（类似律师代理业务的胜诉分成），或者请求获得利益优先受偿权（如代表全体共益权人起诉侵权人并获得赔偿，实际行为人可以优先受偿）。

在义务规则和责任规则领域，明晰相关产权关系的要点依然是外部性的内部化。但与权利规则情况不同的是，此处要解决的是负外部性的内部化，即让法律义务主体为其实施的违法行为承担程度相当的法律责任，或者更抽象而言，是让义务主体为其自己实施的行为彻底负责。对此，可以

---

① 胡元聪：《经济法的激励功能与外部性解决分析》，载《社会科学论坛》，2009（10）。

从事前激励与事后惩罚两个层面构建法律实施机制:(1)从事前激励角度,使义务主体充分意识到,如果他未按义务规则行事,将被及时追究法律责任,但如果他及时终止违反义务的行为,积极降低或消除违法行为的损害程度,主动承认未被发现的违法行为,或者检举他人违法行为,则可获得减轻处罚甚至免于处罚的优待。(2)从事后矫正角度,使义务主体为其违法行为实际承担法律责任或自行承担损失,而不是将违法行为导致的后果转嫁他人。

(四)消除法律实施过程中的道德风险和逆向选择

道德风险(moral hazard)和逆向选择(adverse selection)是委托代理理论的两个核心概念。道德风险也称隐藏行为,它是指委托人与代理人订立合同后,代理人清楚知道自己应该做什么,也有权利决定如何做。代理人可能利用自己在信息上的优势地位偷懒卸责,甚至不当谋取个人私利,最终导致委托人利益受损,而委托人则难以轻易观察到代理人真实的努力程度,其最好的选择是尝试通过激励机制(而非强制命令)促使代理人作出符合委托人利益的行为。逆向选择也称为隐藏信息或隐藏特征,它是指在一个合同关系中,一方对标的物等信息充分了解,另一方则需要耗费巨大成本才可能知悉此类信息,在此情况下信息劣势一方可能以底线思维理解合同预期目标并制定相应对策。这意味着,价格机制可能被人为扭曲,失去对真实供求关系的体现作用,最终导致劣币驱逐良币的后果。

经济学(管理学)领域的委托代理理论最初主要用于研究企业经营管理问题,后期随着契约经济学、信息经济学、激励理论和机制设计理论等其他相关理论的发展,委托代理理论的应用领域不再局限于企业内部治理,而是被广泛运用到其他社会关系的研究,并被进一步抽象为一方当事人的利益实现需要依靠另一方当事人的行为,但该当事人却无法充分掌握另一方当事人的私人信息的关系。法律实施过程中,也可能出现类似道德风险和逆向选择的情况。

"当代理人努力程度的信息不能被观察到时,标准的道德风险问题也就产生了——投入对代理人来说是要付出代价的,同时,它也会影响到委托人的福利"。[①] 借鉴这一原理,如果立法设定的法律义务难以标准化(难以量化),导致监管部门调查和确认义务主体是否履行义务以及履行义务

---

① [法]埃里克·布鲁索、让·米歇尔·格拉尚:《契约经济学:理论和应用》,王秋石、李国民、李胜兰等译校,8 页,北京,中国人民大学出版社,2011。

程度的成本太高,就有可能出现义务主体基于私利而不履行法律义务(至少是不完全履行),或者通过规避手段迂回绕开法律规定的情况。这是法律实施过程中道德风险的近似体现。在这种关系结构中,立法机关和监管部门类似委托代理关系中委托人的角色,而义务主体(如企业等市场主体)则类似代理人的角色。

在市场监管的某些领域,立法机关制定了非强制性的软法规范,①这些规范或以"指南""指引"等形式出现,也可能在法律法规中以"鼓励""支持"性质的条文出现。软法规范最常用的场合是鼓励市场主体以更高标准作为行为规范,以实现更高立法目标,②至于市场主体能否实际做到,立法机关和监管部门无法直接施加强制。在此情况下,除非市场环境存在针对产品优劣或行为好坏的区分机制、识别机制以及良好的产权保护机制,③否则消费者会因为缺乏足够信息和辨别能力而宁愿选择以最低预期、最低价格标准来评价产品或服务,这是逆向选择的近似体现。进一步的,在区分机制、识别机制和产权保护机制不健全的市场环境中,如果消费者出现逆向选择,经营者也可能认为,即便他们依照软法指引适用更高标准,投入成本进行技术创新,生产出高质量的产品,也可能因为消费者的逆向选择而无利可图,在此情况下,经营者同样有可能以逆向选择的心态看待法律实施,即宁可适用低标准规范。

"当参与人之间存在信息不对称时,任何一种有效的制度安排都必须满足'激励相容'或'自选择'(self selection)条件,这是信息经济学研究的问题"。④ 换言之,在经济学(管理学)理论看来,激励机制是解决委托代理关系下道德风险问题和逆向选择问题的可行方法。当然,正如本书导论已阐明的,经济学(管理学)理论所称的"激励"的内涵,比本书所称的"激励"

---

① 硬法和软法是研究经济法理论与实践问题的重要概念(范式)。一般认为,"以法规范能否运用国家强制力保证实施作为分水岭,我们可以将整个法规范体系一分为二:一是能够运用国家强制力保证实施的法律规范,它们共同构成硬法,其余的都是不能运用国家强制力保证实施的法规范,它们共同构成软法"。参见罗豪才、宋功德:《软法亦法:公共治理呼唤软法之治》,292 页,北京,法律出版社,2009。

② 如《产品质量法》第 6 条规定:"国家鼓励推行科学的质量管理方法,采用先进的科学技术,鼓励企业产品质量达到并且超过行业标准、国家标准和国际标准。对产品质量管理先进和产品质量达到国际先进水平、成绩显著的单位和个人,给予奖励。"

③ 如经营者以更高的质量标准为导向,通过科技创新生产优质产品,该产品在市场上可以被消费者识别出来并以高于同类产品的价格出售,与此同时,经营者的产品科技创新技术能够得到知识产权法等法律制度的充分保护,则经营者有更大动力遵循更高的质量标准。

④ 张维迎:《博弈论与信息经济学》,2~3 页,上海,格致出版社、上海三联书店、上海人民出版社,2012。

更广。前者涵盖正向奖励与反向惩罚,后者不包括反向惩罚。不过,无论是广义上的激励还是狭义上的激励,在解决问题的基本原理方面,两者所强调的都是通过外在制度的矫正,实现委托人与代理人之间的激励相容。此处所称的激励相容是指,立法目的与当事人行为目标的一致性。

在抑制法律实施过程中的道德风险问题上,激励机制的作用主要体现为促进非标准化义务规则的适用。① 因为对于此类规则,义务主体是否履行义务、履行义务程度如何,客观上难以准确度量,这一特点会强化义务主体逃避义务和谋取不当利益的动机(在委托代理关系结构中,义务主体相当于代理人),加大监管部门调查、确认义务主体是否履行义务、履行义务程度如何的难度(在委托代理关系结构中,监管部门相当于委托人)。尤其是,如果相关立法存在"多轨制"等问题,导致义务主体有机会成功实施法律规避行为,②那么,义务主体和监管部门之间信息不对称的情况会更严重,监管部门期望义务主体严格依法行事的愿望就更容易落空,对义务主体的责任追究也更难以实现。

激励机制消除道德风险问题的基本原理是以委托人和代理人两者利益导向的激励相容为目标,通过附条件的利益给付、业绩分成、职务晋升或其他权益的赋予,促使义务主体(代理人)的个人利益目标与立法机关、监管部门(委托人)所欲实现的法律目标相一致,以此激励义务主体主动遵守和适用法律规则。"法律在制裁欺诈方面的作用并不局限于阻却欺诈行为或使违法者无计可施,而是可以拓展到改变委托人对欺诈的认知偏见进而激发更多有效的私人措施来应对欺诈"。③ 因此从广义上理解,此类激励机制既可通过私人主体构建,也可以由公权主体构建。当然,在某些场合也可能出现必须(而非可以)由公权主体构建的情况。例如在公司法和公司治理领域,为了鼓励董事、监事和高管人员履行勤勉义务,绝大多数公司都会建立股票期权、业绩分成等内部激励机制,这是私人激励机制的常例。与此相关的,公司法上的商业判断规则则是立法机关(公权主体)建

---

① 与"非标准化义务规则"的适用情况有所不同,针对那些易于标准化的义务规则,因义务主体是否依法行事有相对客观、细致的标准可以评价,因此惩罚机制(究责机制)有其充分的适用空间。当然,惩罚机制并非唯一选择,从节约法律公共实施成本角度考虑,亦可同时构建激励机制,鼓励义务主体主动遵守和适用义务规则。上文已对激励机制与节约法律实施成本问题作出分析,此处不再赘述。

② 法律规避最大特点是,既不属于典型的违法行为,也不属于典型的合法行为,其效力如何,取决于法律解释。

③ Amitai Aviram. Counter-Cyclical Enforcement of Corporate Law. *Yale Journal on Regulation*. Vol. 25 (Winter, 2008), pp. 1-33.

立的激励机制,其目的是通过特定条件下的免责来鼓励董事和高管人员敢于勤勉尽责地作出经营决策。在上述两种情况之外,如果相关义务规则的实施涉及社会公众或其他不特定多数主体的利益,那么激励机制将具备"公共物品"性质,须由公权主体负责提供。

逆向选择是法律实施过程中需要通过激励机制解决的另一个重要问题——在涉及更高标准的软法规范实施问题上,尤其如此。考虑到逆向选择的根源是代理人与委托人之间的信息严重不对称,以至于代理人无法区分行为优劣及产品好坏,无法确认依法行事是否于己有利,因此在构建相应的法律实施激励机制时,至少应考虑以下要点:第一,在制度环境(或称制度基础)方面,需系统地完善信用公示制度、资质评价制度、行业声誉机制、产品质量评价制度、产品认证制度,以及专业的第三方评估制度、鉴定制度、公证制度,使市场主体行为的好坏可以得到识别,使产品质量的优劣可以在价格机制上得到显示,使合法行为与违法行为可以在执法、司法程序中及时得到区分处理。第二,在行为好坏、产品优劣以及是否违法等因素可以得到清晰区分的前提下,需进一步降低社会公众知悉相关信息的成本。比如由公权主体或社会组织(商会、行业协会以及其他社会中介机构等)构建系统的信息收集、核实和公示平台,并以低廉的价格(甚至免费)向社会公众开放。第三,通过经济奖励、荣誉褒奖、资格授予、资质提升、优先权享有等各种措施,引导市场主体按更高的标准生产产品、提供服务和履行法律义务,使其充分意识到按高标准履行法律义务更加有利可图。

三、法律实施激励机制的构成要素

前文已初步界定,本书所称的"激励"是指通过物质利益、道德褒奖或责任减免等方式,促使市场主体的行为导向与法律制度的立法宗旨相一致,进而推动市场主体主动遵守和适用法律制度的一种机制。构成激励机制的基本要素包括激励的供给者、激励的需求者(或称激励对象)、激励机制的规范基础以及激励的具体措施。由于激励措施所涉问题较复杂,需分析的内容较多,因此本节主要论述激励供给者、需求者和规范基础三方面的内容。激励机制的具体措施将在下一节单独论述。

(一)激励机制的供给者

从公私属性来看,激励机制的供给者可能是公权机关,也可能是私人主体。前者比如,立法机关通过法律条文,或者行政监管部门通过政策文件规定激励措施,构建并实施"公共型态的激励机制";后者比如,公司通过章程或者内部管理制度规定激励措施,鼓励董事、监事、高管人员和员工主动依法行事,构建并实施"私人型态的激励机制"。除此之外,作为法律实践的一种重要主体,以社团法人身份出现的商会、行业协会也可能是激励机制的供给者。考虑到商会、行业协会一方面是企业利益代表者,另一方面又是行业秩序维持者,且承担着政府委托的部分市场监管职责,因此商会、行业协会建立的法律实施激励机制兼有公私属性,我们可称其为"准公共型态的激励机制"。

有必要讨论的是,应如何理解公共激励机制、准公共激励机制与私人激励机制的关系?公共激励机制的提供者是公权机关(立法机关、行政监管部门),准公共激励机制的提供者是社会组织,而私人激励机制的提供者是企业等市场主体。可能有的研究者认为,三者关系实际上是"政府—社会—市场"关系的一种具体呈现,因此按照"市场能做的交给市场,社会能做的交给社会,市场、社会不能做的政府做"这一基本共识,法律实施的激励首先应该由企业和商会、行业协会负责构建,他们不愿意构建或者无能力构建的情况下,才需要由政府承担起激励法律实施的任务。

纯粹按照"政府—社会—市场"的基本关系来理解三种激励机制的实践关系并不合理。第一,尽管法律实施的后果可能涉及私人利益,也可能涉及公共利益。但在整体上,法律是国家强制力保障实施的特殊的社会规范,法律实施首先还是公权机关应当主动面对的公共问题。如果说,旨在保障法律有效实施的惩罚机制应当由国家负责构建,那么从逻辑上,同样以促进法律有效实施为目的的激励机制,自然也不应该被国家公权机关排除在构建法律实施机制的整体规划之外。第二,无论从理论角度看还是从实践角度看,惩罚与激励都不是必然对立、非此即彼或相互割裂的,两者完全可以共存,共同构成法律实施激励机制的"一体两面"。换言之,一套行之有效的法律实施机制,应当既有惩罚措施,也有激励措施。在此意义上,无法得出"惩罚机制首先由政府负责构建,而激励机制则首先由市场(私人)和社会(集体)负责构建"的结论。第三,正如下文即将详述的,激励法律实施的具体措施(或称具体手段)有多种类型。其中,经济奖励、利益补偿、荣誉褒奖、权利优先行使等措施,企业或商会、行业协会都可以提供和实施——当然,公权机关也可以。但是,诸如资质评定、信用公示、法律责任的减轻与免除等措施,几乎都是公法层面的问题,只有公权机关可以建立和实施。对于此类激励措施,并不存在让企业或商会、行业协会独立处理、优先处理的可能,因为按现行立法,他们几乎没有权利(权力)制定和实施这些措施。

考察激励机制供给者性质与特点的另一种视角，是把激励机制的供给者区分为机制的构建主体和机制的实施主体。前者是指负责制定相关法律法规、政策、规章制度或其他措施，并以此构建激励机制的主体；后者是指激励利益的实际给付者，即负责依法依规向激励对象实际支付经济利益或提供非物质奖励的主体。从实践看，激励机制的构建主体和实施主体可能是同一主体，也可能不是同一主体。在私人主体构建法律实施激励机制的情况下，私人主体通常既是激励的构建者，也是激励的实施者。公司治理实践中的法律实施激励机制，即多数属于这种情况。但在公权机关构建法律实施机制的情况下，激励的构建者和激励实施者通常是两类主体。

例如，根据《食品安全法》第 115 条规定，"县级以上人民政府食品安全监督管理等部门应当公布本部门的电子邮件地址或者电话，接受咨询、投诉、举报"；"对查证属实的举报，给予举报人奖励"；"有关部门应当对举报人的信息予以保密，保护举报人的合法权益"。此条文的直接目的是鼓励社会公众依法投诉、举报涉及食品安全问题的违法行为，更深层次的目的是提高《食品安全法》规定的法律责任规则的有效实施（属实的举报可以节省监管部门发现违法行为的信息成本，从而更有效地追究违法经营者的法律责任）。单就激励机制的供给者而言，《食品安全法》第 115 条是全国人大常委会规定的条文，在根源上，作为立法机关的全国人大常委会是激励机制的构建者，但该条文的具体实施显然不是全国人大常委会，而是各级行政监管部门。

（二）激励机制的需求者

激励机制的需求者亦即激励对象，是指激励机制所要鼓励、奖励的法律规则的适用主体。对应于法律规则的基本类型，其适用主体包括权利主体、义务主体和责任主体。前文已指出，惩罚机制对权利规则的适用难以发挥推动功能，对部分义务规则和责任规则的有效实施也作用有限，据此，法律实施激励机制的激励对象，应全面涵盖权利主体、义务主体和责任主体。

从法律适用主体的身份区分，法律实施激励机制的激励对象也可分为私人主体和公权主体。如按《民法典》规定，私人主体可进一步分为自然人、法人和非法人组织；若按传统经济法视角观察，私人主体通常是指经营者和消费者。从实践看，针对经营者的法律实施激励机制，其所指向的激励标的通常是义务规则或责任规则。比如监管部门曾经建立的免检产品制度，①其所要激励的就是经营者在生产产品过程中严格履行国家产品质量标准、行业产品质量标准的义务。针对消费者的法律实施激励机制，其所指向的激励标的通常是权利规则。比如消费者惩罚性赔偿制度，其所要激励的，就是消费者遭受经营者欺诈之后对赔偿请求权的积极行使。

有必要讨论的一个问题是，公权主体是否需要纳入法律实施激励机制的范畴？在法律实施的语境下，公权主体主要是指司法机关和市场监管部门。按各类市场监管法律法规的规定，公权主体适用法律规则的主要方式是司法、执法，其性质属于公共权力的行使，也是职责的履行。因此从规范分析角度看，相比于私人主体，公权主体实施法律规则的强制性更明显。在此基础上，以往很多观点认为，公权主体实施法律、履行职责不存在激励问题，公权主体如果不依法行事、不履行职责，或者出现滥用权力、以权谋私等情况，不仅需要承担法律责任，还有党纪处罚、政纪处罚等不利后果。

不过，如果从实践角度观察，尤其，如果从更广意义上来理解"激励"，其实公权主体实施法律规则，也存在激励机制问题。实际上，如果各级官员在实施法律、公正司法、严格执法、尽职监管等方面表现优异，他们将获得荣誉表彰、待遇提升或职务（职级）晋升等奖励。有区别的是，针对公权主体的这些奖励措施几乎很少被写到法律法规条文中，而是规定在公权主体的内部规章制度和文件中。这意味着，针对公权主体实施法律规则的情况，并不是客观上完全不存在激励机制，而是适用于他们的激励机制、激励措施有自身的制度体系和特点。

需要补充指出的是，在法律实施过程中，特殊情况下公权主体也可能被临时赋予私人主体的身份。比如，公权主体因日常办公需要而购买办公用品，其与经营者之间的交易会被视为消费合同关系。在此情况下，公权主体具备消费者身份而非监管者身份，他们的交易可以适用《消费者权益保护法》。这也意味着，与《消费者权益保护法》有关的法律法规所构建的法律实施激励机制和激励措施，可以适用于公权主体。

（三）激励机制的规范基础

所谓"规范基础"，是指激励机制的供给者（构建者）为了建立法律实施激励机制而专门制定的相关规则和措施。对应于公共型激励机制、准公

---

① 原国家质量监督检验检疫总局曾于 2001 年颁布实施《产品免于质量监督检查管理办法》，其宗旨是"为鼓励企业提高产品质量，提高产品质量监督检查的有效性，扶优扶强，避免重复检查，规范产品免于质量监督检查工作"。2008 年，该办法被废止。

共型激励机制和私人型激励机制的三类供给主体，用以构建激励机制的规范基础也可分为三种类型：一是公权机关制定的法律和政策。例如立法机关规定惩罚性赔偿制度以激励消费者积极适用权利救济规则，起诉有欺诈行为的经营者。二是社会组织制定的规章制度、行业规范等。例如行业协会制定行业规则，规定成员企业如果主动适用高于国家强制标准的国际标准、行业标准，或者制定并实施高于国家强制标准的企业标准，则行业协会将给予该企业表彰、减免会费、权益优先分配等奖励。三是企业制定的内部协议、章程。例如公司通过章程规定，高管人员如果严格遵守法律法规、公司章程且勤勉尽责，则可以获得股权激励、薪酬奖励或职务晋升（可参见表5）。

表5　激励机制的规范基础

	激励机制类型	激励机制供给主体	激励机制规范基础
1	公共型激励机制	公权机关（立法机关、监管部门等）	法律、法规、规章、一般规范性文件及政策等
2	准公共型激励机制（集体型激励机制）	商会、行业协会等社会组织	组织章程、规章制度、行业规范、行业公约等
3	私人型激励机制	各类私人主体（主要是指企业）	企业内部的章程、协议、规章制度等

本书主要关注公共型激励机制的构建和实施，因此下文重点讨论公权机关制定的有关法律激励实施的各类规范。从表现形式看，构成激励机制的规范包括法律、法规、规章、一般规范性文件和政策。激励机制的构建者可以通过全国人大及其常委会制定的法律条文规定激励与惩罚问题；或者由国务院或其部委为法律配置专门的法律实施条例、细则、规范性文件或一般政策，并在其中规定激励惩罚的内容；也可以通过司法政策、司法解释、批复、答复或其他司法文件规定法律实施及其激励惩罚的问题；或是以地方立法规定法律实施及其激励惩罚的规则；还可以通过专门的程序法设定法律实施程序及其激励惩罚规则。

有必要讨论的是，对于构成激励机制的那些法律规范，应如何界定其法律效力？换言之，旨在激励市场主体主动实施法律的那些规范，应设置为强制法规范，还是任意法规范？可能有研究者认为，那些用于威慑和迫使市场主体严格遵法守法的惩罚机制的规范应是强制性的，但是激励机制的规范基础则应当是任意性的，因为激励的本质是让市场主体获得"好处"——无论是获得本未获得的权益,还是免于承担本应承担的成本和责任。对于这种"好处",市场主体当然可以放弃,法律不必也不应强制市场主体接受这种好处并据此主动遵法守法。不过,可能也有研究者认为,构成法律实施激励机制的规范基础应当具有强制性,否则这种旨在提供激励功能的法律规范本身也很容易失去实效而无法发挥其应有的激励功能,若此则会变成,构成激励机制的法律规范本身也需要有别的激励机制来激励其实施,那会演化成一个"无法解锁的封闭循环"。

事实上,就法律实施激励机制规范基础这一问题而言,规范的强制性与任意性本身并不存在必然冲突。法律实施的激励通常存在一种双边关系:它既要有激励的需求者,否则激励不必存在,这是激励机制必要性问题;也必然要有激励的供给者,否则激励无法实现,这是激励机制可行性问题。这意味着,构成激励机制的法律规范通常也需要顾及双边关系。一方面,法律或政策可以选择"赋权型"的模式,即规定需求者如果严格遵法守法,可以获得什么;另一方面,法律或政策也可以选择"义务型"的模式,即规定如果需求者严格遵法守法,则供给者应当提供什么。对需求者而言,激励机制为其提供的各种权益或者为其减免的各种成本、责任,需求者当然可以放弃或拒绝。因此,激励机制中涉及需求者权益的那些规定,一般可设置为任意性规范。但是对于供给者而言——尤其是公权机关作为供给者的情形下——如果法律法规或政策文件规定其负有激励市场主体实施法律的义务,那么当市场主体依法行事、符合奖励条件时,供给者应有义务依照规定向市场主体提供相关激励(赋予权益或减免成本、责任)。

我们可以通过不同的实例进行比较分析。《民法典》《消费者权益保护法》《食品安全法》《药品管理法》等法律都规定了在经营者实施欺诈行为的情况下,消费者有权诉请惩罚性赔偿。理论界和实务界基本上都认同,这种惩罚性赔偿制度就是法律实施的一种激励机制,它旨在鼓励消费者积极适用《消费者权益保护法》《食品安全法》《药品管理法》关于消费者权益保护与救济的法律规则,主动行使损害赔偿请求权。关于惩罚性赔偿制度的具体适用,前文已有详细分析,不再赘述。在此指出的是,从性质和效力来看,惩罚性赔偿制度所构建的实际上是以任意法规范为基础的"赋权型"激励机制。这意味着,尽管惩罚性赔偿可能给消费者增加至少相当于实际消费金额三倍的额外赔偿(食品药品是十倍),但消费者依然可能选择放弃行使这一权利。从实践来看,放弃的情况其实不少。

与上述例子不同的是,那些以减轻、免除法律责任为主要内容的法律实施激励机制,其规范基础则通常体现为强制性。例如在反垄断法领域,根据《国务院反垄断委员会横向垄断协议案件宽大制度适用指南》第 2 条规定,考虑到"横向垄断协议通常具有严重排除、限制竞争的效果,同时具有高度隐秘性,且经营者之间相对稳定,如果相关经营者能够主动配合,将极大降低执法机构发现横向垄断协议并展开调查的难度",因此"对于愿意主动报告横向垄断协议并提供重要证据,同时停止涉嫌违法行为并配合执法机构调查的经营者,执法机构相应地对其减轻或者免除处罚,有助于提高执法机构发现并查处垄断协议行为的效率,节约行政执法成本,维护消费者的利益"。这种以减轻、免除处罚为措施来"降低执法机构发现横向垄断协议并展开调查的难度"的做法,是典型的法律实施激励机制。由于减轻、免除处罚是法律责任制度的范畴,按传统理论共识和立法惯例,一般将其定位为公法,以强制法规范予以规定。换言之,哪些主体,在什么情况下,基于什么依据,可以获得什么程度的法律责任的减轻或免除,不可能由当事人私下约定,甚至也不可能由公权机关随机安排,而只能由立法机关通过强制法规范设定。正如《国务院反垄断委员会横向垄断协议案件宽大制度适用指南》第 4 条至第 13 条等条文所规定的,经营者申请宽大处理的时间、申请免除处罚应提交的材料、申请免除处罚的登记程序、申请减轻处罚应提交的证据、申请宽大处理的形式、获得宽大需要满足的其他条件、申请宽大顺位的确定等事项,都是强制法规范规定,而执法机构审理审查的标准以及可以决定的免除、减轻经营者罚款的标准与程度,也是强制法规范规定。①

四、激励法律实施的具体措施

实证分析表明,法律权利规则、义务规则和责任规则都存在实施效率低下的情形。这些情形的成因有别,因此在构建法律实施激励机制时,应根据每种情形的特点,制定不同措施。从部门法的特点考虑,有研究者指出,"经济法涉及的激励模式较多。经济法几乎涉及每一种激励模式。行

---

① 　根据《国务院反垄断委员会横向垄断协议案件宽大制度适用指南》第 13 条规定:"对于第一顺位的经营者,执法机构可以对经营者免除全部罚款或者按照不低于80%的幅度减轻罚款。在执法机构立案前或者依据《反垄断法》启动调查程序前申请宽大并确定为第一顺位的经营者,执法机构将免除全部罚款,存在本指南第 10 条第 2 款情形的除外。对于第二顺位的经营者,执法机构可以按照30%至50%的幅度减轻罚款;对于第三顺位的经营者,可以按照20%至30%的幅度减轻罚款;对于后序顺位的经营者,可以按照不高于20%的幅度减轻罚款。"

政法、民法和刑法等涉及的激励模式相对较少。"①

（一）经济奖励、利益补偿与多倍赔偿

让相关主体直接获得经济利益，是激励法律实施最常用的措施。其原理是，通过经济利益的给付实现主体行为"成本—收益"结构的调整，使相关主体在实施法律规则过程中，至少可以达到预期收益不低于行为成本，即不会因为主动实施法律规则而"吃亏"。通过经济利益激励法律实施不仅适用于权利规则，也适用于义务规则，其最常见的形式有三种：一是规定由公权机关对相关主体实施经济奖励（物质奖励、金钱奖励），二是规定在符合特定条件时由某些主体向另一些主体支付经济补偿，三是允许主体获得超出实际损失（实际成本）的多倍赔偿。整体而言，作为法律激励工具的经济利益，有时候是由公共财政支出（上述的第一种情形），有时候也可能由私人主体支付（上述第二、第三种情形）。

1. 经济奖励

广义上，那些旨在激励法律实施的经济奖励措施的提供者可能是政府，也可能是企业或社会组织。就前者而言，政府制定和实施的经济奖励主要适用于政府希望市场主体主动作出某些行为、遵守某些法律或标准，但又无法强制他们如此作为的那些场景。比如，希望市场主体主动向监管部门提供违法信息，或者希望市场主体在政府规定的最低强制标准以上主动执行更高的推荐性标准，等等。就后者而言，企业制定和实施经济奖励措施的目的，通常是激励公司的董事、监事、高管人员和员工主动遵守公司法和公司章程，勤勉履行职责，此类奖励的形式包括：有条件的提升薪酬、约定股权期权、设置绩效奖金，等等。

我们可以以违法信息举报奖励为例来论述经济奖励与法律实施的基本关系。在市场监管过程中，及时查处违法行为对维护市场秩序、保护市场主体合法权益有重要意义。然而，"信息也是社会必须花费资源才能产生的一种物品"。② 传统监管措施的实施以惩罚违法行为为主，如果仅仅依靠监管者自己来发现违法行为，其信息成本非常高昂。因为"信息总是具有公共产品的维度。它很难以一个低成本就限制其向那些直接或间接付费的人传播，且一个使用者的消费并不影响其他人对该信息的消费。这

---

① 胡元聪：《我国法律激励的类型化分析》，载《法商研究》，2013（4）。
② 参见［美］史蒂芬·布雷耶：《规制及其改革》，李洪雷、宋华琳、苏苗罕译，6 页，北京，北京大学出版社，2008。

些说明,在不受规制的市场中,此类信息总会存在一个供应不足"。① 解决这一问题的有效方法是,对违法信息提供者(尤其是内部人举报者)进行奖励。② 不过从目前实践看,除了食品药品监管等特殊领域之外,其他很多领域的监管部门似乎还没有就违法举报的奖励问题形共识。例如,广东省人大常委会 2016 年出台的《广东省市场监管条例》第 54 条规定,"市场监管部门应当建立举报奖励制度,按照规定奖励举报人,并为举报人保密"。但是 2021 年该条例修改时,立法机关删除了奖励举报制度。实践中,监管部门在面对这一问题时,或许也认可奖励的做法,但却经常将其狭义地理解为精神奖励或道德表彰,不愿给予经济奖励、物质奖励。也有的监管部门虽然制定了奖励制度,但是相关条文多是泛泛而谈,并未对如何奖励作具体规定(详见表 6)。

表 6　法律文件关于举报奖励的规定示例

法律文件与法律条文	条文相关内容
《产品质量法》第 10 条	……市场监督管理部门和有关部门应当为检举人保密,并按照省、自治区、直辖市人民政府的规定给予奖励
《标准化法》第 35 条	……受理举报、投诉的行政主管部门应当告知处理结果,为举报人保密,并按照国家有关规定对举报人给予奖励
《药品管理法》第 106 条	药品监督管理部门……对查证属实的举报,按照有关规定给予举报人奖励
《食品安全法》第 115 条	县级以上人民政府食品药品监督管理、质量监督等部门应当公布本部门的电子邮件地址或者电话,接受咨询、投诉、举报……对查证属实的举报,给予举报人奖励
《疫苗管理法》第 77 条	有关部门、机关应当及时核实、处理;对查证属实的举报,按照规定给予举报人奖励;举报人举报所在单位严重违法行为,查证属实的,给予重奖

---

① ［英］安东尼·奥格斯:《规制:法律形式与经济学理论》,骆梅英译,苏苗罕校,40～41 页,北京,中国人民大学出版社,2008。

② 也有研究者认为,市场主体举报违法行为进而触发惩罚机制的做法,对行业治理效果不佳。"从实践来看,企业之间的举报性惩罚措施并不能发挥有效作用,理由可能在于受举报企业往往容易通过找代理人或中间人等方式对举报者进行反惩罚或报复,最终导致企业之间无良的恶性竞争结局。2008 年农夫山泉和康师傅的'水源门'事件,2010 年中国奶业巨头蒙牛和伊利集团卷入的'陷害门'案件,诸如此类均是个体惩罚机制存在明显局限的具体体现。"上述观点可参见连洪泉、周业安、左聪颖、陈叶烽、宋紫峰:《惩罚机制真能解决搭便车难题吗?——基于动态公共品实验的证据》,载《管理世界》,2013(4)。应该指出,上述观点与本书的结论并不冲突。我们认为以经济奖励作为激励措施,有助于鼓励市场主体向监管部门提供信息,此处强调的是经济奖励对举报行为本身(或者说,对市场监管部门及时获取市场违法信息)是有效的,但至于举报之后监管部门对违法者的惩罚是否能够有效解决行业治理问题,则是另一个论题了。

续表

法律文件与法律条文	条文相关内容
《直销管理条例》第37条	工商行政管理部门应当为举报人保密;对举报有功人员,应当依照国家有关规定给予奖励
《禁止传销条例》第6条	工商行政管理部门、公安机关接到举报后,应当立即调查核实,依法查处,并为举报人保密;经调查属实的,依照国家有关规定对举报人给予奖励
《特种设备安全监察条例》第9条	特种设备安全监督管理部门和行政监察等有关部门应当为举报人保密,并按照国家有关规定给予奖励
《国务院关于加强食品等产品安全监督管理的特别规定》第19条	任何组织或者个人对违反本规定的行为有权举报接到举报的部门应当为举报人保密。举报经调查属实的,受理举报的部门应当给予举报人奖励
《食品生产加工企业质量安全监督管理实施细则(试行)》第6条	任何单位和个人有权对违反本办法规定的行为,向国家质检总局和地方质量技术监督部门举报。受理举报的部门应当为举报人保密,并对举报有功人员按照国家规定给予奖励
《国家质量监督检验检疫总局关于实施〈中华人民共和国产品质量法〉若干问题的意见》	按照《中华人民共和国产品质量法》第10条规定,各省、自治区、直辖市质量技术监督部门应当及时配合当地政府制定有关举报奖励制度,建立健全举报处理程序
《广东省环境保护条例》第17条	县级以上人民政府环境保护主管部门对公民、法人或者其他组织的举报,应当及时依法核查处理。对经查证属实的举报,环境保护主管部门可以对举报人予以表彰或者奖励

应当指出,提倡精神奖励或道德表彰并不妨碍经济奖励(物质奖励)措施的建立,两者无论在理论层面还是实践层面都不存在必然冲突。精神奖励或道德表彰固然有其正当性与合理性,但其激励程度仍有很大不足。公民对违法经营行为的发现和举报往往需要耗费成本甚至承担人身安全风险,如果没有足够的经济激励,大多数情况下可能不会单纯为了一个荣誉称号或者一次道德表彰而去冒险查找和举报违法经营信息。或许有的研究者认为,立法机关或监管部门可以把"提供违法经营信息"设定为公民的义务,那么即便不建立经济激励措施,也同样可以促使普通群众积极举报市场违法行为。从实践看,这种做法的实际效果可能极其有限。因为在市场监管问题上,我们很难对"明知他人有违法经营行为而不举报"的公民实行惩罚。一个可兹佐证的例子是,《刑事诉讼法》第108条规定:"任何单位和个人发现有犯罪事实或者犯罪嫌疑人,有权利也有义务向公

安机关、人民检察院或者人民法院报案或者举报。"虽然该条文将"举报犯罪"明确设定为公民义务，但一直以来公安机关通过悬赏方式（有的悬赏金额甚至高达 10 万元以上）追捕犯罪嫌疑人的做法并不鲜见；而且，我们也很少看到有个人或单位因为知道犯罪信息但未作举报而被追究法律责任（构成包庇罪的除外）。

综合来看，在涉及市场规制、社会规制的法律法规中，虽然已经有不少法律文件规定对举报违法事实且查证属实的主体进行奖励，但明确规定给予"经济奖励"或"物质奖励"的法律文件不多，特别是细化规定经济奖励具体标准的，整体数量仍然较少。甚至在一些重要领域，相关立法对于奖励举报者的规定仍然付之阙如。典型例子是，在高度强调环境保护的时代背景下，《环境保护法》第 57 条规定，"公民、法人和其他组织发现任何单位和个人有污染环境和破坏生态行为的，有权向环境保护主管部门或者其他负有环境保护监督管理职责的部门举报。公民、法人和其他组织发现地方各级人民政府、县级以上人民政府环境保护主管部门和其他负有环境保护监督管理职责的部门不依法履行职责的，有权向其上级机关或者监察机关举报。接受举报的机关应当对举报人的相关信息予以保密，保护举报人的合法权益"。但是该条文却并未规定"是否需要"以及"如何"对举报者实行奖励。与上述内容勉强相关的是，《环境保护法》第 11 条规定，"对保护和改善环境有显著成绩的单位和个人，由人民政府给予奖励"。但此条文能否适用于"奖励举报者"，仍有较大疑问。即便我们暂且认可"举报污染环境和破坏生态"属于"保护和改善环境"的范畴，如果举报人所举报的违法行为属实但情节不严重，使得举报行为本身达不到"对保护和改善环境有显著成绩"这一条件，此时举报人还是无法获得奖励。

在推进市场的事前监管向事中事后监管转变的过程中，立法机关和监管部门有必要通过法条或政策明确规定：对举报违法经营行为且查证属实的单位和个人，监管部门应给予奖励，且该等奖励应以经济奖励（物质奖励）为主。2019 年国务院出台的《关于加强和规范事中事后监管的指导意见》第 16 条明确规定，（应当）"建立'吹哨人'、内部举报人等制度，对举报严重违法违规行为和重大风险隐患的有功人员予以重奖和严格保护"。事实上，此类做法在某些领域、某些地区已被付诸实践（详见表7）。例如《深圳市整顿和规范市场经济秩序举报奖励办法（试行）》第 4 条即明确规定："对举报人的奖励以物质奖励为主，精神奖励为辅。"此外在食品、药品市场领域，原国家食品药品监督管理总局以及很多地方的监管部门也陆续建立了以经济奖励为主的违法行为举报奖励制度。有的规定甚至细化了经济奖励的具体标准。《北京市食品药品违法行为举报奖励办法》第 8 条即规定,根据举报证据与违法事实查证结果将举报奖励分为三个等级:第一个等级是,如果"提供被举报方详细违法事实、线索及直接证据,协助查处工作,举报内容与违法事实完全相符",则奖励金额是"货值金额的 6%";第二个等级是,如果"提供被举报方违法事实、线索及部分证据,不直接协助查处工作,举报内容与违法事实相符",则奖励金额是"货值金额的 4%";第三个等级是,如果"提供被举报方违法事实或线索,不能提供相关证据或协助查处工作,举报内容与查办事实基本相符",则奖励金额是"货值金额的 2%"。

表 7　食品药品监管领域违法行为举报奖励制度示例

法律文件名称	颁 布 单 位
《食品药品违法行为举报奖励办法》	原国家食品药品监管总局、财政部
《北京市食品药品违法行为举报奖励办法》	北京市食品药品安全委员会办公室
《广东省举报重大食品药品违法行为奖励办法》	广东省食品药品监督管理局 广东省财政厅
《广东省保健食品非法会议营销专项治理行动举报违法行为线索奖励实施方案》	广东省食品安全委员会办公室 广东省食品药品监督管理局
《上海市药品、医疗器械、化妆品违法行为举报奖励办法》	上海市食品药品监督管理局 上海市财政局
《上海市食品安全举报奖励办法》	上海市食品药品安全委员会办公室 上海市食品药品监管局
《浙江省食品药品投诉举报管理办法实施细则》	浙江省食品药品监督管理局
《江苏省食品安全举报奖励办法》	江苏省食品安全委员会办公室
《陕西省食品药品违法行为举报奖励办法（试行）》	陕西省食品药品监督管理局 陕西省财政厅
《河南省食品药品违法行为举报奖励办法》	河南省食品药品监督管理局 河南省财政厅

食品药品监管领域的立法经验,值得其他行业监管部门借鉴。除此之外,需强调的另一个问题是,立法机关和监管部门系统构建"奖励举报者"制度过程中,应当重视相关权利救济制度的完善。对于监管部门未按法律规定予以奖励的,相关单位和个人有权通过行政复议或行政诉讼程序寻求

救济。近年来国内已陆续出现公民在举报市场违法行为后未获得奖励而寻求法律救济的案例。例如在郭××因不服金华市市场监督管理局对其举报市场违法行为作出不予奖励决定而提出行政复议一案中，复议决定机关浙江省食品药品监督管理局查明事实后决定："撤销被申请人在《举报查处回复通知书》中对申请人作出的不予奖励决定，责令被申请人在收到本决定书之日起按照《食品药品违法行为举报奖励办法》规定的奖励程序对申请人的举报奖励诉求重新作出处理。"①

2. 利益补偿

作为法律实施激励措施的利益补偿，由立法机关或监管部门设定规则，或者由私权主体协商约定。凡是主动适用共益权规则且为集体（群体）带来共同收益的，政府、集体（群体）或受益人应向权利行使者提供利益补偿，或者由违法者、侵权者向权利行使者支付维权成本的赔偿，以弥补其适用共益权规则过程中所支付的成本及遭受的损失。当然，如果在成本补偿基础上能够提供更高的经济给付，激励效果应该会更好。利益补偿的激励既可能适用于公权机关与市场主体之间，也可能单纯适用于市场主体之间。

由公权机关提供利益补偿来鼓励市场主体适用共益权规则的例子，常见于环保领域。比如，为了鼓励市场主体及社会公众遵照国家有关节能减排的立法和政策的规定行事，《广东省环境保护条例》第 59 条规定，"本省应当建立健全市场化的节能减排机制，逐步推行居民阶梯式电价、水价制度，对能源消耗超过国家和地区规定的单位产品能耗（电耗）限额标准的企业和产品实行差别电价和惩罚性电价，并按照国家规定实施脱硫电价和燃煤电厂烟气脱硝电价。各级人民政府应当加大对节能减排的投入，对符合规定条件的重大节能减排工程项目和重大节能减排技术开发、示范项目给予补助或者贷款贴息等支持"。

相比而言，由市场主体的一方向另一方支付利益补偿或赔偿来激励后者积极适用共益权规则的情况更为常见。本书第三章在论述共益权规则的实施困境时曾指出，如果共益权规则无法妥善解决权益分享与权利行使成本分担的关系，即无法解决产权经济学意义上的外部性内部化问题，那么共益权规则的适用就会受困于集体行动的悖论，出现众人只愿"搭便车"而不愿"主动开车"的状况。从规范分析角度看，解决共益权规则适用（或者说共益权行使）的效率问题至少有两种方法：一种是以法律的公共

---

① 参见浙江省食品药品监督管理局"浙集复33〔2017〕18 号"行政复议决定书。

实施机制替代私人实施机制，另一种是延用私人实施机制，同时要求获益主体向共益权规则实施者提供利益补偿。

以法律公共实施机制替代私人实施机制的基本原理，可通过经济学的"公共物品"理论得以阐释。所谓公共物品是指不特定多数公众可以共同享有其价值但却无须为此支付成本的那些物品，其特点可归纳为三个层面：一是效用不可分割性，即公共物品一旦出现，其效用就会及于全体社会公众而不是仅仅服务于其中某些特定主体；二是产权的非排他性，即任何个人都不能宣称公共物品的产权归属于私人所有，也无法为公共物品建立具有排他性的私人产权；三是消费的无偿性，即使用公共物品者无须独自为其消费行为支付对价。按传统经济学的观点，纯粹的市场机制难以充分生产出满足社会公众需要的公共物品，这一规律通常被界定为"市场失灵"的表现之一，而解决这一问题的对策之一，就是由政府或其他公共机构负责向市场或社会提供公共物品。

在法律领域，共益权规则的属性类似于公共物品——至少是准公共物品，或称"俱乐部品"。可以设想，在共益权规则所涵盖的集体（群体）范围内，只要共益权得以有效行使，则全体成员都会因此获益，如果此一过程中有个别成员为共益权规则的实施支付了成本，则其他成员有可能不付对价而获利。当然，如果全体成员都这么认为且付诸实践，那么共益权规则也就无人主动适用了。在此情况下，一个可能的解决方案是由公共机构来实施共益权规则。实践中也确实经常这么操作。比如环境保护是社会公众共益权的体现，但环境保护的专业性、复杂性、系统性都决定了这一工作的高成本性，私人往往难以胜任，因此由国家统一执行环境保护的执法工作，更有效率。

有必要指出的是，不同的法律共益权规则所涵盖的"共益"范围并不相同。最广范围的共益是社会公共利益，而相对狭窄的共益则主要是指企业或社会组织全体成员的共同利益。在涉及社会公共利益的情况下，通常由政府或社会组织负责法律公共实施来维护社会公众的共同利益。在涉及企业或社会组织成员共同利益的情况下，政府不会过多介入。理论上，企业或社会组织的共同利益如果需要由某一主体来统一维护，那么这个维权的主体应当是作为集体型态出现的企业或社会组织。

不过，在不少情况下，企业或社会组织似乎还是无法像政府维护社会公共利益那样来有效实施共益权规则。比如本书文第三章指出的股东派生诉讼问题，就是例证。在公司利益遭到损害时，公司自身并不总是积极地寻求权利救济，因为有时候损害公司利益的侵权者，恰恰是掌控公司决策权的控股股东或者其他高管人员。此时，如果要求小股东和控股股东或者高管人员协商一致，通过公司诉请侵权者赔偿公司经济损失，无异于缘木求鱼。换言之，在小股东和公司的其他成员之间的交易成本非常高昂的情况下，他们将无法轻易形成共识进而实施共益权规则。此时立法需要做的不是出台法律规则来强制要求全体成员达成共识，而是应当制定规则，让主动适用了共益权规则且带来经济实效的主体有权要求全体共益权人对其进行利益补偿，补偿的范围至少涵盖公益权规则的适用成本。对此，有研究者指出，"要解决私人执法中的'搭便车'问题，首要因素是要为社会自发力量提供执法的动力机制，对为集体作出贡献的人给予额外的激励"。[①] 这一原理在实践中已初步得到关注和贯彻。例如，为了激励小股东依法提起股东派生诉讼，《最高人民法院关于适用〈中华人民共和国公司法〉若干问题的规定（四）》第26条即规定，"股东依据公司法第151条第2款、第3款规定直接提起诉讼的案件，其诉讼请求部分或者全部得到人民法院支持的，公司应当承担股东因参加诉讼支付的合理费用"。

　　通过利益补偿激励相关主体主动实施共益权规则这一方法的运用不仅局限于公司企业法领域。事实上，几乎在所有涉及共益权行使的领域（最典型是社会公共利益的保护），以利益补偿（有些场合下法律条文将此措施的表述为"赔偿"）作为法律实施的激励措施，都具有合理性与可行性。比如在涉及环境保护和消费者权益保护的公益诉讼领域，《最高人民法院关于审理消费民事公益诉讼案件适用法律若干问题的解释》第17条即规定，"原告为停止侵害、排除妨碍、消除危险采取合理预防、处置措施而发生的费用，请求被告承担的，人民法院可予支持"。再比如，企业的垄断行为既破坏了市场竞争秩序，也实际损害了其他企业和消费者的权益，此结果既是公共利益层面的问题，也是个体权益层面的问题。实践中，居于垄断地位的企业几乎都具备雄厚实力，垄断的诉讼程序则烦琐漫长、极耗成本，如果由其他企业或消费者单独提起民事诉讼——即通过反垄断法的私人实施机制——来推翻某一企业的垄断地位，通常会面临激励不足的困境。为此，各国的反垄断法大体是从两方面解决问题的：一是设立反垄断法公共实施机制，即由市场监管部门（反垄断机构）通过行政执法途径调查和处理垄断企业，必要时对垄断企业施以罚款，或者事前禁止企业合并以防止垄断出现，甚至可以分拆处于超级垄断地位的企业。二是在设立反垄断法私人实施机制的同时，建立法律私人实施的激励措施。例如《最高

---

① 谢晓尧：《惩罚性赔偿：一个激励的观点》，载《学术论坛》，2004（6）。

人民法院关于审理因垄断行为引发的民事纠纷案件应用法律若干问题的规定》第 14 条即规定，"被告实施垄断行为，给原告造成损失的，根据原告的诉讼请求和查明的事实，人民法院可以依法判令被告承担停止侵害、赔偿损失等民事责任。根据原告请求，人民法院可以将原告因调查、制止垄断行为所支付的合理开支计入损失赔偿范围"。

3. 多倍赔偿

除了前述的经济奖励和利益补偿之外，通过给付经济利益激励法律实施的第三种措施是多倍赔偿，其在法律上通常表达为惩罚性赔偿制度。惩罚性赔偿与利益补偿虽然都具有激励法律实施的功能，但两者有明显区别：一是惩罚性赔偿需以赔偿者存在过错为前提，利益补偿的实际支付人往往不存在过错，利益补偿措施更多地是基于公平原则的考虑；二是利益补偿主要适用于共益权规则的实施，而惩罚性赔偿多数适用于私益权的实施。整体而言，惩罚性赔偿一方面有加倍惩罚违法者（违约者）的功能，另一方面也有激励权益受损人积极适用权利规则的作用。

如果单纯从促进法律实施、推进市场共治的角度理解，无论是规范意义上的消费者所诉请的惩罚性赔偿，还是"知假买假"者诉请的惩罚性赔偿，他们对促进消费者权益保护的法律规则的实施，以及促进《产品质量法》《食品安全法》《药品管理法》等法律法规的实施，都有激励作用。不过，目前理论界和实务界对于"知假买假"者能否诉请惩罚性赔偿仍有争议，法院对此问题的判决思路也不一致。这在一定程度上抑制了惩罚性赔偿制度对法律实施的激励功能。有必要指出的是，对于"知假买假"者能否适用惩罚性赔偿制度这一问题，不能仅仅从价值评判角度进行权衡，还需要充分考虑法律适用的技术操作问题。事实上，近年来法院根据普通商品与食品、药品的区分，对"知假买假"行为采取区分处理的审判思路值得商榷，理由如下。

第一，惩罚性赔偿制度固然具备激励消费者实施权利规则的功能，但从实践看，这种激励的程度与实效还有待提升。对于一般消费者而言——更准确地讲，是对于"非职业打假人"的"合格消费者"而言——即便他遭遇了经营者欺诈，除非涉及高额消费的欺诈问题，或者涉及生命健康的损害赔偿问题，否则漫长的诉讼程序和不菲的诉讼成本会抑制其向法院诉请惩罚性赔偿的积极性。换言之，虽然惩罚性赔偿制度的立法目的确实是激励"合格消费者"主动打击欺诈性经营行为，但这种激励的程度和实效仍不足够。如果完全排除了职业打假人适用惩罚性赔偿制度的可能性，那么惩罚性赔偿制度所要兼顾的市场治理功能也将大打折扣。

第二，在司法技术层面上，区分"知假买假"和正常消费的信息成本很高，且区分标准难以统一量化，区分适用的做法无形之中会增加法院审判此类案件的成本。过去若干年来的案例显示，法院通常是以"单次购买商品的数量太多"，或者"短期内频繁重复购买同类商品"，或者"原告是否有知假买假的历史"来认定案涉买卖行为是否属于"知假买假"行为。但问题是，有的消费者的消费习惯本身就具有特殊性，把"一次性购买的商品数量太多"作为推定"知假买假"的依据，其逻辑性在法律意义上并不充分；以"原告是否有知假买假历史"来断定消费者当次起诉行为是否还是"知假买假"行为，在法律意义上也缺乏说服力——难道一个消费者曾经有过"知假买假"行为，从此以后哪怕他真正遭遇了经营者欺诈，他也将自动丧失提起惩罚性赔偿的权利了？

第三，在法律适用层面上，对食品药品领域的"知假买假"者和其他消费领域的"知假买假"者进行区分对待，将会导致法律适用逻辑的混乱和判决理由的冲突。因为在涉及食品药品惩罚性赔偿的诉讼纠纷中，法官为了支持消费者获得惩罚性赔偿的那些理由，和其他消费领域的诉讼纠纷中法官为了驳回消费者惩罚性赔偿的那些理由往往是矛盾的。最高法院的解释是，食品药品消费的惩罚性赔偿以经营者生产或销售明知不符合食品安全标准的食品，或者生产销售假药劣药为前提，而普通消费领域的惩罚性赔偿以经营者欺诈为前提。若单纯以文义解释分析《消费者权益保护法》第 55 条第 1 款、《食品安全法》第 144 条第 2 款及《药品管理法》第 148 条第 3 款，最高法院的规则有其合理性。但从统一裁判价值取向考虑，无论支持还是反对"知假买假"者诉请惩罚性赔偿，都不必在区分食品药品和普通消费的基础上设置两种截然不同的裁判规则。因为法官为支持食品药品"知假买假"者诉请惩罚性赔偿而作出的涉及价值评判的那些判决说理，和他们为反对普通消费"知假买假"者诉请惩罚性赔偿而作出的那些判决说理，逻辑并不一致。难以解释的是，为何后者"知假买假"在价值评价上有违诚信原则（这是很多判决强调的判决理由之一），而前者"知假买假"则不存在此问题？例如在广受社会关注的"韩付坤诉青岛市李沧区多美好批发超市消费合同纠纷案"中，①二审法院支持原告惩罚性赔偿的主张，其判决说理得到诸多好评。法院指出，"打假的目的可能是获利，任何人诉讼都是为了利益，谁也不是纯粹为了体验诉讼程序而到法院来走一遭的，民事诉讼如此，行政诉讼、刑事诉讼也是如此，不能因为当事人的目

---

① 参见"山东省青岛市中级人民法院（2019）鲁 02 民终 263 号民事判决书"。

的是获利,法院就驳回起诉者的诉讼请求……要求法院支持制假、售假的利益否定打假的利益,是与制假、售假者一个立场的腔调。有些人把法律的枪口对准打假者,作出让打假者痛,制假、售假者快的事情,背离最基本的人民意志,因为人人都是消费者,《消费者权益保护法》是人民的意志。打假也需要专业,如果多次打假者可以被定义为职业打假者,那么职业打假者就是消费者的先驱,自然受《消费者权益保护法》的保护。"二审法院的判决说理准确揭示了《消费者权益保护法》的立法宗旨和惩罚性赔偿制度的实践功能,但值得反思的是:若将此判决理由放到"非食品药品"的消费纠纷中,还能否成立? 如果成立,则其他领域的"知假买假"者也应得到惩罚性赔偿,这与最高法院司法指导意见不符;如果不能成立,那么在食品药品的法律纠纷与普通商品服务的法律纠纷之间,必然出现法律适用和判决说理的明显矛盾。①

整体而言,在假冒伪劣产品仍然大量存在,而真正的消费者普遍放弃权利救济、普遍怠于实施惩罚性赔偿等法律制度的现实背景下,允许"知假买假"者主动实施惩罚性赔偿制度利大于弊,其对于促进消费者权益保护法律规则的实施,强化法律对欺诈经营者的制裁和威慑,以及降低市场监管的成本,都具有重要意义。在此意义上有研究者指出,"惩罚性赔偿制度的有效实施需要我国在立法和司法理念上有一个根本转变。惩罚性赔偿制度不在乎惩罚性赔偿金给了谁,而在乎是否对被告进行了惩罚,是否能遏制类似的行为。惩罚性赔偿制度是一种利用私人的获利动机扫除不法行为的巧妙机制。惩罚性赔偿制度不在乎将惩罚性赔偿金给了某个原告所导致的不公,而在乎如果没有惩罚性赔偿,被告不停止违法行为所导致的更大的不公"。②

(二)荣誉褒奖、资质评定与信用公示

经济奖励、利益补偿和超额赔偿是涉及经济利益直接给付的激励措施。与此不同的,在现行法律法规体系中,也有一些法律条文围绕市场主体的荣誉、资质或信用来建立激励措施。这些激励措施的主旨不是直接为市场主体带来经济利益,但可以为市场主体依法获取利益创造机会

---

① 可以比较一下"山东省青岛市中级人民法院〔2022〕鲁02民终2668号民事判决"和"山东省青岛市中级人民法院〔2019〕鲁02民终263号民事判决"的审理思路、判决结果和价值评价层面上的说理。

② 邢会强:《美国惩罚性赔偿制度对完善我国市场监管法的借鉴》,载《法学》,2013(10)。

和条件。

1. 荣誉褒奖

法律实施语境下的荣誉褒奖是指行政机关或社会组织通过非物质性的公开表扬、表彰，或者通过树立学习典范、事迹宣传，增强市场主体的荣誉感，鼓励其主动遵守法律、适用法律。现行法律体系中直接提及"荣誉奖励"或与其相近的概念的法律条文不多，但不能认为立法没有建立荣誉奖励制度。比如，为了激励法律主体主动适用标准化法，推进各类、各层级标准的研究、制定，《标准化法》第 9 条规定，"对在标准化工作中做出显著成绩的单位和个人，按照国家有关规定给予表彰和奖励"。① 为了激励法律主体主动遵守食品安全保护的法律规则，《食品安全法》第 13 条规定，"对在食品安全工作中做出突出贡献的单位和个人，按照国家有关规定给予表彰、奖励"。类似的，《证券期货市场诚信监督管理办法》第 40 条也规定，"证券期货市场行业组织应当教育和鼓励其成员以及从业人员遵守法律，诚实信用。对遵守法律、诚实信用的成员以及从业人员，可以给予表彰、奖励"。上述条文中提及的"表彰"，实际上就属于"荣誉奖励"的范畴。除此之外，也有的法律条文使用了内涵更广的"奖励"概念。比如为了激励法律主体主动遵守环境法，《环境保护法》第 11 条规定，"对保护和改善环境有显著成绩的单位和个人，由人民政府给予奖励"。类似的立法例还有不少，不必赘述。

荣誉奖励几乎是社会实践中适用得最普遍的一种激励、鼓励方式。大到法律适用、国家英模表彰，小到学生品学教育、单位员工日常管理，都有其适用空间。对个人而言，荣誉奖励可以带来精神上的满足和激励，使其获得自豪感和自信心。对市场主体而言，荣誉奖励固然也有精神层面的激励作用，但是作为市场经济活动中的营利组织，企业显然不只是看中荣誉的精神奖励功能，而是期望通过荣誉奖励的积累，塑造企业形象，增强企业商誉，使其在市场声誉机制中获得良好评价，正当取得竞争优势，由此提高企业经营收益。在此意义上，如果使荣誉褒奖与法律的遵守和实施建立"正相关"关系，那么有理由相信，荣誉褒奖可以成为激励法律实施的措施之一。

一方面，获得行政机关或社会组织授予的荣誉奖励，是市场主体提升

---

① 与此相关的，还可参见《国家标准管理办法》第 30 条、《行业标准管理办法》第 19 条、《企业标准化管理办法》第 23 条、《农业标准化管理办法》第 15 条的规定。

形象、增强商誉的重要途径,①而商誉本身就是企业整体价值的构成元素之一。在企业合并等商事活动过程中,良好的商誉有助于提升企业估值。商人逐利是古今中外社会的共识。客观而言,逐利并非当然的贬义词,只要取之有道,得之合法,经商获利就具有正当性,产权就应该得到法律保护。各国商法理论即一直定义,商主体是以营利为业的自然人、法人或非法人组织。这种基本理论在法律条文中通常被表述为:只要商人的营利行为不违反法律法规强制性规定,不违背公序良俗,则其营业自由不受法律限制。尽管商人、企业以营利为目的,但从古至今,大部分商人也都注重自身商誉的构建。商誉是表征产品服务质量的信号,也几乎是社会公众和其他市场主体了解企业信誉最便利、信息成本最低的渠道。行政机关(监管部门)或社会组织授予商人的荣誉奖励,是商人良好商誉的一种直观体现。

另一方面,市场存在声誉机制,荣誉奖励有助于市场主体在声誉机制中获得社会公众和其他市场主体的好评,甚至据此获得竞争优势。声誉机制是调整市场秩序、规范市场发展的"非正式制度"。其之所以能够发挥作用,原因在于"社会的融合性,往往不是来源于传统法律经济学家所强调的法律强制力,而是来源于社会非正式的强制,包括熟人、旁观者、交易伙伴,以及其他主体。这些非官方的强制者所实施的惩罚方式包括消极的评论和排斥,而他们对遵守规则者所提供的奖励则包括表示尊重的评价和提供更多的交易机会。"②因此在市场领域,对于那些企图恶意违背契约以及违反商业行规的市场主体,虽然有时他们可能逃脱法律惩罚,却可能遭到同一行业或同一地区内其他商人的共同谴责、排斥和抵制,甚至失去在行业或地区内继续进行商事活动的机会。也因此,"在法律实施过程中,有时候需要法律之外的影响力来约束人的行为,如市场的力量和社会强制,如社会共同体中声誉的损失。这些在不同程度上可以对法律强制构成替代"。③

由此可见,声誉机制可以成为市场治理的一种无形约束,成为法律强制的一种补充形式。声誉机制的原理在于它可以降低失信市场主体预期

---

① 例如《南京市社会信用条例》第22条即规定:"自然人、法人和非法人组织的良好信息包括下列内容:(1)国家机关、法律法规授权具有管理公共事务职能的组织等授予的表彰奖励等信息;(2)志愿服务、慈善捐赠、见义勇为等信息;(3)国家、省、市规定的其他良好信息。"

② Robert C. Ellickson. Law and Economics Discovers Social Norms. *The Journal of Legal Studies*. Vol. 27 (1998), pp. 537-552.

③ Steven Shavell. The Optimal Structure of Law Enforcement. *Journal of Law & Economics*. Vol. 36, No. 1 (Apr. 1993), pp. 255-288.

利益的贴现率。即如果企业为了当前利益而破坏市场秩序(如恶意违约),则无异于将未来它们在这个市场可能获得的利益提前贴现。除非这种贴现行为所带来的利益足以超过未来它们可能获得的全部收益(这几乎没有可能),或者它们有足够的能力排除声誉机制约束(如处于垄断地位),否则作为理性市场主体,它们一般不会忽视声誉机制的约束而寻求破坏市场秩序的"一次性交易"。

2. 资格、资质评定

资质评定是指,立法机关或监管部门通过设定评价标准,对某一行业或某一市场领域的市场主体的资信状况、生产规模、经营能力、管理水平、技术水平、既往业绩、诚信记录进行综合评估并评定等级,不同等级对应不同的业务准入门槛或监管优惠措施,没有取得资格、资质的,不能从事该行业或该领域相应的业务。现行立法中有很多法律法规规定了市场主体的资格、资质评价体系,最典型的例子是建筑行业,《建筑法》《建筑业企业资质标准》等法律文件对建筑施工企业的资质等级作了详细规定。

第一,作为行业准入的基本条件,立法要求从事建筑活动的建筑施工企业、勘察单位、设计单位和工程监理单位,按照其拥有的注册资本、专业技术人员、技术装备和已完成的建筑工程业绩等资质条件,划分为不同的资质等级,经资质审查合格,取得相应等级的资质证书后,方可在其资质等级许可的范围内从事建筑活动。[①] 建筑工程实行公开招标的,开标后应当按照招标文件规定的评标标准和程序对标书进行评价、比较,在具备相应资质条件的投标者中,择优选定中标者;[②]建筑工程实行直接发包的,发包单位应当将建筑工程发包给具有相应资质条件的承包单位;[③]两个以上不同资质等级的单位实行联合共同承包的,应当按照资质等级低的单位的业务许可范围承揽工程。[④]

第二,建筑施工企业的业务范围取决于资质等级。承包建筑工程的单位应当持有依法取得的资质证书,并在其资质等级许可的业务范围内承揽工程。禁止建筑施工企业超越本企业资质等级许可的业务范围或者以任何形式用其他建筑施工企业的名义承揽工程;禁止建筑施工企业以任何形式允许其他单位或者个人使用本企业的资质证书、营业执照,以本企业的

---

① 参见《建筑法》第 13 条。
② 参见《建筑法》第 20 条。
③ 参见《建筑法》第 22 条。
④ 参见《建筑法》第 27 条。

名义承揽工程;①禁止总承包单位将工程分包给不具备相应资质条件的单位(详见表8)。②

表8 建筑工程施工总承包资质标准

等级 条件	特级	一级	二级	三级
资信能力	(1)企业注册资本金3亿元以上 (2)企业净资产3.6亿元以上 (3)企业近三年上缴建筑业营业税均在5000万元以上 (4)企业银行授信额度近三年均在5亿元以上	净资产1亿元以上	净资产4000万元以上	净资产800万元以上
企业主要人员	(1)企业经理具有10年以上从事工程管理工作经历 (2)技术负责人具有15年以上从事工程技术管理工作经历,且具有工程序列高级职称及一级注册建造师或注册工程师执业资格;主持完成过两项及以上施工总承包一级资质要求的代表工程的技术工作或甲级设计资质要求的代表工程或合同额2亿元以上的工程总承包项目 (3)财务负责人具有高级会计师职称及注册会计师资格 (4)企业具有注册一级建造师(一级项目经理)50人以上 (5)企业具有本类别相关的行业工程设计甲级资质标准要求的专业技术人员	技术负责人具有10年以上从事工程施工技术管理工作经历,且具有结构专业高级职称	技术负责人具有8年以上从事工程技术管理工作经历,且具有结构专业高级职称或工程序列一级注册造师执业资格	(1)建筑工程、机电工程专业注册建造师合计不少于5人,其中建筑工程专业注册建造师不少于4人 (2)技术负责人具有5年以上从事工程施工技术管理工作经历,且具有结构专业中级以上职称或建筑工程专业注册建造师执业资格;建筑工程相关专业中级以上职称人员不少于6人,且结构、给排水、电气等专业齐全 (3)持有岗位证书的施工现场管理人员不少于15人,且施工员、质量员、安全员、机械员、造价员、劳务员等人员齐全 (4)经考核或培训合格的中级工以上技术工人不少于30人 (5)技术负责人(或注册建造师)主持完成过本类别资质二级以上标准要求的工程业绩不少于2项

① 参见《建筑法》第26条。
② 参见《建筑法》第29条。

续表

等级 条件	特级	一级	二级	三级
企业工程业绩	近 5 年承担过下列 5 项工程总承包或施工总承包项目中的 3 项,工程质量合格: (1)高度 100 米以上的建筑物 (2)28 层以上的房屋建筑工程 (3)单体建筑面积 5 万平方米以上房屋建筑工程 (4)钢筋混凝土结构单跨 30 米以上的建筑工程或钢结构单跨 36 米以上房屋建筑工程 (5)单项建安合同额 2 亿元以上的房屋建筑工程	近 5 年承担过下列 4 类中的 2 类工程的施工总承包或主体工程承包,工程质量合格: (1)地上 25 层以上的民用建筑工程 1 项或地上 18～24 层的民用建筑工程 2 项 (2)高度 100 米以上的构筑物工程 1 项或高度 80～100 米(不含)的构筑物工程 2 项 (3)建筑面积 12 万平方米以上的建筑工程 1 项或建筑面积 10 万平方米以上的建筑工程 2 项 (4)钢筋混凝土结构单跨 30 米以上(或钢结构单跨 36 米以上)的建筑工程 1 项或钢筋混凝土结构单跨 27～30 米(不含)(或钢结构单跨 30～36 米(不含))的建筑工程 2 项	近 5 年承担过下列 4 类中的 2 类工程的施工总承包或主体工程承包,工程质量合格: (1)地上 12 层以上的民用建筑工程 1 项或地上 8～11 层的民用建筑工程 2 项 (2)高度 50 米以上的构筑物工程 1 项或高度 35～50 米(不含)的构筑物工程 2 项 (3)建筑面积 6 万平方米以上的建筑工程 1 项或建筑面积 5 万平方米以上的建筑工程 2 项 (4)钢筋混凝土结构单跨 21 米以上(或钢结构单跨 24 米以上)的建筑工程 1 项或钢筋混凝土结构单跨 18～21 米(不含)(或钢结构单跨 21～24 米(不含))的建筑工程 2 项	
可以承包的工程范围	取得施工总承包特级资质的企业可承担本类别各等级工程施工总承包、设计及开展工程总承包和项目管理业务	(1)高度 200 米以下的工业、民用建筑工程 (2)高度 240 米以下的构筑物工程	(1)高度 100 米以下的工业、民用建筑工程 (2)高度 120 米以下的构筑物工程 (3)建筑面积 15 万平方米以下的建筑工程 (4)单跨跨度 39 米以下的建筑工程	(1)高度 50 米以下的工业、民用建筑工程 (2)高度 70 米以下的构筑物工程 (3)建筑面积 8 万平方米以下的建筑工程 (4)单跨跨度 27 米以下的建筑工程

第三，立法不仅规定了建筑施工企业违反资质等级规定的法律责任，同时还规定了企业在其他违法情形下，监管者可以把降低资质等级作为法律责任形态。发包单位将工程发包给不具有相应资质条件的承包单位的，或者违反本法规定将建筑工程肢解发包的，责令改正，处以罚款。超越本单位资质等级承揽工程的，责令停止违法行为，处以罚款，可以责令停业整顿，降低资质等级；情节严重的，吊销资质证书；有违法所得的，予以没收。未取得资质证书承揽工程的，予以取缔，并处罚款；有违法所得的，予以没收。以欺骗手段取得资质证书的，吊销资质证书，处以罚款；构成犯罪的，依法追究刑事责任。① 建筑施工企业转让、出借资质证书或者以其他方式允许他人以本企业的名义承揽工程的，责令改正，没收违法所得，并处罚款，可以责令停业整顿，降低资质等级；情节严重的，吊销资质证书。② 承包单位将承包的工程转包的，或者违反本法规定进行分包的，责令改正，没收违法所得，并处罚款，可以责令停业整顿，降低资质等级；情节严重的，吊销资质证书。③ 对在工程承包中行贿的承包单位，除依照前款规定处罚外，可以责令停业整顿，降低资质等级或者吊销资质证书。④ 建筑施工企业违反本法规定，对建筑安全事故隐患不采取措施予以消除的，责令改正，可以处以罚款；情节严重的，责令停业整顿，降低资质等级或者吊销资质证书；构成犯罪的，依法追究刑事责任。⑤ 建筑施工企业在施工中偷工减料的，使用不合格的建筑材料、建筑构配件和设备的，或者有其他不按照工程设计图纸或者施工技术标准施工的行为的，责令改正，处以罚款；情节严重的，责令停业整顿，降低资质等级或者吊销资质证书。⑥

根据住房和城乡建设部颁布的《建筑业企业资质标准》的规定，施工总承包企业资质等级标准包括 12 个类别、四个等级（特级、一级、二级、三级）；专业承包企业资质等级标准包括 36 个类别、三个等级（一级、二级、三级）；劳务分包企业资质不分类别与等级。

对市场主体评定资质等级，是监管部门实行市场规制的一种重要方式。而资质等级本身，则是各类市场主体据以开展经营业务的重要基础。以资质等级为规制工具，至少可以实现三方面的功能：一是信号功能。不

---

① 参见《建筑法》第 65 条。
② 参见《建筑法》第 66 条。
③ 参见《建筑法》第 67 条。
④ 参见《建筑法》第 68 条。
⑤ 参见《建筑法》第 71 条。
⑥ 参见《建筑法》第 74 条。

同企业被监管部门赋予不同的资质等级，相当于对不同企业贴上不同"标签"，这些"标签"有助于其他市场主体几乎可以无成本地获取某一企业的资信状况、生产规模、经营能力、管理水平、技术水平、既往业绩和诚信记录等方面的信息，并对企业的整体实力作出初步判断。二是约束、威慑、惩戒功能。资格、资质可以依法授予，也可以依法剥夺；可以依法提升，也可以依法降低。把降低甚至剥夺资格、资质作为违法行为的法律责任形态之一，一定程度上可以对市场主体的经营活动形成约束、威慑和惩戒。三是正向激励功能。市场主体的资格、资质，往往与其可以从事的业务范围有关。依法获得资格、资质，意味着市场主体可以从事某类经营业务；依法提升资格、资质，则意味着市场主体在该行业内可以从事范围更广、类型更多、规模更大的经营业务。将资格、资质的等级评定与市场主体的守法情况建立直接关联关系，以获取或提升资格、资质作为激励措施，可以促使市场主体主动遵守法律、适用法律。

3. 信用公示

《现代汉语词典》将"信用"定义为"能够履行跟人约定的事情而取得的信任"。[①] 照此含义，"信用"是具有褒义属性的一个概念。在法律语境下，"信用"所表征的含义虽然也与守约、履约有关，但它更像是一个中性概念，它是指企业或个人遵守法律和履行合同的实际情况。例如，《上海市社会信用条例》第 2 条即规定，"本条例所称社会信用，是指具有完全民事行为能力的自然人、法人和非法人组织（以下统称信息主体），在社会和经济活动中遵守法定义务或者履行约定义务的状态"。实践中，该《条例》第 2 条所称的"状态"可能是"好的"，即相关主体能够主动遵守法律、诚信履行合同，此时我们可以认为，该主体拥有良好的信用；当然，"状态"也可能是"坏"的，即相关主体存在违法违约行为（记录），此时我们可以认为，该主体信用不佳。

法律语境下的"信用"，本质上是一种信息。我们可以把市场主体之间的交易理解为各种博弈关系。市场主体自觉或不自觉地需要根据其他市场主体的行动来制定自己的应对策略。在此过程中，信息至关重要。谁能更快速、更低成本地获得关于交易相对方行动策略的更多信息，谁就可以更有效地避免交易风险，提高交易收益。当然，现实情况是，市场交易中真实信息不是免费的。市场主体往往需要支付昂贵的搜索成本、传递成

---

① 参见中国社会科学院语言研究所词典编辑室编：《现代汉语词典》，1462 页，北京，商务印书馆，2018。

本、核实成本，才能获得有价值的信息。如果每个市场主体都这么做，尤其是，如果市场主体对某些信息进行重复性的收集、传递与核实工作，则不可避免将造成社会资源浪费。

在现代市场经济环境下，为了降低信息成本，政府通常会为某些重要信息建立起统一收集、集中发布的机制，从而将本来可能是私人物品的信息转变为公共物品（或者至少是"准公共物品"）。信用公示就是这些机制中最常见的一种。信用公示是由政府或其他公共机构建立的信息平台，集中记录、公布相关企业或个人履行合同和遵守法律的情况，以便监管部门和市场主体随时查询。信用公示广泛涵盖市场主体依约偿还贷款的情况、依法缴纳税收的情况、严格执行判决或仲裁的情况，等等。

目前，我国涉及市场主体的信用公示（信用查询）平台主要包括：（1）中国人民银行 2006 年设立的"中国人民银行征信中心"。① 征信中心在全国 31 个省和 5 个计划单列市设有征信分中心。该系统实质上是金融信用信息基础数据库，因此也被称为企业和个人信用信息基础数据库，同时还负责应收账款的质押登记。征信系统与商业银行、信托公司、财务公司、农村信用社、汽车金融公司、小额贷款公司等各类金融机构实行数据对接，全国各地的金融机构网点都设有查询端口，记录和公示的信息主要以市场主体涉及的银行信贷信息为核心，此外还涵盖环保、纳税、公积金、社会保险、民事司法判决的执行等信息。（2）国家市场监督管理总局 2014 年设立的"国家企业信用信息公示系统"。② 该系统依据《政府信息公开条例》和《企业信息公示暂行条例》等法律法规、规章，向社会主体提供全国企业、农民专业合作社、个体工商户等市场主体的注册登记、许可审批、年度报告、行政处罚、抽查结果、经营异常状态等信息。（3）最高人民法院设立的"中国执行信息公开网"。③ 根据《最高人民法院关于公布失信被执行人名单信息的若干规定》第 1 条之规定，被执行人未履行生效法律文书确定的义务，并具有法定的六种情形之一的，法院应当将其纳入失信被执行人名单，依法对其进行信用惩戒。这六种情形包括：一是有履行能力而拒不履行生效法律文书确定义务的；二是以伪造证据、暴力、威胁等方法妨碍、抗拒执行的；三是以虚假诉讼、虚假仲裁或者以隐匿、转移财产等方法规避执行的；四是违反财产报告制度的；五是违反限制消费令的；六是无正

---

① 中国人民银行征信中心网站，http://www.pbccrc.org.cn/.
② 国家企业信用信息公示系统网站，http://www.gsxt.gov.cn/.
③ 中国执行信息公开网网站，http://zxgk.court.gov.cn/.

当理由拒不履行执行和解协议的。

　　信用公示机制最基本的功能是帮助市场主体准确了解交易相对方既往的行为记录，进而作出是否与其开展交易以及如何交易的决策。例如《证券期货市场诚信监督管理办法》第 36 条规定："证券公司在办理客户证券质押式回购、约定式购回以及融资融券业务申请时，可以查阅客户的诚信档案，根据申请人的诚信状况，决定是否予以办理，或者确定和调整授信额度。"证券金融公司在开展转融通业务时，可以查阅证券公司的诚信档案，根据证券公司的诚信状况，决定是否对其进行转融通，或者确定和调整授信额度。

　　在信息传递功能基础上衍生出来的——实际上也是市场监管部门和社会公众最关注的——是信用公示机制的惩罚（惩戒）功能。这种惩戒既可能来源于其他市场主体的非议和排斥，也可能直接来源于法律法规的限制性规定或禁止性规定。一方面，经由信用公示机制的披露，市场主体违法、违约的既往行为会被其他市场主体知悉，后者很可能因此选择不与前者进行交易。换言之，公示机制可以迫使信用记录不良的市场主体丧失交易机会，甚至因此退出市场，这相当于一种间接的惩罚。另一方面，根据相关立法规定，被信用公示机制纳入负面评价的市场主体，在从事某些市场交易或生产经营时可能被课以更重的法定成本。例如《企业信息公示暂行条例》第 18 条规定，"县级以上地方人民政府及其有关部门应当建立健全信用约束机制，在政府采购、工程招投标、国有土地出让、授予荣誉称号等工作中，将企业信息作为重要考量因素，对被列入经营异常名录或者严重违法企业名单的企业依法予以限制或者禁入"。《天津市社会信用条例》第 26 条规定，"行政机关、法律法规授权的具有管理公共事务职能的组织在法定权限范围内，就相关联的事项可以对失信主体依法采取以下惩戒措施：（1）在办理行政许可过程中，根据实际情况减少对其采取承诺制审批等便利化措施的范围；（2）在公共资源交易中，给予信用减分、降低信用等级；（3）在日常监管中，列为重点监管对象，增加监管频次，加强现场检查；（4）对失信主体进行约谈，约谈情况应当记入信用记录；（5）法律、法规和国家有关规定明确的其他惩戒措施"。

　　信用公示机制不仅具有惩戒功能，一定程度上也具有激励功能。这种激励功能同样可以从两个方面理解。一方面，经由信用公示机制的披露，信用良好的市场主体可以被监管部门和其他市场主体简便地识别出来，在市场和行业中获得认可与好评，进而获得更多交易机会。这是公示机制对信用良好的市场主体的间接激励作用。另一方面，信用公示机制的一些激励功能来自于立法的直接规定。例如《浙江省公共信用信息管理条例》第22条规定，"各级国家机关可以按照国家规定在实施行政许可、财政性资金和项目支持、公共资源交易等方面对守信主体采取激励措施"。总体来看，立法规定的激励措施的主旨是让信用记录良好的市场主体在权益上有获得感，其具体表现为以下几种类型。

一是在申办行政许可或市场监管过程中，诚信市场主体可获得简化审批手续、优先办理业务或简化监管流程的机会。例如《南京市社会信用条例》第36条规定，行政机关、法律法规授权具有管理公共事务职能的组织等可以在法定权限范围内，对无失信信息记录的市场主体申请办理证照或者资质等级评定过程中，予以优先办理，适用告知承诺、容缺受理等制度；市场主体运营过程中，在电力获得、施工许可等环节享受流程简化、费用减免等待遇，优先给予财政性资金补助、项目支持等政策扶持；在日常市场监管中，可以降低抽查比例，减少检查频次，更多适用非现场检查方式；在市场主体退出过程中，给予简易注销、流程简化等待遇。根据《上市公司重大资产重组管理办法》第8条规定，中国证监会审核上市公司重大资产重组或者发行股份购买资产的申请，可以根据上市公司的规范运作和诚信状况、财务顾问的执业能力和执业质量，结合国家产业政策和重组交易类型，作出差异化的、公开透明的监管制度安排，有条件地减少审核内容和环节。《证券期货市场诚信监督管理办法》第31条也规定，对于近三年没有违反证券期货法律、行政法规和中国证监会规定的失信记录，或者近三年没有因违法开展经营活动被银行、保险、税收、环保、海关等相关主管部门予以行政处罚，或者没有因证券期货犯罪或者其他犯罪被人民法院判处刑罚的市场主体，其在提出行政许可申请时，中国证监会及其派出机构在受理后将"即时进行审查"，而且可以在同等条件下对诚信积分较高的申请人优先审查。该《办法》第32条也有类似规定。

二是在生产经营和市场交易过程中，为诚信市场主体增加交易机会或降低制度性交易成本。例如《商业银行法》第36条规定，商业银行贷款，借款人应当提供担保，但是经商业银行审查、评估，确认借款人资信良好，确能偿还贷款的，可以不提供担保。中国人民银行出台的《贷款通则》第10条也有类似规定。《上海市社会信用条例》第26条则规定，"鼓励市场主体根据信息主体的信用状况，对守信主体采取优惠便利、增加交易机会等降低市场交易成本的措施；对失信主体采取取消优惠、提高保证金等增加交易成本的措施。鼓励金融机构对守信主体在融资授信、利率费率、还款方式等方面给予优惠或者便利；鼓励金融机构按照风险定价方法，对失信主体提高贷款利率和财产保险费率,或者限制向其提供贷款、保荐、承销、保险等服务"。

　　整体而言,市场主体信用公示机制的正向激励功能在立法层面已得到一定程度的重视,但仍有进一步完善的空间。比如,因应于商主体市场准入制度的改革,在经营者信息公示问题上,国务院2014年出台了《企业信息公示暂行条例》。随后,各地普遍建立和实施"异常经营名录"制度。根据《企业信息公示暂行条例》第17条、第18条的规定,如果企业未按照本条例规定的期限公示年度报告或者未按照工商行政管理部门责令的期限公示有关企业信息,或者企业公示信息隐瞒真实情况、弄虚作假的,将会被纳入异常经营名录。而一旦被纳入异常经营名录,在政府采购、工程招投标、国有土地出让、授予荣誉称号等方面,这些异常信息记录将被监管部门作为重要考量因素,相关企业可能面临资格限制、业务限制或业务禁入。这是典型的失信惩罚措施。可以进一步考虑的是,在异常经营名录及相关惩罚机制之外,如果监管部门同时再建立一个动态调整的"诚信表彰名录"并实现全国联网,将诚信经营持续达到一定期限和标准的经营者纳入诚信名录,甚至以此作为减免其某些法定义务(如一定程度上减免纳税等)或赋予其某些优先权(如公司上市优先进入证监会审核程序、优先获得银行信贷等),以示对其自觉守法、诚信经营的奖励,那么有理由相信,会有更多的经营者把进入诚信表彰名录作为目标,用更高的道德标准(而不仅是守法标准)来引导其经营行为,由此积累其企业声誉。

(三)权利设定、优先权奖励与权利行使保障

　　本节讨论三种与权利有关的激励措施,包括权利设定、优先权奖励与权利行使保障。权利设定是指,为了激励市场主体主动遵守法律或积极适用法律规则,立法机关或监管部门需要专门赋予市场主体以特定权利,使其有权实施某些与法律实施有关的行为。优先权奖励是指立法机关或监管部门制定专项措施,规定市场主体如果主动遵守法律、实施法律,则可以在市场监管或市场交易过程中享有某些优先于其他市场主体的权利。权利行使保障是指立法机关或监管部门制定专项保障措施,为权利人行使权利和实施法律规则提供技术支持、成本代付或风险抵御,以排除权利人实施法律的后顾之忧。

　　1. 权利设定

　　权利规则和义务规则是法律规则的基本类型。从规则内容和立法目的看,有的权利规则仅仅是为了赋予市场主体某些权益(比如,公司法规定

股东有分红权，此项权利规则的主旨是让股东有权享有股权出资收益）；有的权利规则是为了促使市场主体积极实施某些行为，以推动另外一项（或一些）法律规则的适用。典型的例子是，通过向市场领域的行业组织（指行业协会商会等）和专业服务机构（如律师事务所、会计师事务所等）赋权，使其有权参与市场的共同治理，协助监管部门有效实施市场监管法律法规。

如前所述，近年来市场监管领域立法改革的整体趋势是，合理降低市场准入门槛，推动事前监管向事中事后监管转变。实践表明，在行政监管资源有限的条件下，改善事中事后监管的一个可行途径是寻求社会监管资源的增量，比如推动行业协会商会等自治组织以及会计师事务所、审计事务所、律师事务所、检验认证机构等市场专业服务机构参与市场规制和行业治理。

"相比于政府，行业生产者拥有更多的知识和机会进行制度创新。"[①] 对于商会、行业协会的积极功能，近年来无论在政策层面、理论层面还是实践层面，都已有诸多共识。《中共中央关于全面推进依法治国若干重大问题的决定》指出，应当"推进多层次多领域依法治理"，其具体要求是"坚持系统治理、依法治理、综合治理、源头治理，提高社会治理法治化水平。深入开展多层次多形式法治创建活动，深化基层组织和部门、行业依法治理，支持各类社会主体自我约束、自我管理"。应当"发挥市民公约、乡规民约、行业规章、团体章程等社会规范在社会治理中的积极作用。应当支持行业协会商会类社会组织发挥行业自律和专业服务功能。发挥社会组织对其成员的行为导引、规则约束、权益维护作用"。

国务院《关于促进市场公平竞争维护市场正常秩序的若干意见》也强调，"在市场监管体制改革过程中，应当发挥行业协会商会的自律作用"，具体包括：（1）建立健全行业经营自律规范、自律公约和职业道德准则，规范会员行为；（2）制定发布产品和服务标准，参与制定国家标准、行业规划和政策法规；（3）依法提起公益诉讼，进行专业调解。该《意见》同时还提出，应当"加强行业协会商会自身建设，增强参与市场监管的能力。限期实现行政机关与行业协会商会在人员、财务资产、职能、办公场所等方面真正脱钩。探索一业多会，引入竞争机制。加快转移适合由行业协会商会承担的职能，同时加强管理，引导其依法开展活动"。

---

① Peter Grajzl and Peter Murrell. Allocating Lawmaking Powers：Self-regulation vs. Government Regulation. *Journal of Comparative Economics*. Vol. 35（2007），pp. 520-545.

　　为了推进行业协会商会改革,中共中央办公厅、国务院办公厅出台的《行业协会商会与行政机关脱钩总体方案》指出:"行业协会商会是我国经济建设和社会发展的重要力量。改革开放以来,随着社会主义市场经济体制的建立和完善,行业协会商会发展迅速,在为政府提供咨询、服务企业发展、优化资源配置、加强行业自律、创新社会治理、履行社会责任等方面发挥了积极作用"。该《方案》同时也指出,"一些行业协会商会还存在政会不分、管办一体、治理结构不健全、监督管理不到位、创新发展不足、作用发挥不够等问题",为此,应当"加快形成政社分开、权责明确、依法自治的现代社会组织体制,理清政府、市场、社会关系,积极稳妥推进行业协会商会与行政机关脱钩,厘清行政机关与行业协会商会的职能边界,加强综合监管和党建工作,促进行业协会商会成为依法设立、自主办会、服务为本、治理规范、行为自律的社会组织。创新行业协会商会管理体制和运行机制,激发内在活力和发展动力,提升行业服务功能,充分发挥行业协会商会在经济发展新常态中的独特优势和应有作用"。

　　国家发展改革委员会出台的《全国性行业协会商会行业公共信息平台建设指导意见(试行)》提出,应当"按照理清政府、市场、社会关系,建立信用体系和信息公开制度相关要求,以公共信息市场化应用为目标,以优化信息服务流程为核心,以行业协会商会应用示范为突破口,着力进行行业信息资源整合,着力进行特色信息增值挖掘,打造为党政机关宏观管理服务的决策支持系统,为行业协会商会信息公开和推广数据应用的展示窗口,为社会提供数据查询、研究分析和信用评价等应用的数据中心"。

　　国家发展改革委、民政部等十个部委联合印发的《行业协会商会综合监管办法(试行)》从法人治理、资产与财务、服务及业务、纳税和收费、信用体系建设和社会监督、党建工作和纪律执行等方面,对行业协会商会的监督机制进行了规定。该《办法》明确提出,"鼓励协会商会建立自律公约和内部激励惩戒机制,发挥其在社会信用体系建设中的积极作用。鼓励协会商会与具备资质的第三方信用服务机构合作,对会员的信用状况进行第三方评估,完善会员信用评价机制"。

　　激励行业协会商会实施法律规则,支持其发挥行业自律功能和市场治理功能的一个重要切入点,是通过立法赋予行业协会商会一系列自治自律的权利。但目前存在的问题是,有关行业协会商会的立法仍未出台。实际上,原国家经贸委曾起草过《商会与行业协会法(草案)》,并于 2002 年提交国务院审议,经贸委还曾于2002年起草过《工商领域协会管理暂行规定(征求意见稿)》,但后续不知何故,这两部法律文件都没有通过。2009年国务院法制办重新组织起草《行业协会商会法》,并将该法列入当时全国人大5年立法规划。此后一直到2015年3月,国家发改委邀请多位专家举行论证会,就《行业协会商会法(草案)》尤其是行业协会商会的性质、设立条件、基本职能和法律权利义务等问题进行论证。这被视为有关行业协会商会立法的重新启动。但截至目前,国家层面的立法仍未完成,涉及行业协会商会的法律规定,仍停留在各省市制定的条例和管理办法层面。①

推动行业协会商会参与市场共治,必须尽快出台国家层面的立法,其重点是明确规定行业协会商会在行业自律和市场治理中究竟拥有哪些权利、这些权利应如何行使。需要解决的具体问题至少包括以下几方面。

第一,为避免重复监管,应将行业协会商会的自治自律与政府部门的行政监督定位为互补关系,在某些领域甚至可以是替代关系,不能将两者理解为并列管理关系或包含关系。必要时,政府可以通过行政授权等途径,授权社会组织实施特定事项的市场监管。而且,还应当将行业协会商会在行业自律和市场治理中的功能定位为对成员企业(而不包括其他企业)经营行为的事中和事后的规制,防止行业协会商会利用职能变相对企业设置立法已经取消的事前监管措施。

第二,为强化行业协会商会自治自律职能的有效性,可允许行业协会商会依法建立内部惩罚机制,对其成员企业损害市场秩序的行为进行惩戒,但立法同时应当对行业协会商会可以实施的惩罚措施的类型与限度进行规定。在这方面,日本以及我国台湾地区的相关规定可以提供借鉴。例如日本《商工会议所法》第19条至第23条规定,会员不缴纳会费、不履行会员义务或者有损害商会的行为等情况下,商会可以对其实施滞纳罚款、暂停资格或者开除出会的惩罚措施,但该法同时也规定了在上述情况下惩罚措施的实施程序和会员的抗辩权。我国台湾地区的"商业团体法"第63条至第65条以及"工业团体法"第59条至第61条也有类似规定。

---

① 可参见:《上海市行业协会暂行办法》《广东省行业协会条例》《江苏省行业协会条例》《深圳市行业协会条例》《杭州市行业协会管理办法》《南京市行业协会管理办法》《温州市行业协会管理办法》等。

第三，可鼓励有条件的行业协会商会建立内部纠纷仲裁机制，对成员企业之间的纠纷进行调解和内部仲裁。① 这种内部仲裁机制可参照《仲裁法》建立和运作，同时应当将其定位为行政裁决、行政调解、司法判决以及现有仲裁机构裁决的替代机制，由此减少法院和行政机关为解决市场监管引起的纠纷的公共财政支出，即降低法律公共实施成本。事实上，这种行业内部仲裁机制甚至可以作为成员企业与消费者之间纠纷解决的替代机制。这种做法其他国家早已有成熟经验，"在经合组织的很多成员国中，政府倾向于鼓励使用替代性纠纷解决机制来处理消费者纠纷"。②

与推进立法对行业协会商会赋权相类似的一个问题是，应当进一步强化市场专业服务机构作为"市场看门人"的市场监督职责。这是增加市场监管资源的另一个有效途径。因为"看门人能够通过不合作或不同意的方式来阻止市场不当行为的市场专业人士"。③ 但在以往实践中，由于市场专业服务机构大多是从事有偿服务的经营实体，因此它们往往被近似地定位为经营者，而其作为市场监督者的角色却经常被忽视。实际上，无论是为企业提供财务审计的会计师事务所，还是为项目合法性提供法律意见的律师事务所，无论是为资产转让提供价格评估的评估机构，还是为产品质量提供标准检验的检验机构，它们都从不同途径，对特定的市场行为的合法性提供中立的监督。

为强化市场专业服务机构市场监督职责，需要推进的工作至少包括：（1）在市场行为负外部性强而相应的维权成本高昂的市场领域（如涉及公众投资者或公共利益的领域），应进一步增强市场专业服务机构专业评价意见（如律师的法律意见书）在行政监管部门作出相关监管决策过程中的

---

① 美国的谷类和饲料行业、棉花行业、钻石行业的行业组织都建立了成熟的内部纠纷仲裁机制。根据美国学者 Lisa Bernstein 的研究，这些行业内部的仲裁机制相比于法院诉讼机制，在专业性、便利性和执行力等方面，都更具效率优势，因此受到很多成员企业的认可和支持。（1）Lisa Benstein. Opting Out of the Legal System：Extralegl Contractual Relations in the Diamond Industry. *The Journal of Legal Studies*. Vol. 21，No. 1（1992），pp. 115-157.（2）Lisa Benstein. Merchant Law In A Merchant Court：Rethinking the Code's Search For Immanent Business Norms. *University of Pennsylvania Law Review*. Vol. 144，No. 5（1996），pp. 1765-1821.（3）Lisa Benstein. Private Commercial Law in the Cotton Industry：Creating Cooperation through Rules，Norms，and Institutions. *Michigan Law Review*. Vol. 99，No. 7（2001），pp. 1724-1790.

② 参见［英］科林·斯科特：《规制、治理与法律：前沿问题研究》，安永康译，172 页，北京，清华大学出版社，2018。

③ 参见［美］约翰·C. 科菲：《看门人机制：市场中介与公司治理》，黄辉、王长河等译，2 页，北京，北京大学出版社，2011。

实际影响力；(2)通过司法判例和行政处罚案例的整合分析，系统梳理专业服务机构从业人员勤勉义务的判定标准体系，严格追究专业服务机构及其从业人员违反勤勉尽责义务的法律责任，促使其从专业层面充分发挥中立第三方的监督功能；(3)维护专业服务领域的市场竞争性，在提高专业服务质量的同时，有效降低市场主体购买专业服务的成本，使专业服务的价格处于合理位置；(4)排除行政垄断，禁止行政监管部门在行使行政许可权力过程中向被监管者指定专业服务机构或其从业人员，等等。

2. 优先权奖励

法律语境下的优先权有法定优先权和约定优先权之分。前者的类型、内容、主体和行使程序由立法规定，符合法定资格的主体都可享有。后者由当事人约定产生，其权利优先性仅及于当事人内部。本书主要讨论立法机关和监管部门建立的法律实施激励机制，即讨论法定意义上的法律实施激励机制问题，因此本节将聚焦于法定优先权。

法定优先权最常见的实例，是债法（或与其相关的其他法律领域）意义上的债权优先受偿权。例如，根据《民法典》物权法规则和担保法规则的规定，①相比其他一般债权人，担保物权的债权人享有优先受偿权利；按照破产法规定的破产财产的清偿顺序，破产费用和共益债务的债权人享有优先受偿的权利；根据《民法典》合同编建筑工程合同规则的规定，②建筑工程承包人享有的工程款受偿权优于抵押权和其他债权。

除债法领域之外，公司法、知识产权法等其他领域也有不少关于优先权的规定。按现行立法，公司新增资本时，股东有权优先按照他们已经实缴的出资比例认缴出资，除非全体股东另有约定；③有限责任公司的股东对其他股东的股权转让在同等条件下有优先受让权；④持有优先股的股东可以获得公司分红的优先权，不过其也需要承担一定的对价，即优先股并不附带表决权。⑤此外，按照《专利法》规定的，"申请人自发明或者实用新型在外国第一次提出专利申请之日起2个月内，或者自外观设计在外国第一次提出专利申请之日起6个月内，又在中国就相同主题提出专利申请的，依照该外国同中国签订的协议或者共同参加的国际条约，或者依照相

---

① 参见《民法典》第 394 条。

② 参见《民法典》第 807 条以及《最高人民法院关于审理建设工程施工合同纠纷案件适用法律问题的解释（一）》第 35 条至第 42 条。

③ 参见《公司法》第 34 条。

④ 参见《公司法》第 71 条。

⑤ 参见《国务院关于开展优先股试点的指导意见》《优先股试点管理办法》的规定。

互承认优先权的原则，可以享有优先权。"①

　　优先权的本质是立法机关按一定标准，在有竞争的市场主体之间确立权益获取的先后顺序。权益整体上属于"有限资源"（可以设想，如果它是无限供应的资源，那么对于市场主体而言，也就不必在意优先获取或劣后获取），因此一旦立法确立了权益获取的优先和劣后，其实质也就是确立了市场主体之间的竞争规则——谁先满足法定条件，谁就有资格先于他人享有权益。优先权可以创设竞争规则的这种特点，使其具备了行为激励的功能，可以成为激励法律实施的工具。事实上，检视现行法律体系，有不少涉及法定优先权的规则，其最终目标不仅是设定实体法意义上的优先权，而且还在不同程度上承担着促进其他法律规则有效实施的功能。

　　简要概括，作为法律实施激励措施的优先权奖励是指，立法机关或监管部门设定规则，规定市场主体如果自觉依法行事，积极适用法律，则可以在市场监管或市场交易过程中享有某些优先于其他市场主体的权利。值得强调的是，与经济奖励等措施相比，在采用优先权激励法律实施的场景下，公权机关除需承担初始制度的建构成本（即规定优先权规则的立法成本）之外，几乎不必耗费其他成本（如奖金、补贴等）。事实上，对于负责行政审批的公权机关而言，只要法律允许授予，只要严格遵循审批标准和审判程序，那么无论是把权益先授予市场主体 A 还是先授予市场主体 B，无非都是行政程序的执行及其结果的自然呈现，在此过程中，它们需要恪守的职责只是在所有提出申请的市场主体中，依法挑选出最符合法定许可标准或者相对更优秀的主体即可。

　　从以往的实践经验看，优先权奖励措施主要用于激励法律义务规则和责任规则的实施。特别是在需要鼓励适用更高法律标准，或者标准本身难以量化的场景下，立法机关和监管部门可以通过强制法规则（义务规则、责任规则）设定最低标准，并规定如果市场主体无法达标将被追究法律责任，但如果要促使市场主体积极执行更高标准，则需要通过优先权奖励等措施，为市场主体提供行为激励。有研究者指出，"被规制企业有着诸多不同的动机和能力，规制者采取的执法策略应当是，一方面给声名不佳的违法者以威慑，另一方面鼓励善意的雇主自愿守法，并对行为水准高于合规要求的企业予以奖励。因此，好的规制意味着要看规制对象是行业引领者、勉强遵从的守法者、拒绝守法者还是能力欠缺者，针对不同的规制对象，采

---

　　①　参见《专利法》第 29 条。

取不同的回应性执法策略"。① 当然，即便在适用标准可以充分量化的场景中，设定优先权奖励措施也几乎有利无害，因为它在促使市场主体主动适用法律的同时，也可以有效降低监管部门的监督成本和执法成本。

少数情况下，优先权奖励措施也可能被用于激励权利规则的实施。例如，《民法典》第535条规定，"因债务人怠于行使其债权或者与该债权有关的从权利，影响债权人的到期债权实现的，债权人可以向人民法院请求以自己的名义代位行使债务人对相对人的权利，但是该权利专属于债务人自身的除外。代位权的行使范围以债权人的到期债权为限。债权人行使代位权的必要费用，由债务人负担"。② 需要考虑的是，在同时并存多个债权人的情况下，如果提起诉讼的债权人胜诉，此时次债务人（即法条所称的"相对人"）清偿的款项究竟是先归属债务人所有，还是归属全体债权人共同所有，或者仅仅归属提起代位权诉讼的债权人所有？理论界和实务界对此一直存在不同看法，由此衍生出"入库原则说""债权人共同所有说"和"起诉者优先受偿说"等理论主张。事实上，在存在多个债权人的情况下，代位权的行使已经转化为共益权的行使问题。而共益权行使最大的障碍，则是前文已经提及的"集体行动悖论"问题，即每位债权人都希望其他债权人提起代位权诉讼、承担败诉风险、支付必要成本而自己则坐等胜诉时的债权分享。为了克服可能出现的债权人"搭便车"问题，《最高人民法院关于适用〈中华人民共和国合同法〉若干问题的解释（一）》第20条最终采纳了"起诉者优先受偿说"的主张，《民法典》第537条也延续了这一规则，规定"人民法院认定代位权成立的，由债务人的相对人向债权人履行义务，债权人接受履行后，债权人与债务人、债务人与相对人之间相应的权利义务终止"。在这一实例中，需要激励实施的对象，是《民法典》第535条规定的代位权规则——这显然是一项权利规则，而作为激励措施的是《民法典》第537条规定的"起诉者优先受偿权"。

在激励法律实施的过程中，赋予市场主体的优先权可能是实体性的，也可能是程序性的。实体性的优先权是指，对于自觉遵守法律、主动适用法律的市场主体，其在主张各种民事权益，或者申请各类行政许可（包括资格获取、资格认定、资质提升、经济补偿、财政补贴、荣誉称号等）时，将优先获得清偿、支付或许可。例如，上文分析的，《民法典》规定的代位权起诉

---

① ［英］罗伯特·鲍德温、马丁·凯夫、马丁·洛奇：《牛津规制手册》，宋华琳等译，140页，上海，上海三联书店，2017。

② 《民法典》出台之前，原《合同法》第73条也规定了代位权制度。

者优先偿付,就是一种实体性优先权。又如,根据《合格境外机构投资者境内证券投资管理办法》第11条的规定,中国证券监管部门在授予"证券合格投资者资格"时采用的标准之一是,"为引入中长期投资,对于符合本办法第6条规定的封闭式中国基金或在其他市场有良好投资记录的养老基金、保险基金、共同基金的管理机构,予以优先考虑"。这也是实体性优先权的体现,其涉及的是如何优先获得证券合格投资者资格的问题。

程序性的优先权是指,对于自觉遵守法律、主动适用法律的市场主体,其在办理各类行政程序(包括企业行业准入、新设企业、股份公司证券首次公开发行等)时,优先获得推荐、受理,优先启动程序。例如,为了鼓励上市公司履行社会责任,上海证券交易所曾在《关于加强上市公司社会责任承担工作暨发布〈上海证券交易所上市公司环境信息披露指引〉的通知》规定,本所鼓励公司根据《证券法》《上市公司信息披露管理办法》的相关规定,及时披露公司在承担社会责任方面的特色做法及取得的成绩,并在披露公司年度报告的同时在本所网站上披露公司的年度社会责任报告,"对重视社会责任承担工作,并能积极披露社会责任报告的公司,本所将优先考虑其入选上证公司治理板块,并相应简化对其临时公告的审核工作。"类似的,根据《上海证券交易所科创板企业上市推荐指引》①第3条规定,"保荐机构应按照《实施意见》《注册管理办法》《审核规则》明确的科创板定位要求,优先推荐下列企业:(1)符合国家战略、突破关键核心技术、市场认可度高的科技创新企业;(2)属于新一代信息技术、高端装备、新材料、新能源、节能环保以及生物医药等高新技术产业和战略性新兴产业的科技创新企业;(3)互联网、大数据、云计算、人工智能和制造业深度融合的科技创新企业。"

3. 权利行使保障

实践中,法律赋予相关主体的权利可能被行使,也可能被放弃。当事人不履行权利规则、放弃行使权利的原因有许多——或是因为当事人缺乏法律意识,不了解自己享有某项权利;或是因为当事人认为行使权利所得到的利益微不足道,因此怠于行使;或是因为当事人预计行使权利的成本高于收益,因此主动放弃;当然,也有可能是因为当事人缺乏法律专业知识,错过行使权利的期限,导致权利被消灭而无法行使。

在大多数情况下,基于"权利可以放弃,义务必须履行"的基本规则,当事人不履行权利规则、放弃行使权利,是法律允许且不必干预的问题。

---

① 该《指引》已废止。

当然，也不必然如此。如果某项权利的行使后果涉及多数人利益，或者某项权利带有一定程度的"职权"属性（例如法律和公司章程赋予董事、监事、高管人员在管理公司中的权利），那么当事人是否行使以及如何行使该项权利，就不再是个人问题，而是集体问题甚至公共问题了。此时，立法机关或监管部门有必要考虑如何激励当事人积极行使权利（职权）。结合实践，我们把此类情况下形成的激励措施称为权利行使保障，它是指立法机关或监管部门规定专项保障措施，为权利人行使权利和实施法律规则提供成本代付、技术支持或风险抵御，使权利人可以更便捷地适用权利规则。

最直接的权利行使保障措施是权利行使费用（成本）的代付。例如《公司法》第 53 条规定监事会、监事有检查公司财务、监督董事、高管人员执行公司职务行为等权利（职权）。① 为了推动监事、监事会积极行使监督权，确保其职权不受非法限制，《公司法》第 54 条、第 56 条和第 118 条专门规定，有限责任公司或股份有限公司的监事会、不设监事会的公司的监事行使职权所必需的费用，由公司承担；如果监事会或监事发现公司经营情况异常，可以进行调查，必要时可以聘请会计师事务所等协助其工作，费用由公司承担。② 与此相关的，《上市公司治理准则》（中国证券监督管理委员会公告〔2018〕29 号）第 43 条规定，"专门委员会可以聘请中介机构提供专业意见。专门委员会履行职责的有关费用由上市公司承担"；第 46 条则规定，"监事有权了解公司经营情况。上市公司应当采取措施保障监事的知情权，为监事正常履行职责提供必要的协助，任何人不得干预、阻挠。监事履行职责所需的有关费用由公司承担"。《上市公司股东大会规则》（中国证券监督管理委员会公告〔2022〕13 号）第 12 条亦规定，"监事会或股东自行召集的股东大会，会议所必需的费用由本公司承担"。

根据证监会制定的《关于在上市公司建立独立董事制度的指导意见》第 7 条规定，为了保证独立董事有效行使职权，上市公司应当为独立董事

---

① 《公司法》第 53 条规定，"监事会、不设监事会的公司的监事行使下列职权：（1）检查公司财务；（2）对董事、高级管理人员执行公司职务的行为进行监督，对违反法律、行政法规、公司章程或者股东会决议的董事、高级管理人员提出罢免的建议；（3）当董事、高级管理人员的行为损害公司的利益时，要求董事、高级管理人员予以纠正；（4）提议召开临时股东会会议，在董事会不履行本法规定的召集和主持股东会会议职责时召集和主持股东会会议；（5）向股东会会议提出提案；（6）依照本法第 151 条的规定，对董事、高级管理人员提起诉讼；（7）公司章程规定的其他职权"。

② 事实上，这类规定在《公司法》出台之前即已存在。作为《公司法》的"前身"，原国家体制改革委员会 1992 年出台的《有限责任公司规范意见》第 43 条规定，"监事会行使职权时可以委托律师、注册会计师、执业审计师等专业人员协助，聘任费用由公司承担"。《股份有限公司规范意见》第 67 条规定，"监事会行使职权时聘请律师、注册会计师、执业审计师等专业人员的费用，由公司承担"。

提供必要的条件:一是上市公司应当保证独立董事享有与其他董事同等的知情权。[①] 二是上市公司应提供独立董事履行职责所必需的工作条件。[②] 三是独立董事行使职权时,上市公司有关人员应当积极配合,不得拒绝、阻碍或隐瞒,不得干预其独立行使职权。四是独立董事聘请中介机构的费用及其他行使职权时所需的费用由上市公司承担。五是上市公司应当给予独立董事适当的津贴。[③] 六是上市公司可以建立必要的独立董事责任保险制度,以降低独立董事正常履行职责可能引致的风险。

企业破产清算环节也存在类似问题。企业一旦进入破产清算,即需要专门的破产管理人对其财产进行管理、处分,同时对其债权债务进行清理。破产管理人的工作(还包括可能发生的第三方评估、鉴定、保管等工作)需要耗费不菲的成本。但现实的问题是,进入破产清算的企业,其现有财产通常不足以清偿所有债务。此时,如果企业无法承担破产清算环节各项工作(包括相关诉讼)的必要支出,那么破产管理人也将失去行使权利(职权)、履行规则的动力。为了防止出现这一问题,《企业破产法》第43条规定,"破产费用和共益债务由债务人财产随时清偿。债务人财产不足以清偿所有破产费用和共益债务的,先行清偿破产费用"。《最高人民法院关于适用〈中华人民共和国企业破产法〉若干问题的规定(一)》第8条规定,"破产案件的诉讼费用,应根据企业破产法第43条的规定,从债务人财产中拨付。相关当事人以申请人未预先交纳诉讼费用为由,对破产申请提出异议的,人民法院不予支持"。《最高人民法院关于适用〈中华人民共和国企业破产法〉若干问题的规定(三)》第1条进一步补充规定,"人民法院裁定受理破产申请的,此前债务人尚未支付的公司强制清算费用、未终结的执行程序中产生的评估费、公告费、保管费等执行费用,可以参照企业破产法关于破产费用的规定,由债务人财产随时清偿"。

---

① 具体是指,凡须经董事会决策的事项,上市公司必须按法定的时间提前通知独立董事并同时提供足够的资料,独立董事认为资料不充分的,可以要求补充。当2名或3名以上独立董事认为资料不充分或论证不明确时,可联名书面向董事会提出延期召开董事会会议或延期审议该事项,董事会应予以采纳。上市公司向独立董事提供的资料,上市公司及独立董事本人应当至少保存5年。

② 具体是指,上市公司董事会秘书应积极为独立董事履行职责提供协助,如介绍情况、提供材料等。独立董事发表的独立意见、提案及书面说明应当公告的,董事会秘书应及时到证券交易所办理公告事宜。

③ 津贴的标准应当由董事会制订预案,股东大会审议通过,并在公司年报中进行披露。除上述津贴外,独立董事不应从该上市公司及其主要股东或有利害关系的机构和人员取得额外的、未予披露的其他利益。

（四）明晰产权关系与构建产权交易

1. 产权的激励功能

在惩罚机制难以发挥实效的场景下，促进法律实施的补救之道是"放弃命令控制进路，将市场作为解决方案，或适用基于市场的规制。所采取的一系列手段相对更关注结果而非投入，旨在努力为企业和个人提供激励，令其适用符合成本有效性要求的解决方案。可行的手段包括创设私有财产权和市场，以及拍卖、定价和诸如税收、补贴之类的财务激励"。① 单就产权问题而言，经济学理论一般认为，产权至少有四种功能：一是约束功能。产权界定后，产权人拥有法律保护的财产权，非经产权人同意，其他主体不得占有、使用或处分财产，也不得妨碍产权人对财产行使权利。二是激励功能。产权界定后，产权人可以获得剩余索取权，而且可以对行为的成本收益形成稳定预期，产权人将因此获得行为激励。三是资源配置功能。一方面，清晰界定的产权关系有助于促使产权人珍惜资源，避免资源浪费；另一方面，清晰界定的产权是资源市场交易的基础，而市场交易是资源配置的有效机制。四是协调功能。清晰界定的产权关系有助于减少纷争，促进社会关系和谐。

"产权是一种社会工具，其重要性就在于事实上它能帮助一个人形成他与其他人进行交易时的合理预期……产权是界定人们如何受益及如何受损，因而谁必须向谁提供补偿以修正人们所采取的行动……产权的一个主要功能是激励人们将外部性内在化"。② 明晰产权关系是激励法律实施的有效措施之一。其基本原理是，围绕法律规则的立法目的，明确相关市场主体（法律适用主体）的权利、义务和责任，通过构建清晰的产权关系，使得适用法律规则时可能产生的收益以及可能耗费的成本（面临的风险）都归属于同一主体。这对于市场主体而言，一是可以促进行为外部性（包括正外部性和负外部性）的内部化；二是在行为收益高于成本时可以获得剩余索取权，由此形成激励相容效应；三是可以形成对行为后果的稳定预期，便于制定相对理性的行为策略。

2. 产权机制对法律实施的激励作用

产权激励方法适用于多种场景。如前文提到的共益权规则、边界不清

---

① ［英］罗伯特·鲍德温、马丁·凯夫、马丁·洛奇：《牛津规制手册》，宋华琳等译，33 页，上海，上海三联书店，2017。

② Harold Demsetz. Toward a Theory of Property Rights. *The American Economic Review*. Vol. 57, No. 2（May. 1967），pp. 347- 359.

的责任规则的实施,均属此列。我们可以以排污权交易和环境法实施为例进行讨论。根据《环境保护法》第 6 条,"一切单位和个人都有保护环境的义务。地方各级人民政府应当对本行政区域的环境质量负责。企业事业单位和其他生产经营者应当防止、减少环境污染和生态破坏,对所造成的损害依法承担责任。公民应当增强环境保护意识,采取低碳、节俭的生活方式,自觉履行环境保护义务"。为了确保"一切单位和个人"依法履行环境保护义务,《环境保护法》第 59 条至第 69 条详细规定了各类主体的法律责任,构建了法律实施的惩罚机制。

在环境保护问题上,法律的惩罚机制有其积极作用,但也有缺陷。一方面,有些环境污染行为造成的后果严重,环境修复成本极高甚至无法修复,对此,惩罚机制固然可以使违法者受到应有惩罚,但对环境修复已经意义不大。另一方面,惩罚机制发挥实效的直接体现是追究违法者责任,而依法公正追究违法者责任的前提是清楚查明违法事实、准确度量违法情节(如污染行为造成的经济损失等)。环境污染涉及复杂的科学技术问题,从实践来看,调查是否存在污染行为本身就并非易事,如果要进一步度量污染行为造成的损失并将其作为究责依据,必然导致高昂的鉴定成本。

上述分析表明,从法律层面保护环境不仅需要重视事后惩罚机制的完善,而且也应该重视事前预防机制、行为激励机制的构建。"完全私有所有权的产权结构会产生出不同但却更为有效的激励机制"。① 排污权交易就是立法机关和监管部门构建的,以激励市场主体主动遵守、积极适用环境保护法律法规为目标的一种制度。② 所谓排污权交易(pollution rights trading)是指,由监管部门对某一区域内允许排放污染物的总饱和量进行测量,再将排污总饱和量分割成若干单位,进而对有排污需求的每一个主体的合理排污量进行核定,并以排污权形式出售给排污需求者(需求者由此获得排污许可证),在确保污染物排放总量不超过监管部门核准的排放总量的前提下,污染物排放主体(通常是经营者)可以将其剩余的、不需要实际使用的排污权利转售给其他有超量排污需求的主体。

① ［美］埃里克·弗鲁博顿、［德］鲁道夫·芮切特:《新制度经济学:一个交易费用分析范式》,姜建强、罗长远译,99 页,上海,格致出版社、上海三联书店、上海人民出版社,2006。

② 除了排污权交易制度,《环境保护法》还规定了其他激励措施。例如,根据该法第 22 条规定,企业事业单位和其他生产经营者在污染物排放符合法定要求的基础上进一步减少污染物排放的,政府应当依法采取财政、税收、价格、政府采购等方面的政策和措施予以鼓励和支持。根据该法第 31 条规定,国家建立、健全生态保护补偿制度。国家加大对生态保护地区的财政转移支付力度。地方政府应当落实生态保护补偿资金,确保其用于生态保护补偿。国家指导受益地区和生态保护地区政府通过协商或者按照市场规则进行生态保护补偿。

排污权交易制度起源于美国。目前,我国《环境保护法》尚未明确规定排污权交易制度,但是相关条文已为排污权交易制度的出台奠定了基础。根据《环境保护法》第 43 条、第 45 条的规定,国家依法实行排污许可管理制度。实行排污许可管理的企业事业单位和其他生产经营者应当按照排污许可证的要求排放污染物;未取得排污许可证的,不得排放污染物。排放污染物的企业事业单位和其他生产经营者,应当依法缴纳排污费。排污费全部专项用于环境污染防治,任何单位和个人不得截留、挤占或者挪作他用。国务院办公厅于 2014 年印发的《国务院办公厅关于进一步推进排污权有偿使用和交易试点工作的指导意见》明确提出建立排污权有偿使用制度,其要旨是:(1)严格落实污染物总量控制制度。① (2)合理核定排污权。② (3)实行排污权有偿取得。③ (4)规范排污权出让方式。④ (5)规范交易行为。⑤ (6)控制交易范围。⑥ (7)激活交易市场。⑦ (8)加强交易管理。⑧ 除此之外,广东、⑨湖北⑩等省份都已出台排污权交易地方规定。

排污权交易是以市场为基础的一种经济法律制度,本质是将排污问题

---

① 具体要求是:试点地区要严格按照国家确定的污染物减排要求,将污染物总量控制指标分解到基层,不得突破总量控制上限。

② 排污权以排污许可证形式予以确认。试点地区不得超过国家确定的污染物排放总量核定排污权,不得为不符合国家产业政策的排污单位核定排污权。排污权由地方环境保护部门按污染源管理权限核定。

③ 具体要求是:试点地区实行排污权有偿使用制度,排污单位在缴纳使用费后获得排污权,或通过交易获得排污权。排污单位在规定期限内对排污权拥有使用、转让和抵押等权利。

④ 具体要求是:试点地区可以采定额出让、公开拍卖方式出让排污权。现有排污单位取得排污权,原则上采取定额出让方式,出让标准由试点地区价格、财政、环境保护部门根据当地污染治理成本、环境资源稀缺程度、经济发展水平等因素确定。新建项目排污权和改建、扩建项目新增排污权,原则上通过公开拍卖方式取得,拍卖底价可参照定额出让标准。

⑤ 具体要求是:排污权交易应在自愿、公平、有利于环境质量改善和优化环境资源配置的原则下进行。交易价格由交易双方自行确定。

⑥ 具体要求是:排污权交易原则上在各试点省份内进行。涉及水污染物的排污权交易仅限于在同一流域内进行。火电企业(包括其他行业自备电厂,不含热电联产机组供热部分)原则上不得与其他行业企业进行涉及大气污染物的排污权交易。环境质量未达到要求的地区不得进行增加本地区污染物总量的排污权交易。工业污染源不得与农业污染源进行排污权交易。

⑦ 具体要求是:试点地区要积极支持和指导排污单位通过淘汰落后和过剩产能、清洁生产、污染治理、技术改造升级等减少污染物排放,形成"富余排污权"参加市场交易;建立排污权储备制度,回购排污单位"富余排污权",适时投放市场,重点支持战略性新兴产业、重大科技示范等项目建设。积极探索排污权抵押融资,鼓励社会资本参与污染物减排和排污权交易。

⑧ 排污权交易按照污染源管理权限由相应的地方环境保护部门负责。跨省级行政区域的排污权交易试点,由环境保护部、财政部和发展改革委负责组织。排污权交易完成后,交易双方应在规定时限内向地方环境保护部门报告,并申请变更其排污许可证。

⑨ 参见《广东省环境保护厅广东省财政厅关于排污权交易的规则(试行)》(粤环[2015]9 号)。

⑩ 参见《湖北省主要污染物排污权交易办法》(鄂政发〔2016〕96 号)。

产权化,其所具有的积极作用至少有三方面:一是,排污权交易制度可以使排污行为的成本与收益归于行为人自身,即行为人可以从节约排放的行为中实际获益,也需要为超额排放支付更高成本,这种制度安排实现了对行为人的激励相容,有助于激励市场主体主动减少排污,并消除排污行为外部性。二是,排污权交易制度有助于减少整个社会的污染控制成本。实践中每个市场主体的污染治理能力存在差异。对于污染治理成本较低的市场主体而言,他们如果把剩余的排污权高价出售给其他需求者,然后自己再将此收益用于成本较低的污染防控或治理,可以实现经济利益的盈余;但是对于污染治理成本较高的市场主体而言,他们向其他有剩余额度的市场主体购买合法排污权进行排污的成本,可能低于通过技术改造等手段来减少排污的成本。因此,如果构建了排污权交易制度,那么具有不同污染治理能力的市场主体就可以通过交易来实现利益双赢,进而实现社会污染治理总成本的最小化。三是,在生产经营过程中,实际排污量将受到诸多变量的影响,特别是由于信息不对称等原因,排污权的初始配置往往是不准确的——无论是市场主体自己的评估,还是政府监管部门的预测——因此,排污权交易作为一种市场交易机制,有助于排污权从剩余者手中转移至实际需求者手中,由此实现排污权的合理配置。这实际上也是将市场作为资源配置的决定性机制的体现。

需要指出的是,作为一种行为激励机制,构建产权结构、明晰产权关系、建立产权市场不仅体现在排污权交易领域,它们还有更广泛的应用空间。可资借鉴的实例是以产权激励方法推动“邻避”问题的法律实施。近年来,很多城市针对生活垃圾处理问题制定了大量地方立法,但垃圾处理场地的设置仍经常遭遇公众抵制,即便住宅小区内垃圾收集点的设置,也常引发业主间争议。问题根源是,决策者设置垃圾收集点或处理场地时,潜意识都将其当成居民(业主)应承担的法定容忍义务。事实上,在初始交易成本不为零的现实情况下,决策者应从产权完整性角度,或从科斯侵权相对性原理角度,[①]充分解决外部性内部化问题:如果场地必须长期固定,应建立规则对所在地居民承受的容忍义务作出合理补偿;如果场地不必长期固定(如小区内),则可建立垃圾收集点定期轮流设置等规则,使全体业主轮流享有权利、分担义务(相当于业主分担垃圾排放行为外部性内部化的责任)。有学者指出,“环境管制是一种可能增进交易机会的管制

---

① Ronald H. Coase. The Problem of Social Cost. *Journal of Law and Economics.* Vol. 3 (1960), pp. 1-44.

方式,因为它在原先产权不明显的地方创造出了可交换的产权(通过污染排放的许可)。如果污染者和被污染者之间的产权缺乏很好的界定,双方的契约选择就可能受到限制。相似的问题发生在与其他公共资财有关的地方,如渔场、狩猎场、石油及天然气喷井等。市场失灵也许可通过创造新的契约机会得到补救。排污许可权可以在企业间交换,甚至还可以由消费者集团或不选择使用污染权的城镇来购买。对渔场、石油和天然气等公共资源的开采的管制,可以创造出可交换的产权并增进契约的范围。专利权则创造出了鼓励创新的投资的产权,从而通过转让产品或工艺许可证增进市场交易的机会"。①

(五)法律责任的减轻、免除与责任的替代承担

1. 法律责任的减轻或免除

如前文所述,激励有广义、狭义之分。狭义上的激励,也可称为正向激励,其含义更接近于"奖励"(reward),措施具体包括:经济利益的给付,道德声誉的褒奖,相关权利的优先享有,资质、资格的获取或提升,通过授权或委托赋予权力,创设产权市场促进珍惜资源以及法律责任的减轻、免除、替代承担等措施。与此不同的是,广义上的激励——实际上也是契约经济学等学科理论所称的"诱导性刺激"(incentive)——不仅包括正向的物质奖励、精神奖励,也包括反向的惩戒、处罚和究责。本书旨在以"激励—惩罚"为分析框架,通过理论与实践两个层面的分析,揭示惩罚机制在促进法律实施方面的局限性以及激励措施对法律实施的积极作用,因此是从狭义上(正向激励意义上)界定"激励"的内涵。之所以把法律责任的减轻、免除或替代承担也纳入"正向激励"的范畴,原因在于,经济奖励、利益补偿、多倍赔偿、荣誉褒奖、资质提升、信用公示、权利设定、优先权奖励、权利行使保障以及建立产权市场等措施的作用,是让主动依法行事的市场主体获得本来并未获得的额外收益,而法律责任的减轻、免除或替代承担则是让市场主体免于支付本来应当支付的法律成本。两者最终都可以让市场主体体验到"获得感",进而产生主动遵守法律、积极适用法律的自我驱动。

法律责任是当事人因违法而必须承担的法律上的一种不利后果。传统理论与实践往往把法律责任视为惩罚机制的核心要素,认为立法关于法律责任的规定具有事前威慑和事后惩罚功能。事实上,"人们对奖励通常

---

① [美]丹尼尔·F. 史普博:《管制与市场》,余晖、何帆、钱家骏、周维富译,31页,上海,格致出版社、上海三联书店、上海人民出版社,2017。

比对惩罚更容易产生反应，这样，规范也更容易得到贯彻实行"。① 法律责任与法律规则的激励实施同样存在紧密关系。

其一，追究法律责任的前提是确认存在违法行为，但实践中大多数违法行为的查明都会耗费高昂的成本（主要是指违法信息的收集与核实成本），因此公权机关（包括立法、司法、行政）需要考虑，如何更容易地发现和查明违法行为。对此，可行的激励机制是以减轻或免除法律责任为对价，鼓励违法者主动披露自己或他人的违法信息（自首、配合调查、坦白交代、检举他人等）。一般认为，这种激励机制在违法行为更具专业性、违法信息更具隐蔽性的领域，作用更明显。

以减轻甚至免除法律责任为激励措施的立法规定，在现行法律体系中有诸多例子。有些情况下，法律所要激励的是市场主体主动提供自己涉嫌违法的信息。如《反垄断法》第 46 条规定，"经营者主动向反垄断执法机构报告达成垄断协议的有关情况并提供重要证据的，反垄断执法机构可以酌情减轻或者免除对该经营者的处罚"。国家市场监管总局出台的《禁止垄断协议暂行规定》第 33 条进一步规定，"参与垄断协议的经营者主动报告达成垄断协议有关情况并提供重要证据的，可以申请依法减轻或者免除处罚"，这里的重要证据是指，"能够对反垄断执法机构启动调查或者对认定垄断协议起到关键性作用的证据，包括参与垄断协议的经营者、涉及的商品范围、达成协议的内容和方式、协议的具体实施等情况"。

有些情况下，法律所要激励的是市场主体主动提供他人涉嫌违法的信息。例如，《产品质量法》第 55 条规定，"销售者销售本法第 49 条至第 53 条规定禁止销售的产品，有充分证据证明其不知道该产品为禁止销售的产品并如实说明其进货来源的，可以从轻或者减轻处罚"。《食品安全法》第 136 条亦规定，"食品经营者履行了本法规定的进货查验等义务，有充分证据证明其不知道所采购的食品不符合食品安全标准，并能如实说明其进货来源的，可以免予处罚，但应当依法没收其不符合食品安全标准的食品；造成人身、财产或者其他损害的，依法承担赔偿责任"。

其二，法律制裁是"为了惩罚违法行为，促使潜在的违法者放弃其目的；而且只有在制裁足够强大、印象深刻，并在紧急时刻能得到实施的情况

---

① ［德］托马斯·莱赛尔：《法社会学导论》，高旭军等译，201 页，上海，上海人民出版社，2011。

下，方能实现这一目的"。① 问题是，很多法律制裁（惩罚）都是事后的，它们无法在违法行为即将出现或出现之初就及时出现并有效制止违法行为。因此，在市场主体已着手实施或即将实施违法行为的情况下，公权机关需要考虑的首要问题不是等待违法行为实施完毕后如何惩罚行为人，而是应当建立激励机制——比如减轻或免除法律责任——以鼓励行为人尽早放弃违法行为的实施计划，或者尽早终止正在实施的违法行为，或者在行为实施完毕之后积极减少不利影响或尽快解决纠纷，目的是尽力降低违法行为后果可能造成的损害程度（危害程度）。特别是当违法行为可能造成的损害性后果较为严重，需要事后付出巨大纠错成本、救济成本时，这种事前激励机制更具实践意义。

现行法律体系中有一些条文规定了法律责任的减轻或免除。作为市场监管基本法律依据的《行政处罚法》，其第 27 条即明确规定，当事人主动消除或者减轻违法行为危害后果，或者配合行政机关查处违法行为有立功表现的，应当从轻或者减轻行政处罚。与此相关的，《反不正当竞争法》第 25 条也规定，"经营者违反本法规定从事不正当竞争，有主动消除或者减轻违法行为危害后果等法定情形的，依法从轻或者减轻行政处罚；违法行为轻微并及时纠正，没有造成危害后果的，不予行政处罚"。《制止滥用行政权力排除、限制竞争行为暂行规定》第 19 条则规定，"经调查，反垄断执法机构认为构成滥用行政权力排除、限制竞争行为的，可以向有关上级机关提出依法处理的建议。在调查期间，当事人主动采取措施停止相关行为，消除相关后果的，反垄断执法机构可以结束调查"。根据《中国银行业监督管理委员会办公厅关于印发银行业金融机构案件问责工作管理暂行办法的通知》第 15 条，有关案件的责任人员如果能够自查发现、主动揭露案件，或者主动采取有效措施消除或减轻危害后果，或者积极配合案件调查，为案件调查、减少损失、挽回影响发挥重要作用或有重大立功表现，或者受他人恶意欺诈实施违法违规行为，且事后及时报告并积极采取补救措施，那么银行业金融机构可以对案件责任人员从轻或减轻处理。

在有些情况下，监管部门将减轻甚至免除法律责任规定为激励措施，目的是鼓励当事人尽快解决纠纷。例如中国保险监督管理委员会出台的《关于推进保险合同纠纷快速处理机制试点工作的指导意见》第 8 项规定，

---

① ［德］托马斯·莱赛尔：《法社会学导论》，高旭军等译，203 页，上海，上海人民出版社，2011。

"调处机构受理的纠纷,如果被保险人拒绝接受调处或调解意见或者在签署调解协议后反悔的,其仍然可以依法申请仲裁或提起诉讼。经调处机构主持调解达成的调解协议,保险公司应当遵照执行;监管部门在对保险公司与该保险合同纠纷有关的违法违规行为进行处理时,可以将其积极履行调解协议的行为作为从轻或者减轻情节予以考虑;对于达成调解协议未按期履行超过 10 日的,监管部门可以认为构成拒不履行保险合同约定的赔偿或者给付保险金的义务"。

在另外一些情况下,监管部门将减轻甚至免除法律责任规定为激励措施,其目标甚至不在于鼓励市场主体主动停止违法行为或消除损害后果,而是更进一步地,期望以此鼓励市场主体事先建立合规体系或风控制度,更早地防范违法行为的出现。例如《证券公司和证券投资基金管理公司合规管理办法》第 36 条即规定,"证券基金经营机构通过有效的合规管理,主动发现违法违规行为或合规风险隐患,积极妥善处理,落实责任追究,完善内部控制制度和业务流程并及时向中国证监会或其派出机构报告的,依法从轻、减轻处理;情节轻微并及时纠正违法违 规行为或避免合规风险,没有造成危害后果的,不予追究责任"。

2. 法律责任的替代承担

法律责任会带来不利后果。因此,有的市场主体可能怠于遵守法律规则、消极行使权利(职权),目的是避免"做多错多",即避免因为行为违法(最常见的比如"过失"违法)而承担法律责任。对此,实践中普遍采用的一种激励机制是,通过法律责任的替代承担来消除当事人的担忧,鼓励其积极行使权利(职权)。所谓"法律责任替代承担"是指,通过法定或约定建立机制,规定当事人在从事某些正当行为、行使相关权利(职权)过程中,如果因为主观过失或其他不可预测原因而对其他主体造成损害性后果,那么本应由其承担的一些法律责任(主要是指财产性质的责任),可由其他主体代为承担。"法律责任替代承担"制度的功能,是鼓励那些工作职责繁重、行权风险较大的市场主体敢于决策和作出行为。市场实践中,"法律责任替代承担"最常见的例子是公司企业的董事责任保险、高管责任保险制度。

在公司法中,基于公司财产所有权与管理权的分离,以及为了解决由此产生的"委托—代理"问题,各国立法者都会不同程度地对董事设定忠实义务和勤勉义务,目的是促使董事能够忠于公司和股东的利益,并为此积极、诚信地从事经营行为。① 一般认为,忠实义务属于消极义务,董事只要不从事欺诈或未经许可的自我交易等行为,即可被视为已经依法履行义务;而勤勉义务属于积极义务,董事必须为公司和股东的利益,以合乎商业实践的理性积极主动地从事经营管理活动。

为了促进这两种义务规则的实施,各国的公司法都会规定相应的法律责任和惩罚机制。比如,如果董事未经许可与公司进行自我交易,那么法律会认定这种行为违反忠实义务,并要求董事将自我交易获取的利益上交公司;此外,如果造成公司利益受损,董事还可能进一步被追究侵权赔偿责任。但需要指出的是,由于忠实义务与勤勉义务在性质上的区别,惩罚机制在促进这两种义务规则实施的效果方面也将出现差异。其原因就在于,实践中对董事是否违反忠实义务的法律判断往往容易标准化,而勤勉义务则不具备这种特点。

"勤勉"本身是一个内涵极富弹性的概念,公司法意义上的勤勉义务规则只是一般性地规定了董事行为的基本底线,至于董事的行为在什么程度上才算达到勤勉,这已超出了法律可以标准化的范畴。换言之,除非董事在经营管理过程中出现明显的故意或者重大的过失从而触及法律约束的底线,否则很难评估董事是否充分地履行了勤勉义务规则。然而,公司的生产经营本身又是以利益最大化为目标。如果董事的经营管理工作仅是以"不出现故意或重大过失"这一法律底线为标准,而不是在这一标准之上积极地开拓经营,那么显然不符合公司实践的需求和股东的预期。在此意义上,公司法领域的惩罚机制只能作为"最底线的约束",而无法直接起到"底线之上"的激励作用。

解决勤勉义务履行问题②的主要方法是给董事提供经济利益上的激励,包括报酬、业绩奖金以及股票期权,等等。从各国的实践来看,这些激励机制更多的是在公司治理当中,通过公司章程或其他协议的形式体现出来,但也有的国家明确将其纳入公司法条文当中。比如《美国标准公司法》§ 8.11 规定,除非公司章程或者内部细则另有约定,否则董事会可以

---

① 我国公司法规定的勤勉义务在英美公司法中类似的体现是注意义务,两者在内容和形式上有一定区别。本书主要以我国公司法为研究语境,因此文中如无特别需要,将只提及勤勉义务;但在涉及比较法研究的时候,也可能使用注意义务的概念。

② 这一问题在根源上也是传统公司法理论(公司治理理论)强调的"委托—代理"问题。参见:(1) Jensen Michael, William H. Meckling. Theory of the Firm: Managerial Behavior, Agency Costs and Ownership Structure. *Journal of Financial Economics*. Vol. 3, No. 4 (Oct. 1976), pp. 305-360. (2) Eugene F. Fama and Michael C. Jensen. Separation of Ownership and Control. *Journal of Law and Economics*. Vol. 26, No. 2 (Jun. 1983), pp. 301-325.

确定董事的报酬。[①]　与此类似的，《日本公司法典》第 361 条也规定，关于董事的报酬、奖金及其他作为职务执行的对价等这些从股份公司获得的财产利益，如果章程约定不明，则由股东大会决定。股东大会可以决定的事项包括：报酬的具体金额（如已确定了以货币为支付形式）、报酬的计算方法（如果章程未约明金额）、非货币报酬的内容（如果章程约明报酬为非货币形式）。

　　勤勉义务规则在实践中可能遇到的另一个问题是，由于公司经营本身富含商业风险，而传统的公司法又为这种义务相应规定了责任规则和惩罚措施，因此有的董事在一些商业机会（同时也是风险）面前，可能选择"不作为"（特别是绩效奖励机制缺乏效率的情况下）。可见，惩罚机制虽然在一定程度上有助于防止董事违反勤勉义务，但另一方面也可能迫使董事作出类似"逆向选择"的决策。导致这种现象的原因仍然在于，勤勉义务规则及其相关的惩罚机制本身仅有约束作用而缺乏激励功能。

　　为了解决董事"不作为"问题，各国立法整体上有两种选择。第一种选择是沿用传统的惩罚机制，即通过立法规定，如果公司企业出现某种违法情形，或者公司企业的利益在某些情况下遭受损失，则首先推定董事未尽勤勉义务（董事不作为），此时，除非董事能够证明其已勤勉尽责，否则将被依法追究法律责任。例如，根据《证券法》第 78 条、第 85 条以及《上市公司信息披露管理办法》第 31 条、第 51 条等法律条文之规定，上市公司及法律、行政法规和国务院证券监督管理机构规定的其他信息披露义务人，应当及时依法履行信息披露义务。信息披露义务人披露的信息，应当真实、准确、完整，简明清晰，通俗易懂，不得有虚假记载、误导性陈述或者重大遗漏。尤其是上市公司董事、监事、高级管理人员，应当勤勉尽责，关注信息披露文件的编制情况，保证定期报告、临时报告在规定期限内披露。上市公司董事、监事、高级管理人员应当对公司信息披露的真实性、准确性、完整性、及时性、公平性负责，但有充分证据表明其已经履行勤勉尽责义务的除外。信息披露义务人未按照规定披露信息，或者公告的证券发行文件、定期报告、临时报告及其他信息披露资料存在虚假记载、误导性陈述

---

　　① 事实上，美国早期的立法并不支持对董事支付报酬。当时的观点认为，除非是董事会另有规定，或者董事身兼公司管理者的身份，或者董事向公司提供了超出职责范围的工作，否则董事无权单纯以董事的身份而获得公司的报酬。这一观点的依据在于，董事是作为股东受托人或者受到自己的经济利益所激励而参与公司的工作。但是这种观点在过去一个世纪的立法实践中已逐步被修正，现在《美国标准公司法》以及大部分州的公司法都规定了董事有权从公司获得报酬。参见 Robert W. Hamilton. *The Law of Corporations*. West Group（2000），pp. 218.

或者重大遗漏，致使投资者在证券交易中遭受损失的，信息披露义务人应当承担赔偿责任；发行人的控股股东、实际控制人、董事、监事、高级管理人员和其他直接责任人员以及保荐人、承销的证券公司及其直接责任人员，应当与发行人承担连带赔偿责任，但是能够证明自己没有过错的除外。

与此类似的，《证券公司和证券投资基金管理公司合规管理办法》第36条规定，对于证券基金经营机构的违法违规行为，合规负责人已经按照本办法的规定尽职履行审查、监督、检查和报告职责的，不予追究责任。根据《银行业金融机构董事（理事）和高级管理人员任职资格管理办法》第25条至第30条的规定，如果出现"违法违规经营，情节较为严重或造成损失数额较大"等情形，金融机构董事（理事）和高级管理人员的任职资格可能受到限制或剥夺，但是如果有充分证据表明董事（理事）和高级管理人员已勤勉尽职的，那么对于该董事（理事）和高级管理人员可以酌情从轻、减轻或免除处罚。《中国银监会关于进一步加强商业银行小微企业授信尽职免责工作的通知》则规定，如果"无确切证据证明工作人员未按照标准化操作流程完成相关操作或未勤勉尽职"，或者"参与集体决策的工作人员明确提出不同意见（有合法依据），经事实证明该意见正确，且该项决策与授信业务风险存在直接关系"；或者"在档案或流程中有书面记录，或有其他可采信的证据表明工作人员对不符合当时有关法律法规、规章、规范性文件和商业银行管理制度的业务曾明确提出反对意见，或对小微企业信贷资产风险有明确警示意见，但经上级决策后业务仍予办理且形成不良的"，那么商业银行在责任认定过程中，对小微企业授信业务工作人员应当免除全部或部分责任。

为了解决董事不作为问题，鼓励其主动遵守证券法规定、积极行使职权，各国立法者可以选择的第二种方法是建立激励机制。有研究者指出，"制度的目标不仅可以通过惩罚的威胁达到，也可以通过正面激励的方式达到。由于除政府外，其他主体不拥有合法使用暴力的权力，而且代理人往往存在财富约束，因此，避免或减轻不对称信息下代理人与委托人利益不一致时代理人的道德风险，更多的是采取正面激励而不是惩罚的办法"。[①]

一方面，立法机关常常规定，如果董事已经履行勤勉义务（注意义务），那么即便其决策出现失误，导致公司遭受损失，该董事也依然可以获

---

①　戴治勇：《执法经济学：以转型时期的中国法治为研究对象》，147页，北京，法律出版社，2018。

得责任的减轻甚至豁免。典型的包括"商业判断原则"等制度。如美国法律研究院（ALI）的《公司治理原则》§4.01即表明，立法者规定商业判断原则的出发点在于，公司法应当鼓励董事作出知情的经营判断，并对其提供法律的保护而不论此后的事实能否证明董事的判断是否正确，这种激励董事承担风险的最终目的是推动企业的创新和发展。[①]

另一方面，立法者也可以通过市场机制减轻董事可能承担的法律责任，或者由其他主体代替董事承担该等法律责任——这主要是针对财产性法律责任而言。"董事责任费用补偿制度"和"董事责任保险制度"就是典型例子。就前者而言，按照《美国标准公司法》§8.51—§8.56的规定，除非法律另有规定，否则如果董事在履行董事职责过程中成为（诉讼）程序的当事人，那么公司可以对董事在该程序中承担的责任进行补偿（属任意性的补偿），前提是董事的行为必须属于善意、合法，而且符合公司的最大利益。特别是如果董事在相关的（诉讼）程序中抗辩成功，那么公司必须给予补偿（属强制性的补偿）。此外，公司章程还可以扩大董事接受补偿的范围。而对于"董事责任保险制度"，《美国标准公司法》§8.57规定，公司可以为现任的董事或高级职员，以及公司派往其他企业的董事、高级职员和代理人等购买保险，这些保险的标的主要是上述人员基于其身份而履行职权时可能承担的责任。这种责任保险制度可与公司的"董事责任费用补偿制度"同时实施。[②]

中国的法律体系中也有关于公司董事责任保险制度的规定。早在2001年，证监会出台的《关于在上市公司建立独立董事制度的指导意见》即规定，"上市公司可以建立必要的独立董事责任保险制度，以降低独立董事正常履行职责可能引致的风险"。随后，《上市公司治理准则》第23条、第24条规定，上市公司的董事应当对董事会决议承担责任。如果决议违反法律法规或者公司章程、股东大会决议，导致上市公司遭受严重损失的，参与决议的董事应当对公司负赔偿责任。但经证明在表决时曾表明异议并记载于会议记录的，该董事可以免除责任。为了避免董事个人无法承担

---

① 与ALI的立法类似，《日本公司法典》第425条至第429条、《美国特拉华普通公司法》§102.2、《英国公司法》§310和§727也都有关于董事责任减免的规定。但在细节上，这些规定的实施程序有所区别。比如英国的立法要求，董事责任能否减免，应当根据不同的情况，由股东会或者法院确定。

② 对于"董事责任保险制度"和"董事责任费用补偿制度"，《香港公司法例》§165、《加拿大公司法》§124、《新加坡公司法》§172以及《印度公司法》第260条、第261条等立法也有类似的规定。

巨额赔偿责任的情况，上市公司可以为董事购买责任保险，但必须经过股东大会同意。董事责任保险的范围由合同约定，但董事因违反法律法规和公司章程规定而导致的责任除外。这表明，对于上市公司而言，董事责任保险制度不仅适用于独立董事，也适用于内部董事。

一般认为，董事责任保险制度的理赔范围主要集中于董事的过失行为。对于董事主观故意作出的违反法律或公司章程的行为，保险公司通常不予理赔。所谓主观故意行为，至少包括《公司法》第 147 条、第 148 条等条文规定的情形。这些法条规定，董事、监事、高级管理人员应当遵守法律、行政法规和公司章程，对公司负有忠实义务和勤勉义务，不得利用职权收受贿赂或者其他非法收入，不得侵占公司的财产。董事和高级管理人员不得挪用公司资金，不得将公司资金以其个人名义或者以其他个人名义开立账户存储；不得违反公司章程的规定，未经股东会、股东大会或者董事会同意，将公司资金借贷给他人或者以公司财产为他人提供担保；不得违反公司章程的规定或者未经股东会、股东大会同意，与本公司订立合同或者进行交易；未经股东会或者股东大会同意，不得利用职务便利为自己或者他人谋取属于公司的商业机会，自营或者为他人经营与所任职公司同类的业务；不得接受他人与公司交易的佣金归为己有；不得擅自披露公司秘密。

实践中各个保险公司建立的责任保险制度不局限于董事，也涵盖监事和高级管理人员；不局限于上市公司，也涵盖非上市公司。例如中国平安财产保险股份有限公司《董事、监事和高级管理人员责任保险条款》第 3 条第（1）项规定，"如果第三方以被保险个人在自追溯日起至保险期间终止日止的期间内以被保险个人的身份执行职务时的错误行为为由，在本保险期间内向被保险个人提出索赔，且其首次提出索赔的时间是在本保险期间内，对于被保险个人的损失，在被保险公司无义务或无能力补偿被保险个人时，保险人在被保险公司无法补偿的范围内负责赔偿"。该《条款》第 8 条还详细规定了保险人不予理赔的若干情形。

结　　论

本书研究法律实施的激励机制。笔者系统考察了法学和经济学领域有关法律实施、法律激励、激励规制、机制设计、委托代理和交易成本等问题的文献，阐述了法律实施激励机制的理论基础，梳理了中国市场经济法律制度体系（以经济法、商法为主）的建设历程及基本特点，分析了法律实施机制的立法构造、基本类型和改革趋势。在此基础上，本书进一步揭示了法律实施存在的问题——当然，对法律实施问题的归纳本身可以有多种视角，本书所要考察和分析的主要是在某些情况下惩罚机制为什么无法有效提高法律权利规则、义务规则、责任规则的实施效率。针对这些问题，一个可行的解决方案是完善法律实施机制。为此，笔者论述了激励机制的设计原理、功能优势和适用场景，分析了激励机制的基本构造、具体措施和运作模式。

本书的研究是基础性的。笔者期望以法律与社会科学为研究视角，将经济学领域有关机制设计、委托代理、激励相容、交易成本等有关理论与传统法学领域的法律实施理论相结合，初步构建起研究法律实施激励机制的理论框架。这一框架可用于系统检视惩罚机制在法律实施过程中的缺陷，以及探讨激励机制对于提高法律实施效率的可能性。整体而言，惩罚机制难以充分有效解决的法律实施问题，大致可归纳为以下几种理论模型：一是集体行动情形下的"搭便车"困境，可能导致共益权规则实施效率低下。二是法律实施行为的成本收益结构失衡，可能导致私益权规则被权利主体主动放弃，而相关权利侵害者则未被追究法律责任。三是在监管资源有限的约束条件下，如果信息不对称等因素导致法律实施成本太高，则监管规则无法有效实施，无法发挥威慑作用。四是如果法律无法消除"委托—代理"关系下的道德风险，那么市场主体可能怠于履行那些难以标准化的义务规则；另外，市场主体可能采取脱法行为绕开监管，导致强制性法律规则被规避。五是如果法律无法有效防止"委托—代理"关系下的"逆向选择"，则市场主体可能仅满足于最低法律标准的遵守，而怠于以更高的标准作为行为导向。六是在产权关系缺乏有效界定的情形下，市场主体法律实施行为的外部性无法内部化，可能导致法律责任边界不清晰，进而导致责任规则难以有效实施。

本书的研究也是对策性的。笔者期望研究结论可以为立法者、监管者完善法律实施机制提供决策依据。围绕前述总结的若干类问题，立法者和监管者有必要全面评估惩罚机制对法律实施的局限性，充分重视激励机制对促进法律实施的功能优势，妥善处理惩罚与激励的关系，具体包括：通过经济利益的补偿、赔偿、奖励和非物质利益的褒奖，使市场主体法律实施行为与立法宗旨激励相容，以此克服集体行动困境，以及减少委托代理关系下可能出现的道德风险和逆向选择；通过权利行使的保障、法律适用成本的降低，以及法律责任的减轻、免除或替代承担，使市场主体法律实施行为的成本收益结构重新回归均衡；厘清与法律实施有关的各种产权关系，将法律实施行为可能产生的外部性内部化，使得市场主体每项行动决策的权利、义务和责任相对应。

本书从法律实施机制的角度间接阐释了市场经济法律制度尤其是经济法的本质。在理论界，"经济法的本质是什么"等问题曾经是争论的焦点。近年来，学界逐步形成共识：其一，经济法不属于传统私法，它并非单纯立足于私益的保护，而是以社会公共利益为本位，因此，经济法体系中不仅有保护私权的规则，也有诸多旨在调整集体关系、维护公共利益的规则。其二，经济法也不是纯粹的管制之法、干预之法，它不仅对市场实施规制，同时也为某些主体提供支持、促进和鼓励。其三，经济法规则体系不仅包括以国家强制力保障实施的"硬法"，也包括不能运用国家强制力保障实施的"软法"。例如，立法机关制定的各类指南、纲要、意见、准则、基准等规范文件，旨在提供"促进""鼓励""支持"的法律法规，以及商会、行业协会制定的商业行规，都属于软法范畴。本书研究经济法实施的激励机制，意在揭示和论证，强化惩罚对于提高经济法实施效率并不总是有效的，在惩罚机制失灵的场合，激励机制通常有助于促进经济法的有效实施。基于经济法的本质，经济法的实施机制应当科学地处理惩罚机制和激励机制的关系。

有必要指出的是，本书强调激励机制有助于提高法律实施效率，强调完善法律实施激励机制的重要性，但笔者并非认为，以往和当前的法律实践中完全不存在激励机制。事实上在现有的法律体系中，有助于促进法律实施的激励措施一直存在。只不过，已有的激励措施数量较少且相对零散，仍缺乏系统性的机制构建，这与立法者、监管者以及理论研究者对法律实施激励机制的重视不足有关。特别是，"部分法条相似性严重，可操作性不强。如'鼓励×××发展,引导×××产业,推动×××,促进×××'等。此类法条仅是一种倡导,但很难有具体操作的指导,造成了法律的'空洞',激励机制更无从实施。并且此类'口号式'规定会进一步导致下位法律文件照搬照抄,影响地方性规范文件的严肃性和执行力"。① 为此,本书的落脚点是在现有基础上进一步补充、优化、整合激励措施,协调激励与惩罚的关系,进而系统构建旨在提高法律实施效率、强化法律实效的激励机制。

　　本书强调激励机制有助于提高法律实施效率,但也无意"神化"激励机制的积极作用。正如有研究者指出的,"对任何正常的行为都给予奖励,是无意义的。谁不进行偷窃、抢劫或欺骗,绝对不会因此而获得奖励或税赋优惠。在这些情况中,会更多地考虑违法者进行消极制裁"。② 事实上,惩罚机制和激励机制各有功能优势,可以分别运用于解决法律实施的不同问题。在一些情形下,激励机制对惩罚机制构成替代关系(比如对于权利规则的实施),即该情形下惩罚机制几乎无法发挥作用,但激励机制可以。在另外一些情形下,激励机制与惩罚机制可以构成互补关系(比如对于监管规则的实施),即该情形下惩罚机制并非完全毫无作用,但可能效率一般,此时如果引入激励机制,有助于提高法律实施效率。当然,也有一些情形下,激励机制对推动法律实施可能收效甚微,惩罚机制反而可能作用明显。简言之,本书的研究结论并非强调完全以激励机制替代惩罚机制——这种非此即彼的观点本身不具有科学性——笔者期望的是,理论界和实务界应当意识到,"强化惩罚",或者与此相关的"强化监管"等理念并不是解决经济法实施问题的万能良方。这不仅是因为,在实证层面上,公权机关可用于监管的资源有限,因此惩罚机制的运作本身将会受到严格的成本约束,更重要的还因为,法律的权利规则、义务规则和责任规则的实施路径存在较大差异,单一的惩罚机制无法满足其实施效率的需求。

---

① 袁达松、赵雨生:《论经济法的激励机制》,载《财经法学》,2019(5)。
② ［德］托马斯·莱赛尔:《法社会学导论》,高旭军等译,202页,上海,上海人民出版社,2011。

参 考 文 献

﹡ 以下各类文献按第一作者姓名的拼音或英文字母排序

一、中文文献

(一)论文类

1. 崔卓兰,杜一平. 行政评价制度与法律激励功能. 中外法学,2012 年第 1 期

2. 丁利. 制度激励、博弈均衡与社会正义. 中国社会科学,2016 年第 4 期

3. 丰霏,王天玉. 法律制度激励功能的理论解说. 法制与社会发展,2010 年第 1 期

4. 丰霏. 论法律制度激励功能的分析模式. 北方法学,2010 年第 4 期

5. 丰霏. 法律激励的理想形态. 法制与社会发展,2011 年第 1 期

6. 丰霏. 法律治理中的激励模式. 法制与社会发展,2012 年第 2 期

7. 丰霏. 当代中国法律激励的实践样态. 法制与社会发展,2015 年第 5 期

8. 丰霏. 法律激励的制度设计//葛洪义编. 法律方法与法律思维(第 9 辑). 北京:法律出版社,2016

9. 付子堂. 法律的行为激励功能论析. 法律科学,1999 年第 6 期

10. 巩固. 守法激励视角中的环境保护法修订与适用. 华东政法大学学报,2014 年第 3 期

11. 贺欣. 在法律的边缘——部分外地来京工商户经营执照中的"法律合谋". 中国社会科学,2005 年第 3 期

12. 侯猛. 社科法学的传统与挑战. 法商研究,2014 年第 5 期

13. 胡元聪. 经济法的激励功能与外部性解决分析. 社会科学论坛,2009 年第 10 期

14. 胡元聪. 我国法律激励的类型化分析. 法商研究,2013 年第 4 期

15. 蒋大兴. 共享经济的法律规制. 中国社会科学,2017 年第 9 期

16. 李俊峰. 法律实施中的私人监督. 社会科学,2008 年第 6 期

17. 李有根. 论公私合作的法律实施机制——以《反不正当竞争法》第 6 条为例. 上海财经大学学报,2010 年第 5 期

18. 连洪泉,周业安,左聪颖,陈叶烽,宋紫峰. 惩罚机制真能解决搭便车难题吗——基于动态公共品实验的证据. 管理世界,2013 年第 4 期

19. 刘作翔. 中国法治国家建设的战略转移. 法律实施及其问题. 中国社会科学院研究生院学报,2011 年第 2 期

20. 罗豪才,宋功德. 现代行政法学与制约、激励机制. 中国法学,2000 年第 3 期

21. 孟庆瑜. 中国经济法实施问题的理论检视与思考. 法学杂志,2010 年第 10 期

22. 倪正茂. 激励法学要言. 东方法学,2009 年第 3 期

23. 倪正茂. 从法律激励看对中国法律文化传统的继承. 法学,2014 年第 1 期

24. 倪正茂,俞荣根,[法]韩小鹰,赛西尔·德拉特. 法律的激励功能最不可忽略. 社会科学报,2005 年 5 月 26 日,第 004 版

25. 申来津. 法律与行为选择:法律激励及其发生机制. 法学杂志,2006 年第 4 期

26. 田国强. 经济机制理论:信息效率与激励机制设计. 经济学季刊,2003 年第 2 期

27. 汪习根,滕锐. 论区域发展权法律激励机制的构建. 中南民族大学学报,2011 年第 2 期

28. 吴元元. 双重博弈结构中的激励效应与运动式执法. 法商研究,2015 年第 1 期

29. 夏锦文. 法律实施及其相关概念辨析. 法学论坛,2003 年第 6 期

30. 谢晖. 论法律实效. 学习与探索,2005 年第 1 期

31. 谢晓尧. 惩罚性赔偿:一个激励的观点. 学术论坛,2004 年第 6 期

32. 邢会强. 美国惩罚性赔偿制度对完善我国市场监管法的借鉴. 法学,2013 年第 10 期

33. 许明月,段浩. 农业转移人口市民化的法律激励机制构建. 比较法研究,2017 年第 6 期

34. 应飞虎. 食品安全有奖举报制度研究. 社会科学,2013 年第 3 期

35. 喻玲. 从威慑到合规指引. 中外法学,2013 年第 6 期

36. 袁达松,赵雨生. 论经济法的激励机制. 财经法学,2019 年第 5 期

37. 岳彩申. 民间借贷的激励性法律规制. 中国社会科学,2013 年第 10 期

38. 张建伟. 变法模式与政治稳定性:中国经验及其法律经济学含义. 中国社会科学,2003 年第 1 期

39. 张骐. 法律实施的概念、评价标准及影响因素分析. 法律科学,1999 年第 1 期

40. 张守文. 中国经济法治的问题及其改进方向. 法制与社会发展,2018 年第 2 期

41. 张维迎,邓峰. 信息、激励与连带责任. 中国社会科学,2003 年第 3 期

42. 赵振江、周旺生、张骐、齐海滨、王晨光. 论法律实效. 中外法学,1989 年第 2 期

43. 周林彬、何朝丹. 试论"超越法律"的企业社会责任. 现代法学,2008 年第 1 期

44. 周林彬、黄健梅. 法律在中国经济增长中的作用:基于改革的实践. 学习与探索,2010 年第 3 期

45. 周林彬、陈胜蓝. 商事审判与中国经济发展相关性的实证分析. 中山大学法律评论(第 8 卷,第 2 辑),北京:法律出版社,2010

46. 朱力宇、朱松岭、王立武. 论我国法律实施过程中的利益驱动. 中外企业文化,2004 年第 1 期

（二）**专著类**

1. 戴治勇. 执法经济学:以转型时期的中国法治为研究对象. 北京:法律出版

社,2018

2. 付子堂. 法理学初阶. 北京:法律出版社 2009

3. 李波. 公共执法与私人执法的比较经济研究. 北京:北京大学出版社,2008

4. 凌斌. 法治的中国道路. 北京:北京大学出版社,2013

5. 沈宗灵. 法理学. 北京:北京大学出版社,1998

6. 田国强. 激励、信息及经济机制. 北京:北京大学出版社,2010

7. 王泽鉴. 民法总论. 北京:北京大学出版社,2009

8. 徐昕. 论私力救济. 北京:中国政法大学出版社,2005

9. 张维迎. 博弈论与信息经济学. 上海:格致出版社,上海三联书店,上海人民出版社,2012

10. 张维迎. 信任、信息与法律. 北京:三联书店,2003

（三）译著类

1. ［美］阿道夫·A. 伯利,加德纳·C. 米恩斯. 现代公司与私有财产. 甘华鸣,罗锐韧,蔡如海译. 北京:商务印书馆,2007

2. ［美］阿维纳什·迪克西特. 法律缺失与经济学:可供选择的经济治理方式. 郑江维等译. 北京:中国人民大学出版社,2007

3. ［美］爱德华·A. 罗斯. 社会控制. 秦志勇等译,北京:华夏出版社,1989

4. ［法］埃里克·布鲁索,让·米歇尔·格拉尚编. 契约经济学:理论和应用. 王秋石,李国民,李胜兰等译校. 北京:中国人民大学出版社,2011

5. ［美］埃里克·弗鲁博顿、［德］鲁道夫·芮切特. 新制度经济学:一个交易费用分析范式. 罗长远译. 格致出版社、上海:上海三联书店、上海人民出版社,2006

6. ［美］奥利弗·E. 威廉姆森. 资本主义经济制度:论企业签约与市场签约. 段毅才,王伟译. 北京:商务印书馆,2002

7. ［英］安东尼·奥格斯. 规制:法律形式与经济学理论. 骆梅英译,苏苗罕校. 北京:中国人民大学出版社,2008

8. ［美］安德鲁·肖特. 社会制度的经济理论. 陆铭,陈钊译,韦森审订. 上海:上海财经大学出版社,2003

9. ［美］查尔斯·韦兰. 公共政策导论. 魏陆译. 上海:格致出版社,上海三联书店,上海人民出版社,2014

10. ［美］丹尼尔·F. 史普博. 管制与市场. 余晖、何帆、钱家骏、周维富译. 上海:格致出版社,上海三联书店,上海人民出版社,2017

11. ［日］丹宗昭信,伊从宽. 经济法总论. 吉田庆子译. 北京:中国法制出版社,2010

12. ［美］道格拉斯·C. 诺思. 制度、制度变迁与经济绩效. 杭行译,韦森译审,上海,格致出版社、上海三联出版社、上海人民出版社,2014

13. ［德］迪特尔·梅迪库斯. 德国民法总论. 邵建东译. 北京:法律出版社 2001

14. ［美］E·博登海默. 法理学,法哲学与法律方法. 邓正来译. 北京:中国政法大

学出版社,2004

15.（奥）恩斯特·A.克莱默. 法律方法论. 周万里译. 北京:法律出版社 2019

16.[美]詹姆斯·J. 赫克曼,罗伯特·L. 尼尔森、李·卡巴廷根编. 全球视野下的法治. 高鸿钧,鲁楠等译. 北京:清华大学出版社,2014

17.[德]卡尔·拉伦茨. 德国民法通论（下册）,王晓晔等译. 北京:法律出版社 2003

18.[英]科林·斯科特. 规制、治理与法律:前沿问题研究. 安永康译. 北京:清华大学出版社,2018

19.[美]利奥尼德·赫维茨,斯坦利·瑞特. 经济机制设计. 田国强等译. 上海:格致出版社,上海三联书店,上海人民出版社 2014

20.[美]理查德·A. 波斯纳. 反托拉斯法. 孙秋宁译. 北京:中国政法大学出版社,2003

21.[英]罗伯特·鲍德温,马丁·凯夫,马丁·洛奇. 牛津规制手册. 宋华琳等译. 上海:上海三联书店,2017

22.[英]罗杰·科特维尔. 法律社会学导论. 彭小龙译. 北京:中国政法大学出版社,2015

23.[美]罗斯科·庞德. 通过法律的社会控制. 沈宗灵译. 北京:商务印书馆,2010

24.[美]马克·艾伦·艾斯纳. 规制政治的转轨. 尹灿译. 北京:中国人民大学出版社,2015

25.[日]青木昌彦. 比较制度分析. 周黎安译. 上海:上海远东出版社,2001

26.[法]让·雅克·拉丰,让·梯若尔. 政府采购与规制中的激励理论. 石磊,王永钦译. 上海:格致出版社,2014

27.[法]让·雅克·拉丰,大卫·马赫蒂摩. 激励理论:委托—代理模型. 陈志俊等译. 北京:中国人民大学出版社,2002

28.[美]史蒂芬·布雷耶. 规制及其改革. 李洪雷等译. 北京:北京大学出版社,2008

29.[法]让·雅克·拉丰. 激励与政治经济学. 刘冠群,杨小静译. 北京:中国人民大学出版社,2013

30.[日]山本敬三. 民法讲义·总则. 解亘译. 北京:北京大学出版社,2004

31.[美]唐纳德·E. 坎贝尔. 激励理论:动机与信息经济学. 王新荣译. 北京:中国人民大学出版社,2013

32.[德]提尔曼·伯格斯. 机制设计理论. 李娜译. 上海:格致出版社,上海三联书店,上海人民出版社,2018

33.[德]托马斯·莱赛尔. 法社会学导论. 高旭军等译. 上海:上海人民出版社,2011

34.[美]乌戈·马太. 比较法律经济学. 沈宗灵译. 北京:北京大学出版社,2005

35. ［以］Y·巴泽尔. 产权的经济分析. 费方域，段毅才译. 上海：格致出版社，上海三联书店，上海人民出版社，1997

36. ［美］约翰·C. 科菲. 看门人机制：市场中介与公司治理. 黄辉，王长河等译. 北京：北京大学出版社，2011

37. ［日］植草益. 微观规制经济学. 朱绍文译. 北京：中国发展出版社，1992

二、外文文献

1. A. Mitchell Polinsky. Private versus Public Enforcement of Fines. *The Journal of Legal Studies*. Vol. IX, No. 1, (Jan. 1980), pp. 105-127.

2. A. Mitchell Polinsky and Steven Shavell. The Economic Theory of Public Enforcement of Law. *Journal of Economic Literature*. Vol. 38, No.1 (2000), p.45-76.

3. Andrew Postlewaite, David Schmeidler. Implementation in Differential Information Economies. *Journal of Economic Theory*. Vol. 39 (1986), pp. 14-33.

4. Allan Gibbard. Manipulation of Voting Schemes：A General Result. *Econometrica*. Vol. 41 (1973), pp. 587-602.

5. Amitai Aviram. A Paradox of Spontaneous Formation：The Evolution of Private Legal Systems. *Yale Law & Policy Review*, Vol. 22 (Winter, 2004), pp. 1-68.

6. Amitai Aviram. Counter-Cyclical Enforcement of Corporate Law. *Yale Journal on Regulation*. Vol. 25 (Winter, 2008), pp. 1-33.

7. Amitai Aviram. Path Dependencein the Development of Private Ordering. *Michigan State Law Review* (2014), pp. 29-58.

8. Amitai Aviram. Forces Shaping the Evolution of Private Legal Systems. In：*Law, Economics and Conomics and Evolutionary Theory*. Peer Zumbansen & Gralf-Peter Calliesseds (2011), pp. 183-201.

9. Ariel Rubinstein. Perfect Equilibrium in a Bargaining Model. *Econometrica*. Vol. 50, No. 1 (Jan. 1982), pp. 97-109.

10. Armen A. Alchian, Harold Demsetz. Production, Information Costs, and Economic Organization. *American Economic Review*. Vol. 62 (Dec. 1972), pp. 777-795.

11. Barbara Krug and Hans Hendrischke. *Institution Building and Change in China. Erim Report Series Research in Managemen*, ERS-2006-008-ORG, (Jan. 2006).

12. Bengt Holmstrom. Moral Hazard in Teams. *The Bell Journal of Economics*. Vol. 13, No. 2 (1982), pp. 324-340.

13. Bernard Black and Reinier Kraakman. A Self-Enforcing Model of Corporate Law. *Harvard Law Review*. Vol. 109, No. 8 (Jun. 1996), pp. 1911-1982.

14. David Friedman. Efficient Institutions for the Private Enforcement of Law. *Journal of Legal Studies*. Vol. 13, No. 2 (1984), pp. 379-397.

15. David M. Kreps, Robert Wilson. Reputation and Imperfect Information. *Journal of Economic Theory*, Vol. 27, No. 2 (1982), pp. 253-279.

16. David P. Baron and Roger B. Myerson. Regulating a Monopolist with Unknown Costs. *Econometrica*. Vol. 50, No. 4 (July, 1982), pp. 911-930.

17. Donald C. Clarke. Economic Development and the Rights Hypothesis: The China Problem. *American Journal of Comparative Law*. Vol. 51, No. 1 (Win. 2003), pp. 89-111.

18. Donald Clarke, Peter Murrell, and Susan Whiting. *The Role of Law in China's Economic Development*. In Thomas Rawski and Loren Brandt (ed.), *China's Great Economic Transformation*. Cambridge University Press (2008), pp. 375-428.

19. Donald C. Clarke. Law Without Order in Chinese Corporate Governance Institutions. *Northwestern Journal of International Law & Business*. Vol. 30 (Winter. 2010), pp. 131-195.

20. Edward J. Kane. Interaction of Financial and Regulatory Innovation. *The American Economic Review*. Vol. 78, No. 2 (May, 1988), pp. 328-334.

21. Edward J. Kane. Inflation, Technological Innovation, and the Decreasing Effectiveness of Banking Regulation. *The Journal of Finance*, Vol. 36, No. 2 (May, 1981), pp. 355-367.

22. Eric S. Maskin. Nash Equilibrium and Welfare Optimality. *Review of Economic Studies*, Vol. 66 (1999), pp. 23-38.

23. Eugene F. Fama. Agency Problems and the Theory of the Firm. *Journal of Political Economy*. Vol. 88 (1980), pp. 288-307.

24. Franklin Allen, Jun Qian, Meijun Qian. Law, Finance, and Economic Growth in China. *Journal of Financial Economics*. Vol. 77, No. 1 (Jul. 2005), pp. 57-116.

25. Frank B. Cross and Robert A. *Prentice. Law and Corporate Finance*. Edward Elgar Publishing Limited (2007).

26. Frank H. Easterbrook & Daniel R. Fischel. *The Corporate Contract. Columbia Law Review*. Vol. 89, No. 7 (1989), pp. 1416-1448.

27. Gary S. Becker and George J. Stigler. Law Enforcement, Malfeasance, and Compensation of Enforcers. *The Journal of Legal Studies*. Vol. 3, No. 1 (1974), pp. 1-18.

28. George A. Akerlof. The Market for Lemons: Quality Uncertainty and the Market Mechanism. *Quarterly Journal of Economics*. Vol. 84, No. 3 (1970), pp. 488-500.

29. George J. Stigler. The Optimum Enforcement of Laws. *Journal of Political Economy*. Vol. 78, No. 3 (1970), pp. 526-536.

30. Hans Kelsen, *Pure Theory of Law. Berkeley and Los Angeles*. California: University of California Press (1967).

31. Harrison C. White. Where Do Markets Come From. *American Journal of Sociology*. Vol. 87, No. 3 (1981), pp. 517-547.

32. H. Demsets, Toward a Theory of Property Rights. *American Economic Review*. Vol. 57 (May. 1967), pp. 347-359.

33. Howell E. Jackson and Mark J. Roe. Public and Private Enforcement of Securities

Laws: Resource-based Evidence. *Journal of Financial Economic.* Vol. 93 (2009), pp. 207-238.

34. Ingram, P. and K. Clay. The Choice-Within-Constraints New Institutionalism and Implications for Sociology. *Annual Review of Sociology.* Vol. 26 (2000), pp. 525-546.

35. James D. Cox and Randall S. Thomas. Public and Private Enforcement of the Securities Laws: Have Things Changed Since Enron. *Notre Dame Law Review.* Vol. 80, No. 3 (2005), pp. 893-907.

36. James W. Hurst. *Law and Markets in United States History: Different Modes of Bargaining among Interests.* University of Wisconsin Press (1982).

37. Jensen Michael, William H. Meckling. Theory of the Firm: Managerial Behavior, Agency Costs and Ownership Structure. *Journal of Financial Economics.* Vol. 3, No. 4 (Oct. 1976), pp. 305-360.

38. John Armou, Bernard Black, Brian Cheffin, Richard Nolan. Private Enforcement of Corporate Law: An Empirical Comparison of the United Kingdom and the United States. *Journal of Empirical Legal Studies.* Vol. 6, No. 4 (2009), pp. 687-722.

39. John C. Coffee. Law and the Market: the Impact of Enforcement. *University of Pennsylvania Law Review.* Vol. 156, No. 2 (Dec. 2008), pp. 230-311.

40. Joseph Felder. Coase Theorems 1-2-3. *The American Economist.* Vol. 45, No. 1 (2001), pp. 54-61.

41. K. J. Arrow. *The organisation of economic activity: issues pertinent to the choice of market versus nonmarket allocation.* In The Analysis and Evaluation of Public Expenditures: the PPB System, US Congress, Joint Economic Committee. Vol. I (1969), pp47-64.

42. L. Hurwicz. Optimality and Informational Efficiency in Resource Allocation Processes. In: Kenneth J. Arrow, Samuel Karlin, Patrick Suppes (eds). *Mathematical Methods in the Social Sciences.* Stanford University Press, Stanford (1960), pp. 8-40.

43. L. Hurwicz. Outcome Functions Yielding Walrasian and Lindahl Allocations at Nash Equilibrium Points. *Review of Economic Studies.* Vol. 46, No. 2 (1970), pp. 217-225.

44. L. Hurwicz. On in Formationally Decentralized Systems. In: Radner R, McGuire CB (eds) *Decision and organization (Volume in Honor of J. Marschak).* Elsevier, North-Holland, Amsterdam (1972), pp. 297-336.

45. L. Hurwicz. The Design of Mechanisms for Resource Allocation. *The American Economic Review.* Vol. 63, No. 2 (1973), pp. 1-30.

46. L. Hurwicz. On Allocations Attainable Through Nash Equilibria. *Journal of Economic Theory.* Vol. 21 (1979), pp. 140-165.

47. L. Hurwicz. *A Perspective.* In L. Hurwicz, D. Schmediler, H. Sonnenschein (eds). *Social Goals and Social Organization — Essays in Memory of Elisha Pazner* (1985), pp. 1-16.

48. L. Hurwicz. *On the Implementation of Social Choice Rules in Irrational Societies.* In Walter P. Heller, Ross M. Starr, David A. Starrett (eds). *Social Choice and Public*

Decision Making—Essays in Honor of Kenneth J. Arrow. Cambridge University Press（Jan. 1986），pp. 75-96.

49. L. Hurwicz. *On Informational Decentralization and Efficiency in Resource Allocation Mechanism.* In：S. Reiter.（ed）. *Studies in Mathematical Economics.* Cambridge University Press（1986）.

50. Lisa Bernstein. Opting Out of the Legal System：Extralegal Contractual Relations in the Diamond Industry. *The Journal of Legal Studies.* Vol. 21（Jan. 1992），pp. 115-157.

51. Lisa Benstein. Merchant Law In A Merchant Court：Rethinking the Code's Search For Immanent Business Norms. *University of Pennsylvania Law Review.* Vol. 144，No. 5（1996），pp. 1765-1821.

52. Lisa Benstein. Private Commercial Law in the Cotton Industry：Creating Cooperation through Rules，Norms，and Institutions. *Michigan Law Review.* Vol. 99，No. 7（2001），pp. 1724-1790.

53. Mark Allen Satterthwaite. Strategy-proofness and Arrow's Conditions：Existence and Correspondence Theorems for Voting Procedures and Welfare Functions. *Journal of Economic Theory.* Vol. 10（1975），pp. 187-217.

54. Michael C. Jensen，William H. Meckling. Managerial Behavior，Agency Costs and Ownership Structure. *Journal of Financial Economics.* Vol. 3（1976），pp. 305-360.

55. Oliver E. Williamson. *The Economic Institutions of Capitalism.* Free Press（1985）.

56. Oliver Hart. An Economist's View of Fiduciary Duty. *University of Toronto Law Journal.* Vol. 43，No. 3（Summer. 1993），pp. 299-313.

57. Paul G. Mahoney and Chris Sanchirico. Competing Norms and Social Evolution：Is the Fittest Norm Efficient?. University of Virginia School of Law. *Law & Economics Working Papers*，No. 00-15（Jan. 2001）.

58. Peter Grajzl and Peter Murrell. Allocating Lawmaking Powers：Self-regulation vs. Government Regulation，*Journal of Comparative Economics*，Vol. 35（2007），pp. 520-545.

59. RafaelLa Porta，Florencio Lopez-de-Silanes，Andrei Shleifer. What Works in Securities Laws?. *The Journal of Finance.* Vol. 61，No. 1（2006），pp. 1-33.

60. Richard A. *Posner. Economic Analysis of Law.* Aspen Publishers（2007）.

61. Robert C. Ellickson. Law and Economics Discovers Social Norms. *The Journal of Legal Studies*，Vol. 27（1998），pp. 537-552.

62. Robert Cooter and Thomas Ulen. *Law and Economics.* Addison Wesley Longman Inc.（2012）.

63. Robert W. Hamilton. *The Law of Corporations.* West Group（2000）.

64. Roger B. Myerson. Incentive Compatibility and the Bargaining Problem. *Econometrica.* Vol. 47（1979），pp. 61-73.

65. Roger B. Myerson. Optimal Auction Design. *Mathematics of Operations Research.*

Vol. 6, No. 1 （Feb. 1981）, pp. 58-73.

66. Roger B. Myerson. Optimal Coordination Mechanisms in Generalized Principal-Agent Problems. *Journal of Mathematical Economics*. Vol. 11 （1982）, pp. 67-81.

67. Roger B. Myerson. Multistage Games with Communication. *Econometrica*. Vol. 57 （1986）, pp. 323-358.

68. Roger B. Myerson, Mark A. Satterthwaite. Efficient Mechanism for Bilateral Trading. Journal of *Economic Theory*. Vol. 28 （1983）, pp. 265-281.

69. Ronald H. Coase. The Nature of the Firm. *Economica*. Vol. 4, No. 16 （Nov. 1937）, pp. 386-405.

70. Ronald H. Coase. The Problem of Social Cost. *Journal of Law and Economics*. Vol. 3 （Oct. 1960）, pp. 1-44.

71. Roscoe Pound. *Enforcement of Law*. Green Bag. Vol. 20, No. 8 （Aug. 1908）, pp. 401-410.

72. Samuel W. Buell. Good Faith and Law Evasion. *UCLA Law Review*. Vol. 58 （2011）, pp. 611-666.

73. Sevtozar Pejovich, Enrico Colombatto. *Law, Informal Rules and Economic Performance*. Edward Elgar Publishing Inc. （2008）.

74. Steven Shavell. The Optimal Structure of Law Enforcement. *Journal of Law & Economics*. Vol. 36, No. 1 （Apr. 1993）, pp. 255-288.

75. Steven Shavell. Liability for Harm versus Regulation of Safety. *Journal of Legal Studies*. Vol. 13, No. 2 （1984）, pp. 357-374.

76. Thomas R. Palfrey, Sanjay Srivastava. Implementation with Incomplete Information in Exchange Economies. *Econometrica*. Vol. 57 （1989）, pp. 115-134.

77. William M. Landes and Richard A. Posner. The Private Enforcement of Law. *The Journal of Legal Studies*. Vol. 4, No. 1 （1975）, pp. 1-46.

78. Xu Chenggang and Pistor Katharina. Law Enforcement Under Incomplete Law: Theory and Evidence from Financial Market Regulation. *SSRN Electronic Journal* （Mar. 2003）, DOI: 10.2139/ssrn.396141.

后　记

　　本书是我主持的国家社科基金项目的研究成果。从立项到结项,课题历经四年有余。但实际上,有关法律实施激励机制的研究兴趣在 2011 年即已萌生。作为起点,彼时是先从公司法权利规则、义务规则切入,撰文探讨立法如何激励股东、董事、监事和其他高管人员主动遵守和适用公司法规则。前期研究完成了两篇论文,题为《公司法实施激励机制探微》和《股东诚信出资的法律保障机制研究》,分别发表在《北方法学》和《中山大学学报》(哲学社会科学版)。前者发表后被《中国社会科学文摘》观点摘要栏目登载推荐,后者曾获得中国法学会商法学研究会优秀论文二等奖。

　　国家社科基金立项后,我尝试把法律实施激励机制的研究范围拓展到经济法和商法的其他领域。相关阶段性成果陆续以论文形式发表于《清华法学》《比较法研究》《当代法学》《经贸法律评论》《中山大学学报》(哲学社会科学版)等刊物,并获得《中国人民大学复印报刊资料》(三篇)和《社会科学文摘》(一篇)转载。另外,《经济法实施的激励机制:基本原理与立法构造》一文获中国法学会经济法学研究会 2022 年年会暨第三十届全国经济法理论研讨会优秀论文一等奖和第二十届(2022)中国法经济学论坛优秀论文奖,《市场事前监管向事中事后监管转变的经济法阐释》一文获第十八届(2020)中国法经济学论坛优秀论文奖,《中国股权众筹立法问题检讨》获第五届南方金融法治论坛优秀论文评选一等奖。

　　"法律实施激励机制"是我观察中国市场经济法制建设的一个"小窗口"。正如书中所述,虽然国家是在 20 世纪 90 年代初期正式宣布建立市场经济体制,但自 20 世纪 70 年代末改革开放开始,中国的经济法制建设即已展开并快速推进。至今,市场经济法制体系早已整体建成,法治化营商环境也不断优化。身处的这一历史进程和实践背景,我结合自己的学术兴趣设定了三个小的研究进路,尝试作三点小的创新探索:一是在法律制度层面,以"法律—社会规范"为框架,着重研究学者们关注较少的商业行规、商事惯例等"非正式制度";二是在法律实施层面,以"激励—惩罚"为框架,着重研究学者们关注较少的激励机制(而非惩罚机制);三是在法律实效层面,以"合法—脱法—违法"为框架,着重研究学者们关注较少的法律规避行为(而非典型的违法违规行为)。近十年来,这三个主题已分别获得司法部国家法治与法学理论研究项目、国家社科基金项目和教育部人文社科基金项目资助,发表了多篇论文,也各自完成了一本专著(含本书共三本)。至此,阶段性研究工作基本完成。

当然,中国市场经济法制建设本身是一个宏大的论题。其中值得持续深入研究的,既有本土实践探索的诸多事实与案例,也有接轨国际、借鉴外国的复杂路径与方法。限于个人能力,本书只是对市场经济法律实践中一个具体而微的问题作出初步分析。不足之处,诚请诸位师友批评指正。

在学术规范意义上,研究成果的内容固然是(也应当是)作者本人负责写作,但就过程而言,科研工作的完成却不仅仅是作者个人努力的结果。清华大学法学院朱慈蕴教授、中山大学法学院周林彬教授、中山大学岭南学院李胜兰教授长期关心、指导我的教研工作,是我学术前行的重要动力,清华大学法学院沈朝晖博士拨冗为本书作序增彩,并为本项研究的改进提出了诸多真知灼见,《清华法学》《比较法研究》《当代法学》《北方法学》《经贸法律评论》《中国社会科学文摘》《社会科学文摘》《中国人民大学复印报刊资料》《中山大学学报》(哲学社会科学版)的编辑老师为本项目前期成果的发表和转载提供了大力支持,清华大学出版社刘晶老师为本书顺利出版付出了辛勤劳动,在此一并向诸位师长、朋友和同行专家致以最诚挚的感谢!

董淳锷

2023 年 2 月于广州康乐园